Teach Yourself
SPANISH

A complete Spanish course with Audio
Yeral E. Ogando

Teach Yourself Spanish - Level One
© 2016 by Yeral E. Ogando
Publisher: Christian Translation LLC
Printed in the USA
Cover Design by SAL media

ISBN 13: 978-0996687362
ISBN 10: 099668736-X

1. Language Learning 2. Spanish Language

DEDICATION:

This book is dedicated to the Unique and forever-lasting person who has always been there for me, no matter how stubborn I am:
GOD

I also want to dedicate this work to Sharon A. Lavy, who has given me the push I needed to write this book and to YOU (the reader), because you have taken the moment to read this incredible story and without you I would not have been here.

You all have a special place in my heart.

Always.

ACKNOWLEDGMENTS:

Gratitude to my Lord God for giving me the opportunity to write this book; Teach Yourself Spanish, dedicated to God above all, then to my daughters Yeiris & Tiffany, without them, this book would not be possible.

I also want to dedicate this work to all of you, who want to succeed in life and special to Gladys de Contreras, who has helped me through the process of getting the final edition and Franklin Guerra Castro for his talented voice in the audio.

This book has been inspired by all of you, thus providing you with an easy and comprehensive tool to learn the language quickly.

I encourage you to study the content of this book and you will see positive results in short time.

God bless you all

Dios les bendiga

Dr. Yeral E. Ogando

www.aprendeis.com

Table of Contents

Introduction

I have published this method for you to learn this language in a very quick and comprehensive way.

I kindly ask you to take 20 minutes of your time on a daily basis without interruption, so you can concentrate and digest the content of this work.

One of the biggest challenges in learning is to be a Self-Taught person, in other words, learn by yourself, it requires lots of discipline and dedication in your study. To study a full hour every day would make you feel tired and bored very quickly, that's why I recommend to you a minimum of 20 minutes per day and a maximum of 40 minutes per day, therefore, you will be achieving better results.

I wish you good luck in this amazing trip to the world of learning, and remember "Be shameless to speak."

Yeral Ogando
www.aprendeis.com

Before starting

Some people think and even say that you do not need to study the grammar of a language to learn it well. I humbly disagree with them. The non-grammar method could work with children, who have their minds ready for anything that you might feed them with; they have no worries, jobs, problems, so they are ready for it, but for adults with all our worries, responsibilities and most of the time, tired from work; it simply does not work. Our minds are already saturated with all kinds of stuff, so we need a way to really learn the language. After learning more than 10 languages, I have managed to master them and learn them very quickly because I have learned the pattern and short cuts for each language. I have also seen in my many years of teaching experience that you cannot learn a foreign language very well, if you don't know your own language. Thus, as you will see, you will learn your own language while studying a foreign language. This method is about recognizing and learning how to use the patterns on each grammar point.

I do not want you to learn words or phrases by heart, on the contrary, I want you to take your time and learn slowly by understanding each grammar point that I explain in this book. Your challenge is to recognize the patterns that I am teaching you. Once you recognize them and understand the structure of the language, you will improve your learning and speaking skills at a tremendous speed. Once again, pay close attention to the patterns, learn them, study them and then build your own Spanish world and vocabulary.

I am giving you the perfect tool to learn Spanish. You will be surprised to see how fast you can learn to recognize words. The texts in this book are up to date and modern Spanish for this generation, so be ready to improve your skills.

If you still have not downloaded your MP3 Audio files, check our BONUS PAGE for the DOWNLOAD.

I recommend that you always read aloud, so you can listen to yourself and compare the pronunciation with the one in the MP3 Audio. If you have any issues with the pronunciation, remember to check the **Pronunciation Chart.**

Teach Yourself Spanish is a powerful method that combines everyday conversation with real people, through grammar drills along with a vocabulary after every section. Pay close attention to the way people speak.

Grammar Explanations is a section that you need to make sure to understand and digest before moving to the next section. This book has been created to serve as a conversational and grammar at the same time. I have explained in details how to use the grammar in everyday conversation to help you master the language.

Do not forget that it is more effective to study a few minutes a day than to attempt to study a big portion occasionally. Your concentration will be best taken advantage of with 20 minutes of daily study.

Steps on how to use this book for better results

Go to the *BONUS* page for the instructions on how to download the MP3 Audio files. That is your first step. Your best companion and tool "the *AUDIO* file".

Lesson 1 will teach you everything about the alphabet, reading and writing Spanish. Work on lesson one along with the Audio to master the sounds and pronunciation. Take notes of any new words or phrase that you do not understand very well. Once you finish your reading and jotting down the new words and phrases, take a few minutes to review these new words and phrases.

Read the reading for each lesson aloud and try to understand the general meaning of the reading text. You do not need to understand every single word, you just need to have a general idea.

Now you can view the Vocabulary section underneath the reading. Locate the words or phrases that you do not fully understand. Learn them by heart. You will also find remarks and notes indicating pages number where you can learn more about any structure that is not for this unit. Pay close attention to these remarks on the *Word List.*

Now, you are ready to listen the MP3 audio. Make sure you play the MP3 and listen to the pronunciation of the native speakers. Get the gist of the pronunciation and practice it. If possible, try to imitate the pronunciation for any possible word or phrase that you are not sure. Listen to the MP3 audio as many times as possible.

Once you master the **Words List** for this lesson, you can now move to the **Grammar** section, stated by 🖍 sign. Pay close attention to the words with the **Grammar** symbol. Review them in the text.

You are ready to move to the *A little bit more* section. In this section you will find list of phrases and / or new vocabularies to increase your learning skills. Make sure to learn them very well.

I have created a *Knowledge Base* section, where you will find basic information for each country where Spanish is the official language. Since there are 22 countries with Spanish as their official language, you will find a *Knowledge Base* on each lesson.

Your final and no less important section is *"Bible Verse"*. I have included 22 Bible verses, one for each lesson, so you can conclude each lesson with a blessing and a Word from God to your heart. I have learned that there is no better resource to increase your learning skills and vocabulary as the "*Bible*". Try it and you will find words for every situation, occasion and time.

Make sure to repeat these steps over and over again until you master each lesson. Do not go to the next section if you have not mastered previous one. You MUST be sure you master each lesson before moving on. Your success will depend on following these steps.

Symbols And Abbreviations

Audio Symbol: This indicates that the MP3 Audio download is needed for this section

Dialogue Symbol: This indicates dialogue

Grammar Symbol: This indicates grammar explanations.

A little More Symbol: This indicates we have added a little more information to the lesson.

Lesson 1

Spanish Alphabet – Alfabeto Español

The Spanish alphabet consists of 27 letters. The Spanish language is quite easy to pronounce since most letters only have one sound. In Spanish it is very important to know the alphabet and their combinations, because you will be able to read and understand almost anything by knowing and mastering the alphabet.

I will divide the alphabet in two groups. **Vowels** and **Consonants.**

Spanish language consists of five vowels.

A (a) - *Close to the "A" sound in Apple.*
Amigo – Friend   Amor – Love

E (e) - *Close to the "E" sound in Get.*
Español – Spanish   Estudiante - Student

I (i) - *Close to "ee" sound in Bee or the "i" sound in India.*
Iglesia – Church   Idea – Idea

O (o) - *Close to "oh" sound in Off.*
Ojo – Eye
Oro - Gold

U (u) - *Close to the "oo" sound in food or the "u" sound in Put.*
Uva – Grape
Universo - Universe

Special Case – Caso especial

Y (y griega) - *It sounds like the vowel "i" when it is alone or at the end of a word.*

Y – And

Rey – King

Spanish language consists of twenty-two consonants.

B (be) - *It sounds like in English.*

Bonito – Beautiful

Bueno - Good

*C (ce) - *It sounds like in English.*

Cereal – Cereal

Cerveza - Beer

Check the pronunciation chart for full combinations with all the vowels.

Ch (ce hache) - *It sounds like in English.*

Chocolate – Chocolate   Chorizo - Sausage

D (de) - *It sounds like in English.*

Dedo – Finger

Deuda - debt

F (efe) - *It sounds like in English.*

Feo – Ugly

Fuerte - Strong

*G (ge) - *It sounds like in English.*

Gato – Cat

Grande – Big

Check the pronunciation chart for full combinations with all the vowels.

*H (hache) - *It does not sound at all, it is always mute.*

Hotel – Hotel
Hoy - Today
However, in words with foreign spelling and no Spanish equivalent, it sounds like in English: Hawái, Hollywood, hámster, hip-hop, etc.

*J (jota) - *It sounds like the English "h".*
Jabón – Soap
Japón - Japan
It NEVER sounds like the English J.

*K (ka) - *It sounds like in English.*
Kilo – Kilo Kilómetro – Kilometer
You will only find this sound in words coming from Kilo (Latin origin) and some foreign words (kárate – Karate).
Check the pronunciation chart for full combinations with all the vowels with the consonant C.

L (ele) - *It sounds like in English.*
Lobo – Wolf
Luna - Moon

Ll (elle o doble l) - *It sounds like the English "J" everywhere you find it.*
Llave – Key
Lluvia - Rain
You might not find it anymore in the alphabet in some countries, however, all the words and function are still live and working for this letter.

M (eme) - *It sounds like in English.*
Mano – Hand

Maravilloso – Wonderful

N (ene) - *It sounds like in English.*
Nada – Nothing
Nido – Nest

Ñ (eñe) - *It sounds much like the ni combination in* **onion**
or the ny combination in **canyon.**
Araña – Spider
Puño – Fist

P (pe) - *It sounds like in English.*
Pelota – Ball
Pato - Duck

Q (cu) - *It sounds like "k" in English.*
Queso – Chees
Quijada - Jaw
Always followed by the letter **u.**

*R (ere) - *It sounds different than in English.*
Caro – Expensive
Ca*rr*o – Car
Rey – King
Rosa – Flower

Pay close attention to this letter, since it could be a challenge for the English speaker.

It is pronounced strong at the beginning of words, but soft in the middle of words. You will also find it doubled, which has a very strong sound.

Check the pronunciation chart for full combinations with all the vowels.

S (ese) - *It sounds like in English.*
Sapo – Frog
Sopa – Soup

T (te)- *It sounds like in English.*
Tomate – Tomato
Tela – Cloth

V (ve) - *It sounds like in English.*
Vino – Wine
Vaso - Glass

W (doble ve o doble u) - *It sounds like in English.*
Whisky - Web
Only found in foreign words.

X (equis) - *It sounds like in English.*
Xenofobia – Xenophobia
Examen – Exam
There are only few words that starts with "X" you will mostly find it in the middle of words.

Pronunciation can be tricky sometimes when at the beginning of a word, it can sound like "s" or "ks" depending on the country. When it is in the middle of word, it always sound like in English.

Special attention:
México   Oaxaca
It sounds like "j" in Spanish or the English "h".

Y (y griega) - *It sounds like "j" in English when it is a consonant.*
Ayer – Yesterday
Yo – I

There are not many words starting with "y", you will mostly find it in the middle of words.

Remember, when it is alone or at the end, it functions as the vowel "i" in Spanish.

Z (zeta) - *It sounds like "s" in English.*

Zapato – Shoe

Zorro - Fox

In many part of Spain it can sound like the "th" in thin, but in all Latin American countries, it sounds like "s".

Pronunciation Chart

Spanish language is formed by combining consonants with vowels, thus giving you a very easy way to learn how to read and differentiate the sounds.

It is very important for you to fully master the chart below so you can read anything in Spanish. By mastering this chart, you will have the ability to pronounce almost like a native Spanish speaker, read in Spanish, recognize the sounds and even take dictation into Spanish.

It does not matter if you do not understand the meaning just yet, we will guide you gradually.

Remember, the sounds in the charts will be the same all over, so you just have to learn it once and you are ready to master Spanish pronunciation.

Ba	Bañera	Bathtub
Be	Bebida	Drink
Bi	Bien	Good / Well
Bo	Boca	Mouth
Bu	Burro	Donkey
Bla	Blanco	White
Ble	Posible	Possible

Bli	Neblina	Fog
Blo	Diablo	Devil
Blu	Blusa	Blouse

Bra	Palabra	Word
Bre	Hombre	Man
Bri	Abril	April
Bro	Libro	Book
Bru	Bruto	Dumb

Ca	Cama	Bed
*Que	Queso	Cheese
*Qui	Quien	Who
Co	Como	How
Cu	Cuando	When

To complete the five sounds in Spanish the "Qu" is needed, thus giving the correct sound for the full combination.

| *Ce | Cena | Diner |
| *Ci | Cielo | Sky |

Pay close attention to the pronunciation of these two and you will understand it better.

Cla	Clan	Clan
Cle	Bicicleta	Bicycle
Cli	Clínica	Clinic
Clo	Ciclo	Cycle
Clu	Recluta	Recruit

Cra	Cráneo	Skull
Cre	Crédito	Credit
Cri	Crisis	Crisis
Cro	Cromosoma	Chromosome
Cru	Crucero	Cruise

Da	Dama	Lady
De	Dedo	Finger
Di	Día	Day
Do	Domingo	Sunday
Du	Ducha	Shower

No words with Dla combination.

Dra	Dragón	Dragon
Dre	Madre	Mother
Dri	Padrino	Godfather
Dro	Ladrón	Thief
Dru	Madrugada	Dawn

Fa	Famoso	Famous
Fe	Fe	Faith
Fi	Fiebre	Fever
Fo	Fósforos	Matches
Fu	Fuego	Fire

Fla	Flauta	Flute
Fle	Flexible	Flexible
Fli	Conflicto	Conflict
Flo	Flores	Flowers
Flu	Fluidos	Fluids / Liquids

Fra	Frágil	Fragile
Fre	Fresco	Fresh
Fri	Frío	Cold
Fro	Frontera	Frontier
Fru	Fruta	Fruit

Ga	Galleta	Cookie
*Gue	Guerra	War

20

*Gui	Seguimiento	Follow up
Go	Gota	Drop
Gu	Gusto	Taste

To complete the five sounds in Spanish the "U" is needed, thus giving the correct sound for the full combination.

*Ge	General	General
*Gi	Gigante	Giant

Pay close attention to the pronunciation of these two and you will understand it better.

Gla	Reglas	Rules
Gle	Iglesia	Church
Gli	Negligencia	Negligence
Glo	Siglo	Century
Glu	Glucosa	Glucose

Gra	Gracia	Grace
Gre	Grecia	Greece
Gri	Gripe	Flu
Gro	Milagro	Miracle
Gru	Grupo	Group

Ha	Habitación	Room
He	Helado	Ice Cream
Hi	Hielo	Ice
Ho	Hombro	Shoulder
Hu	Humano	Human

Remember, H is always silent and it only has the combination with the vowels.

Ja	Jamás	Never
Je	Jefe	Boss / Chief
Ji	Jirafa	Giraffe

Jo	Joven	Young
Ju	Juego	Game

| *Ki | Kilo - Kilo | |

Remember, there are only Latin words with Ki and foreign words with K. Review the "C" section for pronunciation.

La	Labios	Lips
Le	Lengua	Tongue
Li	Libro	Book
Lo	Loco	Crazy
Lu	Luz	Light

Lla	Llave	Key
Lle	Lleno	Full
Lli	Allí	There
Llo	Pollo	Chicken
LLu	Lluvia	Rain

Remember, it is pronounced just like the English J.

Ma	Magia	Magic
Me	Memoria	Memory
Mi	Miembro	Member
Mo	Moderno	Modern
Mu	Música	Music

Na	Nadie	No body
Ne	Negro	Black
Ni	Niño	Boy
No	Noche	Night
Nu	Nunca	Never

| Ña | Piña | Pineapple |

Ñe	Muñeca	Doll / Wrist
Ñi	Albañil	Builder
Ño	Año	Year
Ñu	Ñu	Gnu (Wildebeest)

Remember, it is hard to find words with "Ñu" in Spanish.

Pa	Padre	Father
Pe	Perro	Dog
Pi	Pierna	Leg
Po	Pobre	Poor
Pu	Puerta	Door

Pla	Placer	Pleasure
Ple	Empleo	Job / Employment
Pli	Disciplina	Discipline
Plo	Ejemplo	Example
Plu	Plural	Plural

Pra	Compra	Purchase
Pre	Pregunta	Question
Pri	Primero	First
Pro	Problema	Problem
Pru	Prueba	Test

Que	Pequeño	Small
Qui	Químico	Chemical / Chemist

These are the only sounds and combinations with the letter "Q" in Spanish.

Ra	Ratón	Mouse
Re	Reacción	Reaction
Ri	Ridículo	Ridiculous
Ro	Roca	Rock
Ru	Rudo	Rude

Sa	Sábado	Saturday
Se	Serio	Serious
Si	Siempre	Always
So	Sol	Sun
Su	Suerte	Luck

Ta	Talento	Talent
Te	Tema	Subject
Ti	Tiempo	Time
To	Todo	Everything
Tu	Turismo	Tourism

*Tla	Atlas	Atlas
Tle	Atleta	Athlete
Tli	Postliminio	Postliminium
Tlo	Decatlón	Decathlon

In Spanish there are a few words with the "TL" combination and these few words are taken from another language or foreign words.

Tra	Trabajo	Work / Job
Tre	Desastre	Disaster
Tri	Triste	Sad
Tro	Tropa	Troop
Tru	Truco	Trick

*Va	Vaca	Cow
Ve	Vena	Vein
Vi	Viaje	Trip
Vo	Vocabulario	Vocabulary
Vu	Vuelo	Flight

Remember, there are no words with "VL and VR"

combination. Make sure to check "Bl and Br" combination. You might find it in a foreign name, such as Vladimir (Russian name).

Ya	Yate	Yacht
Ye	Yeso	Plaster
Yi	Ensayista	Essayist
Yo	Yodo	Iodine
Yu	Yuca	Cassava

Remember, there are just a few words with "Y" combination. It works as a consonant when it is between vowels and at the beginning of words.

*Za	Zapato	Shoe
Zo	Brazo	Arm
Zu	Azúcar	Sugar

There are very few words with the "Z" combination; however, you need to pay special attention to these words when writing, because of the spelling, when speaking it sounds just as "s", the tricky part is the spelling for writing.

Pepe y su Camión – Pepe and his truck

Soy Pepe vivo en Estados Unidos, estoy casado y tengo un camión, en el monto un montón de cosas, pero siempre lo hago en orden alfabético, voy por la ciudad buscando cada cosa de la *A* a la *Z*.

Meto a un **a**migo lleno de **a**mor, a un **bo**nito **bu**rro **bru**to con la **bo**ca **bla**nca, una **ca**ja de **ce**rveza y otra **ca**ja de **ce**real para la **ce**na de la **cla**se que va en el **cru**cero.

Luego monto un **cho**rizo de **cho**colate, una **da**ma **dra**gón **de diez dedo**s que se **du**cha el **dí**a **do**mingo, a un **e**studiante de **e**spañol y a una **fu**erte y **fe**a **fo**ca que es **fa**mosa por prender **fu**ego a las **flo**res con los **fó**sforos y crear con**fli**ctos lanzando *fru*tas.

Al rato voy por un *ga*to *gra*nde llamado *Ge*neral al que le *gu*stan las *ga*lletas con *go*tas *giga*ntes de *glu*cosa y pasé por la *ha*bitación del *ho*tel a buscar el *he*lado que estaba en el *hi*elo y un *i*cono que estaba en una *i*glesia, también recogí a la *ji*rafa del *jo*ven *je*fe que no *ju*ega *ja*más.

Un *ki*lómetro después busco un *ki*lo de *ki*wis, a la *lu*z de la *lu*na a un *lo*co *lo*bo de *le*ngua *la*rga y bajo la *llu*via hay un po*llo* que está a*llí* con la *lla*ve.

*Mo*nto a un *mú*sico *mo*derno que tiene *ma*nos *ma*ravillosas y hace *ma*gia de *no*che a un *niño ne*gro que *nu*nca *na*da, también un *ñu* que come *ña*me y un *o*so con *o*jos color *o*ro.

*Pri*mero *pa*só *po*r un *po*bre *pa*to con *pa*ta de *pa*lo que juega *pe*lota con un *pe*rro lleno de *pla*ga y después por *qui*nce *que*sos.

Debo montar el ca*ro* ca*rro* color *ro*sa que pertenece al *rey* y por *se*r *sá*bado tengo que buscar a un *se*rio *sa*po con *su*erte que *si*empre *to*ma el *so*l. *To*do el *ti*empo busco *te*la color *to*mate y una *u*rna color *u*va.

Hago un *vi*aje para buscar una *va*ca que toma *va*sos de *vi*no y un *w*hisky que promocionan en la *we*b y después yo recojo a un *yu*goslavo que come *yu*ca y usa un *ye*so. Por último busco a mi amigo que es un *zo*rro que usa *za*patos.

Después de hacer 27 viajes y pasar recogiendo tantas cosas de la *A* a la *Z*, quedo *ex*hausto y debo descansar para al otro día volver a comenzar.

Word List – Listado de palabras

Su camión – His truck. (☑ 8)

La ciudad – The city. (☑ 3)

Lleno de amor – Full of love.

Una caja de cerveza - A box of beer. (☑ 3) (☑ 8)

La clase – The class.

Diez – Ten.

Foca – Seal.

Prender fuego – Light on fire.

Con los fósforos – With the matches.

Crear conflictos – Creates conflicts.

Lanzando frutas – Throwing Fruits away. (7)

Al rato voy – Then I go.

Le gustan – He likes. (7)

Y pasé – And I passed. (11)

Buscar – Search / Find.

Que estaba en el hielo – That was in the ice. (13)

Un icono – An Icone.

También recogí – I picked up too.

Después – After / Later.

Busco un kilo de kiwis – A kilo of kiwis.

Larga – Long.

Bajo la lluvia – Under the rain.

Hay un pollo – There is a chicken. (6)

Que tiene – That has.

Y hace – And does (makes).

Que come ñame – That eats yam.

Un oso con ojos color oro – A bear with Golden eyes.

Pato con pata de palo – A duck with wooden foot.

Que juega – Who plays.

Lleno de plaga – Full of pest.

Por quince quesos – For fifteen cheeses.

Que pertenece al rey – That belongs to the King.

Por ser – For being.

Una urna color uva – An urn of grapes color.

Hago un viaje – I make a trip.

Que promocionan en la web – Which they promote on

the web.

Yo recojo a un yugoslavo – I pick up a Yugoslavian.

Que come yuca y usa un yeso – Who eats cassava and wears a cast.

Por último – Last / Finally.

Quedo exhausto – I am exhausted.

Y debo descansar – And I must rest.

Para al otro día – For the next day.

Volver a comenzar – To start again.

A Little bit more – Un poco más

Greetings and Introductions – Saludos y presentaciones.

Hola – Hello / Hi.

Buenos días – Good morning.

Buenas tardes – Good afternoon.

Buenas noches - Good Evening (Good night when leaving)

¿Aló? - Hello? This is a common way of answering the phone in many Spanish-speaking countries.

Adiós - Bye. / Goodbye.

Hasta luego - See you later.

Hasta pronto - See you soon.

Hasta mañana - See you tomorrow.

¿Cómo está Usted? – How are you? (Formal, Polite, respect).

¿Cómo estás? – How are you? (Informal, with a friend of acquaintance).

¿Cómo están? - How are you? (Plural).

Bien – Well / Fine.

Mal – Bad.

Más o menos – More or less.

No muy bien – Not so good.

Muy bien – Very well.

¿De dónde eres? - Where are you from?

Soy de Francia – I am from France.

Bienvenidos – Welcome.

¿Cómo te llamas? - What's your name?

Me llamo Pedro - My name is Pedro.

Mi nombre es Pedro – My name is Pedro.

¿Y usted? – And you? (Formal, polite)

¿Y tú? – And you? (Informal with friends and acquaintance).

Mucho gusto - Nice to meet you.

Encantado de conocerle – Nice to meet you.

Igualmente – Likewise.

Phrases and Expressions – Frases y expresiones.

Tengo hambre - I'm hungry

Tengo sed - I'm thirsty

¿Puedo ver al menú, por favor? - May I have a menu, please?

¿Qué me aconseja? - What do you recommend?

Quisiera… - I'd like…

¿Puede darme…? - May I have some…?

¿Podría darme más…? - Can I have some more…?

¿Tiene usted fruta fresca? - Do you have fresh fruit?

Nada más, gracias. - Nothing more, thank you.

¿Dónde está el baño? - Where is the bathroom?

¿Dónde está el supermercado? - Where is the supermarket?

Quisiéramos sentarnos en la sección de no fumadores, por favor. - We would like to sit in the non-smoking section please.

Mesero / Mesera - Waiter / Waitress

Quisiera desayunar. - I would like some breakfast.

Estoy a dieta. - I'm on a diet.

Exercises - Ejercicios

1-   How many letters does the Spanish alphabet

have?_____

2-   How does LL sound when spoken?

_____

3-   How does Z sound when spoken?

_____

4- Introduce yourself using one sentence.

_____

5- Greet a friend whose name is David using one

sentence._____

6-   Write three words with "Ch".

_____

7-   Write two words with "Rr"

_____

Reading Comprehension:

¿Dónde vive Pepe? – Where does Pepe live?

¿Cuántos kilos de kiwi buscó? – How many pounds of Kiwi he searched?

¿De qué color es la urna? – What color is the urn?

Knowledge Base
Argentine Republic - República Argentina
Motto: En unión y libertad - In Unity and Freedom.
Capital and largest city - Buenos Aires

Recognized regional languages

Guaraní, Qom, Mocoví and Wichi, in Chaco.

De facto languages - Spanish.

Population - 2015 estimate - 43,417,000.

Currency - Peso ($) (ARS)

Calling code - +54

Though not declared official de jure, the Spanish language is the only one used in the wording of laws, decrees, resolutions, official documents and public acts.

The almost-unparalleled increase in prosperity led to Argentina becoming the seventh wealthiest developed nation in the world by the early 20th century.

Bible Verse - Versículo Bíblico

El que no ama, no ha conocido a Dios; porque Dios es amor. 1 Juan 4:8

Lesson 2

Mis Amigos – My friends

Somos cinco amigos y nosotros hacemos muchas cosas juntos. *Alquilamos* una habitación por cuarenta y dos dólares y allí vivimos todos. Somos dos chicos y tres chicas. Mi nombre es Carlos, mi amigo es José, las chicas son María, Ana y Doris.

Los propietarios son una pareja de ancianos de setenta y nueve y noventa *y* cuatro años de edad, ellos *cobran* la renta, *necesitan* dinero para pagar un préstamo de cien dólares.

José tiene diez y siete años, *estudia* medicina, él quiere ser doctor. *También habla* español pero no *canta ni tampoco ayuda* a los niños.

Doris tiene quince años, ella quiere ser profesora y *ayuda* a doce niños a hacer sus tareas, ella *busca* las respuestas a las preguntas que les hacen en la escuela. Ella no *habla* español *pero* sí inglés.

María y Ana son hermanas, María tiene veintiún años y Ana veintitrés y ellas no *estudian ni tampoco hablan* español. Ellas *trabajan* en un laboratorio y también *analizan* los resultados. Ellas *cuentan* que a veces a los pacientes les cuesta aceptar la verdad.

Yo tengo veinte años, *estudio* música, sé cantar muy bien y también sé hablar español. María cumple años hoy. Ana y yo salimos a comprar la comida y el pastel al salir del trabajo. Ella me *manda* un mensaje de texto para encontrarnos en el supermercado. Yo salgo de la habitación, pero antes *borro* el texto para que María no lo vea y que su fiesta sea una sorpresa.

Al llegar a la habitación nosotros *hablamos* con José y con Doris acerca de la fiesta, ellos están contentos. Cuando María llega todos salimos a cantar cumple años feliz.

Word List – Listado de palabras

Mis Amigos - My friends

Somos cinco amigos - We are five friends (✓ 5)

Nosotros hacemos - We do / Make (✓ 4)
Muchas cosas juntos - Many things together
Alquilamos una habitación- We rent a room

Allí vivimos todos - All of us live there (✓ 4)
Somos dos chicos y tres chicas. - We are two boy and three girls.

Mi amigo es José - My Friend Jose.

Las chicas - The girls. (✓ 3)
Los propietarios - The landlords.
Una pareja de ancianos - An elderly couple.
Ellos cobran la renta - They charge (collect) the rent.
Necesitan dinero - They need money.
Para pagar un préstamo - To pay a loan.
Él quiere ser doctor - He wants to be a doctor.
Ella quiere ser profesora - She wants to be a teacher.
Sus tareas - Their home-works.
Las respuestas a las preguntas - The answers to the questions.
Que les hacen en la escuela - They do (make) at school.
Son hermanas - They are sisters.
Ellas no estudian ni tampoco hablan español - They don't study and they don't speak Spanish either.
Ellas trabajan en un laboratorio - They work in a lab.
También analizan los resultados - They analyze the results as well.

Ellas cuentan que a veces - They say that sometimes.

A los pacientes les cuesta aceptar la verdad - Patients find it hard to accept the truth.

María cumple años hoy - Is Maria's birthday today.

Ella me manda un mensaje de texto - She sends me a text message.

Para encontrarnos en el supermercado - To meet us at the supermarket.

Yo salgo de la habitación - I get out of the bedroom.

Pero antes borro el texto - But I delete the text before.

Para que María no lo vea - So Maria does not see it.

Que su fiesta sea una sorpresa - So his party be a surprise.

Al llegar a la habitación - Upon arriving to the bedroom.

Acerca de la fiesta - about the party.

Ellos están contentos - They are happy.

Cuando María llega - When Maria arrives.

Todos salimos - We all go out.

A cantar cumpleaños feliz - To sing Happy Birthday.

Grammar Explanations – Notas gramaticales

Personal Pronouns – Pronombres personales.

Yo	I
Tú	You
Usted	You (Polite form)
Él	He
Ella	She
Nosotros	We
Ustedes	You
Ellos (as)	They

Remarks:

Tú is used among friends, coworkers, relatives, or when addressing a child.

Usted is used as a polite form when speaking to an Elder

person, higher Rank, someone you meet for the first time or showing respect.

Nosotros is the masculine form for *We* and *Nosotras* is the feminine form. Whenever there are two or more person together and there is at least a man, Spanish speaking people refer to the group as *Nosotros* – *We* masculine form.

Ellos is the masculine form for *They* and *Ellas* is the feminine form. Whenever there are two or more person together and there is at least a man, Spanish speaking people refer to the group as *Ellos* – *They* masculine form.

* *You will not see the "Vosotros" form in this book. Since it is mostly used in Spain.*

Simple Present – Presente simple.

In Spanish there are three groups of verbs, you will know when a verb is in its infinitive form (non-conjugated or dictionary form) by their ending *"Ar – Er – Ir."*

First Group of verb (Ar).

To conjugate a verb in Spanish you just need to drop the ending or infinitive (Ar – Er – Ir) and add the corresponding conjugation, as you will see below.

Hablar - Speak / Talk

Yo	habl*o*
Tú	habl*as*
Usted	habl*a*
Él	habl*a*
Ella	habl*a*
Nosotros	habl*amos*
Ustedes	habl*an*
Ellos (as)	habl*an*

Remarks:

As you can see, you drop the *"Ar"* from Habl*ar* and it

leaves you with the root *habl,* then you add the corresponding ending.

First person (Yo – I) always ends in O.

Yo Hablo Español – I speak Spanish.

Second person (Tú – You) always ends in AS.

Tú hablas Italiano – You speak Italian.

Third person (Usted – You / Él – He and Ella – She) always have the same ending A.

Usted habla Español – You speak Spanish (polite).

Él habla Inglés – He speaks English.

Ella habla Alemán – She speaks German.

First person plural (Nosotros – We) always ends in AMOS.

Nosotros hablamos Francés – We speak French.

Second person of the plural (Ustedes – You / Ellos (as) – They) always ends in AN.

Ustedes hablan Ruso – You speak Russian.

Ellos hablan Japonés – They speak Japanese.

Most of the verbs from the first group (AR) are regular and they follow the same pattern.

Estudiar – Study

Yo	estudi*o*
Tú	estudi*as*
Usted / Él / Ella	estudi*a*
Nosotros	estudi*amos*
Ustedes / Ellos (as)	estudi*an*

Yo estudio Ingles – I study English

Tú estudias Español – You study Spanish

Cantar – Sing

Yo	cant*o*
Tú	cant*as*
Usted / Él / Ella	cant*a*
Nosotros	cant*amos*

Ustedes / Ellos (as)   cant**an**

*Nosotros cant**amos** música americana* – We sing American music

*Ellos cant**an** Bachata* - They sing Bachata

You are now ready to conjugate any regular verb from the first group and use it in simple sentences with the large vocabulary you already have. Before giving you a list of verbs for your practice, let us first learn how to ask and answer in Spanish.

How to ask and answer questions – Como preguntar y responder.

You just place the personal pronoun after the conjugation of the verb to ask questions.

*¿Habl**a** Usted Español?* – Do you speak Spanish?

*Si, habl**o** Español* – Yes, I speak Spanish.

*No, no habl**o** Español* – No, I don't speak Spanish.

*¿Cant**as** tú música americana?* – Do you sing american music?

*Si, cant**o** un poco de música americana* – Yes, I sing a little bit of american music.

*No, no cant**o** bien música americana* – No, I do not sing well american music.

*We use question marks at the beginning and at the end in Spanish. There is an opening and a closing mark. Pay close attention.

* In Spanish is not an obligation to use personal pronouns when speaking, because with the ending of the verb it is well understood whom you are referring to. Pay close attention to this.

*¿Cant**as** música americana?* – Do you sing american music?

As you can see the conjugation or ending of the verb *AS* tells you that you are referring to the personal pronoun *Tú.*

Short cut to quick learning Spanish.
Y – And: We use it to join two affirmative sentences.
También – Too: We use it at the end of two affirmative sentences. But also in the middle or beginning of words, when the first part of the sentence is understood. You will learn the different uses as you progress in your learning experience.

Pero – But: We use it to join an affirmative and a negative sentence and vice versa.

Yo habl*o* Español *y* habl*o* Inglés *también.* – I speak Spanish and I speak English too.
Yo no hablo Español
Yo habl*o* Ingles, *pero* no habl*o* Español. – I speak English, but I do not speak Spanish.
Yo no hablo Español, pero hablo Inglés. – I don't speak Spanish, but I speak English.

Ni - Tampoco – Either: We use it at the end of two negative sentences. Pay close attention, the word for Either is Tampoco, however, to unite the sentence Spanish speakers use the particle **"Ni"**.
Yo no habl*o* Español *ni* hablo Inglés *tampoco.* – I don't speak Spanish and I don't speak English either.

Verb list from "Ar" Group – Lista de verbos del grupo "Ar"
Here you have a list of verbs from the first Group to conjugate them and use them in sentences (ask and answers, positive and negative).
Aceptar la verdad – Accept the truth

Alquilar *una habitación* – Rent a room
Analizar *el resultado* – Analyze the result
Ayudar *a los niños* – Help the children
Borrar *el texto* – Delete the text
Buscar *la respuesta* – Search for the answer
Cobrar *la renta* – Collect the rent
Comprar *la comida* – Buy the food
Necesitar *dinero* – Need money
Pagar *el préstamo* – Pay the loan

A little bit more – Un poco más

Números cardinales - Cardinal Numbers

1 – uno	2 - dos
3 – tres	4 - cuatro
5 – cinco	6 - seis
7 – siete	8 - ocho
9 – nueve	10 - diez
11 – once	12 - doce
13 – trece	14 - catorce
15 – quince	16 - dieciséis
17 – diecisiete	18 - dieciocho
19 – diecinueve	20 - **veinte**
21 – veintiuno	22 - veintidós
23 – veintitrés	30 - **treinta**
40 – cuarenta	50 - cincuenta
60 – sesenta	70 - setenta
80 – ochenta	90 - noventa
*100 – cien	

Remarks:

The most important part is to learn the numbers from *1 - 20*. As you can see, after twenty, you just need to add the numbers from *1-9*. Use the conjunction *Y – And* to join them.

Treinta y uno – 31	Treinta y dos - 32
Cuarenta y uno – 41	Cuarenta y dos - 42

101 - ciento uno
125 - ciento veinticinco
200 - doscientos
300 - trescientos
400 - cuatrocientos
500 - quinientos
600 - seiscientos
700 - setecientos
800 - ochocientos
900 - novecientos
1000 - mil
1.000.000 - un millón
10.000.000 - diez millones

Cien and Ciento - 100

We use *Cien* when we refer to the exact number (100) or when we use it with substantives.

Cien = 100

Cien libros – 100 books

Cien mujeres - 100 women

It does not matter if it is masculine or feminine.

We use *Ciento* when we refer to compound numbers by hundred plus other numbers (101, 102, etc.)

101 = Ciento uno

164 = ciento sesenta y cuatro

190 = ciento noventa

Exercises – Ejercicios

1. When is a verb in its infinitive form?

---

2. Conjugate the verb "Amar".

_____

3. Name singular personal pronouns.

_____

4. Name plural personal pronouns.

_____

5. Fill the blank spaces with también or tampoco:

Yo hablo español y _____ hablo inglés. El no

canta música americana ni _____ música española. (Spanish music)

6. Write down the following numbers:

123_____

538_____

416_____

7. Use the verb "cantar "in the following sentences:

Yo _____ música Country.

Ella _____ muy bien.

Nosotros _____ en navidad. (Christmas)

Ustedes _____ música Americana.

8. Use the verb "caminar" in the following sentences:

Él _____ hasta su casa.
(to his house)

Ellos _____ lentamente.
(slowly)

Tú _____ todos los días.
(everydays)

Reading Comprehension:

¿Cuántos amigos son? – How many friends are they?

¿Cuántos años tienen nuestros propietarios? – How old are the landlords?

¿Quién cumple años? – Whose birthday is it?

Knowledge Base
Plurinational State of Bolivia
Estado Plurinacional de Bolivia
Motto: La unión es la fuerza - Unity is Strength.
Capital - Sucre
Largest city - Santa Cruz de la Sierra
Official languages
Spanish, Quechua, Aymara, Guarani and 33 other native languages
Demonym - Bolivian
Government - Unitary presidential constitutional republic
President - Evo Morales
Vice President - Álvaro García Linera
Population - 2015 estimate - 11,410,651
Currency - Boliviano (BOB)

Calling code - +591
While Sucre is the constitutional capital, La Paz is the seat of the government..

Bible Verse - Versículo Bíblico
No seas vencido de lo malo, sino vence con el bien el mal.
Romanos 12:21

Lesson 3

Me voy de tiendas – I go shopping

Mi nombre es Brenda, amo *las* compras. Hoy después de tener una conversación con *una amiga* hice *una* solicitud en mi trabajo para salir temprano. No hay discusión cuando comienzo a hablar, le di a mi jefe *una buena* explicación, ella dice que sí puedo ir que no hay problema, pero que no se haga costumbre ya que en *la oficina* hay mucha actividad. Digo adiós cierro *la puerta* y me voy.

Qué felicidad, me monto en *el carro*, cuelgo *el abrigo*, prendo *la radio*, saco *el mapa*, consigo *la tienda* a la que voy y arranco. Llego *al estacionamiento* y *los atletas* están allí, escucho la voz que dice por *el parlante* que *los carros* deben salir y estacionar a diez cuadras de allí. Me monto en *el carro* y diez cuadras después logro estacionar frente al consultorio de un psiquiatra.

Me bajo del carro con mí vestido de trabajo y *los zapatos* de tacón, soy la reina de las compras en la ciudad y *estoy* a diez cuadras, no son nada para mí. Un señor me toca *la mano* y descubro que es *el profesor* de mi hermano y me dice que el martes *el niño* no llevó ni *los libros* ni su lápiz. Hago un análisis y recuerdo que *el lápiz* y *los libros* del niño están sobre *la mesa* de *la televisión* al lado de *la lámpara*.

Sólo camino dos *cuadras* y *comienza* a llover, el día tiene *un clima* frío, *el planeta está* loco, *estamos* en agosto. Comienzo a toser, el tórax me duele y *la cabeza* también. No me importa, camino tres cuadras más, me siento caliente y un poco mareada.

Soy la reina de *las compras* en *la ciudad*, pero hoy no es el día para comprar, regreso al carro, me monto y me dirijo a casa. No pude comprar, al llegar debo calentar *la comida*, comer, tomarme **una aspirina** e irme a la cama con *el gato*. Mañana será otro día, convenceré a mi jefe y me iré a comprar.

Word List – Listado de palabras

Me voy de tiendas – I go shopping. (3)

Amo las compras – I love shopping.

Después de tener una conversación – After having a conversation.

Hice una solicitud en mi trabajo – I made a request at my work.

Para salir temprano – To get out earlier.

No hay discusión – There is no discussion.

Cuando comienzo a hablar – When I start to speak.

Le di a mi jefe una buena explicación – I gave by boss a good explanation.

Ella dice que sí puedo ir – She says that I can go.

Pero que no se haga costumbre – But that it does not become a habit.

Ya que en la oficina – Because at the office.

Hay mucha actividad – There are many activities (busy – lots of work).

Digo adiós – I say goodbye. (3)

Y me voy. – And I leave.

Qué felicidad – What a happiness.

Prendo la radio – I turn on the radio.

Saco el mapa – Pull out the map.

Consigo la tienda - I locate the store.

A la que voy – Which I am going.

Y arranco. – And I start.

Por el parlante - Through the speaker.

Que los carros deben salir – That cars must go out.

A diez cuadras de allí – Ten blocks away from there.

Después logro estacionar - Later I manage to park.

Frente al consultorio de un psiquiatra – In front of a psychiatrist office.

Me bajo del carro – I get off the car.

Con mí vestido de trabajo – With my work dress.

Y los zapatos de tacón – And high heeled shoes.

Soy la reina de las compras – I am the queen of shopping.

En la ciudad - In the city.

No son nada para mí – They are nothing for me (no challenge).

Un señor me toca la mano – A man touches my hand.

El profesor de mi hermano – My brother's teacher.

No llevó ni los libros ni su lápiz – He did not take books nor pencils.

Están sobre la mesa de la televisión – They are on the tv table.

Al lado de la lámpara – Next to the lamp.

El día tiene un clima frío – The weather is cold today.

Está loco – It is crazy.

No me importa - It doesn't matter (I don't care).

Me siento caliente y un poco mareada. – I feel warm and a little dizzy.

Pero hoy no es el día – But today is not the day.

Y me dirijo a casa – And I head home.

No pude comprar – I could not shop. (3)

Tomarme una aspirina - Take an aspirin.

*E irme a la cama con el gato – And go to bed with the cat. *(Y means and, the conjuction, but when the next word starts with an "I" in Spanish, we change the "I" by "E – and" to have a better sound).*

Mañana será otro día – Tomorrow will be another day. (

3)

Convenceré a mi jefe – I will convince my boss.

Me iré a comprar. – I will go shopping.

Grammar Explanations – Notas gramaticales

Gender of Nouns – Genero de los nombres o sustantivos.

A noun is a word used to denote a person, place, thing, or idea. In Spanish, all nouns are either masculine or feminine. In Spanish all living creatures are easy to identify the gender male or female. Every noun in Spanish has a specific article that denotes the gender of the word. They can be definite or indefinite and have four forms:

Masculine Singular	**Masculine Plural**
El niñ*o* – The boy	*Los* niñ*os* – The boys
El libr*o* – The book	*Los* libr*os* – The books
El gat*o* – The cat	*Los* gat*os* – The cats
Feminine Singular	**Feminine Plural**
La niñ*a* – The girl	*Las* niñ*as* – The girls
La cas*a* – The house	*Las* cas*as* – The houses
La cam*a* – The bed	*Las* cam*as* – The beds

General rules for identifying the gender.

When speaking about living creatures every word that ends in *O* is masculine and every word that ends in *A* is feminine. Only distinct living creatures fall under this categorization.

Masculine	*Feminine*
El niñ*o* – The boy	*La* niñ*a* – The girl
Los niñ*os* – The boys	*Las* niñ*as* – The girls

Definite Article – Articulo Definido

As you can see by learning the gender of things, you have

also learned the definite article *"The"*

Masculine Singular	Masculine Plural
El	Los
Feminine Singular	**Feminine Plural**
La	Las

Pay close attention to the tricky part in Spanish. When determining the gender of an object or thing, do not try to analyze the nature of the object, looking for some inherent masculinity or femininity.

El vestid*o* – The dress

You might think that because it ends in *O*, it should be masculine, but it is not. That is why you need to learn every noun with its article (*El, La*), that way you will know what the gender is. You might ask yourself. Why? Well, because:

You cannot predict the gender of most nouns.

Not every noun that ends in -*o* is masculine, and not every noun that ends in -*a* is feminine.

Many nouns end in letters other than *o* or *a.*

Some nouns referring to professions have the same form for masculine and feminine, the only thing that identify them is the article.

El atleta – The male athlete

La atleta – The female athlete

El psiquiatra – The male psychiatrist

La psiquiatra – The female psychiatrist

Whenever you see nouns that end in – *sión, – ción, – dad, – tud and – umbre*, you will always require the feminine article.

La conversa*ción* – The conversation

La discu*sión* – The discussion

La solici*tud* – The application

La cost*umbre* – The custom

La activi**dad** – The activity

Whenever you see a nouns ending in – *ma*, you need to use the masculine article.

El problema – The problem

A few nouns ending in – Ma are feminine, but the general rule is that they are masculine.

La cama – The bed

Whenever you see a masculine noun ending in a consonant, that noun forms the feminine part by just adding the "*a*" ending.

El señor – The Mr.

La señora – The Mrs.

El doctor – The male doctor

La doctora – The female doctor

You will also find some masculine nouns ending in *A*.

El planeta – The planet

El día – The day

El mapa – The map

El clima – The weather

You will also find some feminine nouns ending in *O*.

La radio – The radio

La mano – The hand

Remember and do not forget, whenever there is a group together, if there is even one that I masculine or male, the gender must always be *Masculine.*

Indefinite Article – Articulo Indefinido

We have seen the four forms of the definite article (El – Los, La – Las), let us now see the four forms for the indefinite article "*A-An*".

Masculine Singular	**Masculine Plural**
Un carr**o** – A car	*Unos* carr**os** – Some cars
Un libr**o** – A book	*Unos* libr**os** – Some books
Feminine Singular	

Una lámpar*a* – A lamp

Una mes*a* – A table

Feminine Plural

Unas lámpar*as* – Some lamps

Unas mes*as* – Some tables

As you can see, it is very easy to use, since you already know the gender of things.

Plural of Nouns – Plural de los nombres.

You might have already noticed from previous sections that most of the nouns make their plural by adding "*S*" to their form.

Add an S to the nouns that end in vowels

Niño – Boy	Niño*s* – Boys
Libro – Book	Libro*s* – Books
Cama – Bed	Cama*s* – Beds
Zapato – Shoe	Zapato*s* – Shoes

As you can see as long as the noun ends in a vowel, you just need to add *S*, no distinction if it is a masculine or feminine noun.

Remember that if you are using the articles with nouns, they need to match the plural of things as well.

El niñ*o* – The boy	*Los* niñ*os* – The boys
La cam*a* – The bed	*Las* cam*as* – The beds
Un zapat*o* – A shoe	*Unos* zapat*os* – Some shoes
Una mes*a* – A table	*Unas* mes*as* – Some tables

You must always match gender and number (singular and / or plural).

Whenever a noun ends in consonant, you add "*ES*" to make the plural.

Profesor – Teacher	Profesor*es* – Teachers
Rey – King	Rey*es* – Kings
Ciudad – City	Ciudad*es* – Cities

Whenever a noun ends in "*ión*", first drop the accent on the "*ó*" and then add "*ES*" to make the plural.

Explicac*ión* – Explanation

Explicacion*es* – Explanations

Conversac*ión* – Conversation

Conversacion*es* – Conversations

Televis*ión* – Television

Television*es* – Televisions

Whenever a noun ends in *Z*, first substitute the *Z* by *C* and then add *"ES"* to make the plural.

Vo*z* – Voice   Vo*ces* – Voices

Lápi*z* – Pencil   Lápi*ces* – Pencils

Whenever you see a noun that ends in *"S"* or *"X"*. It does not change. It is the case with most days of the week.

Martes – Tuesday and Tuesdays

Tórax – Thorax and Thoraxes

Análisis - Analysis and Analyses

The only thing that could change is if you use these nouns with an article.

El martes – The Tuesday

Los martes – The Tuesdays

Irregular verbs from the first group "AR". – *Verbos irregulares del grupo "Ar".*

Calentar la comida – Warm the food

Yo calient*o* la comida – I warm up the food.

Tú calient*as* la comida – You warm up the food.

Usted / *Él* / Ella calient*a* la comida – He warms up the food.

Nosotros calent*amos* la comida – We warm up the food.

Ustedes / *Ellos* (as)   calient*an* la comida – They warm up the food.

Cerrar la puerta – Close the door

Yo cierr*o* la puerta – I close the door.

Tú cierr*as* la puerta – You close the door.

Usted / Él / **Ella** cierr**a** la puerta – She closes the door.
Nosotros cerram**os** la puerta – We close the door.
Ustedes / **Ellos** (as) cierr**an** la puerta – They close the door.

Colgar el abrigo – Hang the coat
Yo cuelg**o** el abrigo – I hang the coat.
Tú cuelg**as** el abrigo – You hang the coat.
Usted / **Él** / Ella cuelg**a** el abrigo – He hangs the coat.
Nosotros colg**amos** el abrigo – We hang the coat.
Ustedes / Ellos (as) cuelg**an** el abrigo – You hang the coat.

Comenzar a hablar – Start to speak
Yo comienzo a hablar – I start to speak.
Tú comienzas a hablar – You start to speak.
Usted / **Él** / Ella comienza a hablar – He starts to speak.
Nosotros comenzamos a hablar – We start to speak.
Ustedes / **Ellos** (as) comienzan a hablar – They start to speak.

As you may have seen, the ending stays the same in these verbs, they are irregular because of a slight vowel change in the verb itself.

A little bit more – Un poco más

Días de la semana - Days of the week
Domingo – Sunday
Lunes – Monday
Martes - Tuesday
Miércoles - Wednesday
Jueves - Thursday
Viernes - Friday
Sábado - Saturday

Meses del año - Months of the year
Enero - January
Febrero - February
Marzo - March
Abril - April
Mayo - May
Junio - June
Julio - July
Agosto - August
Septiembre - September
Octubre - October
Noviembre - November
Diciembre - December
Estaciones del año - Seasons of the year.
Primavera - Spring
Verano - Summer
Otoño - Fall
Invierno - Winter

Exercises - Ejercicios
1- Fill in the blanks using la, las, lo, los, el.

_____ niñas llevaron _____ muñeca y _____ niños

llevaron _____ balón.
2-Fill in the blanks using un, una, unos, unas.

_____ perros persiguien a _____ niña, mientrás

_____ niño les tira _____ palos.
3- Determine if the following words are feminine or masculine.
Agua._____

Cuaderno._____

Silla._____

Sal._____

4- What are the plurals of the following words?

Invierno:_____

Rey:_____

Domingo:_____

Comida_____

Televisión._____

5 Write down the first three days of the week.

_____

6 In what season do we...?
Hacemos muñecos de nieve._____
(snowman)

Vamos a la playa._____
(The leaves fall)

Vemos las ojas caer._____
7- Write down a sentence using: martes, octubre and otoño.

_____

Reading Comprehension:

¿Cuál es mi nombre? – What is my name?
¿Dónde estaciono? – Where do I park?
¿Qué me duele? – Where do I have a pain?

Knowledge Base
Republic of Chile - República de Chile
Motto: Por la razón o la fuerza - By right or might.
Capital and largest city - Santiago
National language – Spanish
Demonym - Chilean
Government - Unitary presidential constitutional republic
President - Michelle Bachelet
Population - 2015 estimate - 18,006,407
Currency - Peso (CLP)
Calling code - +56
Legislature is based in Valparaíso.
Includes Easter Island and Isla Sala y Gómez; does not include 1,250,000 square kilometers of territory claimed in Antarctica.

Bible Verse - Versículo Bíblico
Porque por gracia sois salvos por medio de la fe; y esto no de vosotros, pues es don de Dios. - **Efesios 2:8**

Lesson 4

Hablando con Mamá – Speaking with Mom.

Andrea: Hola mamá, ¿cómo *estás*?, ¿puedo hablar contigo?

Mamá: Bien, hija. No *tienes* que pedir permiso para hablar, llama cuando *quieras*

Andrea: Te extraño y *siento* necesidad de hablar contigo siempre.

Mamá: Y yo a ti. *Cuéntame* de tus clases de italiano.

Andrea: Ayer insistí en hablar con el director y recibí buenas noticias sobre el curso y que *puedo* venir a estudiar italiano cada día. Esto es muy importante para mí porque dentro de tres semanas *parto* para Italia, y *quiero* saber hablar en público.

Mamá: Esa es una gran noticia. Yo decidí hablar con Pedro sobre el trabajo y ahora voy a vender autos por las tardes. *Discutimos* sobre la situación económica del país y le dije que aunque tengo mucho trabajo en la oficina, *debo* dinero y *tengo* que pagarlo.

Andrea: Qué bueno mamá, tú también *tienes* buenas noticias. ¿*Dime* cómo va tu dieta?.

Mamá: Muy bien, tomo jugo de limón todas las mañanas, luego desayuno con uvas, manzanas, mango y piña. Durante el día me *traen* la comida hasta la oficina, unos días pollo o carne y los otros pescado o langosta, siempre acompañados de arroz. Además de comer sano, *corro* todos los días y *subo* las escaleras del apartamento diez veces todas las noches, después tomo un baño y *duermo* como un bebé.

Andrea: Qué bueno que te llevan la comida, pues no eres

muy buena cocinera, cuando no *rompes* los vasos, le *prendes* fuego a la cocina. Eres la mejor mamá del mundo, pero no una buena cocinera. *Siento* decírtelo, pero *sabes* que *digo* la verdad todo el tiempo.

Mamá: No te preocupes hija, sé que soy mala cocinera y me encanta que digas la verdad todo el tiempo, ya que me siento orgullosa de que *creas* en Dios, *cumplas* sus mandamientos, vayas todos los domingos a la iglesia y le des de comer a los niños hambrientos.

Andrea: Por cierto mamá, conocí a un chico en la iglesia. Terminamos saliendo a ver una película, es una película que iba a ver con mis amigos. Él es todo un caballero, condujo el vehículo hasta la casa y me abrió la puerta del carro.

Mama: Me alegra, pero no *quiero* que descuides tus clases, ¿ya entiendes bien el idioma español? Recuerda que debes *hacer* ejercicios para aprender mejor.

Andrea: No te preocupes mamá, voy a seguir estudiando para aprender bien. Ya sabes que quiero aprender bien el español antes del fin del curso, hasta le escribí un e-mail al profesor de español. Aprendo español en la escuela y quiero hacerlo bien al final del curso, para que me aplaudan al final del discurso.

Mamá: ¿Y qué tal es el profesor de inglés?

Andrea: No *conozco* muy bien al profesor de inglés. Qué bueno que me enviaste el dinero, ahora voy a poder comprar el libro de inglés y eso es importante ya que debo comprender el inglés muy bien. Mamá *debo* colgar, te amo.

Mamá: Y yo a ti, que Dios te bendiga.

Word List – Listado de palabras

Hablando con Mamá – Speaking with Mom. (14)
¿Puedo hablar contigo? – Can I speak with you?
Bien, hija – Ok, Daughter.
No tienes que - You don't have to.

Pedir permiso – Ask permission.

Llama cuando quieras – Call whenever you want.

Te extraño – I miss you.

Y siento necesidad de hablar – And I feel the need to speak.

Y yo a ti. – And I do to (I miss you too).

Ayer insistí – I insisted yesterday. (11)

Recibí buenas noticias – I received good news.

Cada día – Every day / Each day.

Esto es muy importante – This is important.

Para mí – For me.

Parto para Italia - I leave for Italy.

Esa es una gran noticia. – This is a great news.

Yo decidí – I decided.

Y le dije – And I told him.

Aunque – Even.

Siempre acompañados de arroz – Always accompanied with rice.

Las escaleras del apartamento – The stairs of the apartment.

Pues no eres muy buena cocinera – Because you are not a good cook.

Eres la mejor mamá del mundo – You are the best Mom in the world.

Siento decírtelo – I am sorry to tell you.

Todo el tiempo – All the time.

Sé que soy mala cocinera – I know I am a bad cook.

Me siento orgullosa – I am proud of you (I feel proud of you). (6)

Cumplas sus mandamientos – Follow His commandments.

Por cierto mamá - By the way Mom.

Conocí a un chico en la iglesia – I met a boy at the

church.

Que iba a ver – That he was going to watch.

Él es todo un caballero – He is a real gentleman.

Condujo el vehículo - Drove his car.

Me abrió la puerta del carro. – Opened the car's door.
(11)

No quiero que descuides – I do not want you to neglect. (
19)

Antes del fin del curso – Before the end of the course.

Hasta le escribí un e-mail - I even emailed him.

¿Y qué tal es el profesor de inglés? – And how about the English teacher?

Qué bueno que me enviaste el dinero – It is good you sent me money.

Mamá debo colgar – Mom, I must go (I must hang up).

Que Dios te bendiga. – God bless you.

Grammar Explanations – Notas gramaticales

Simple Present – Presente simple.

Second Group of verbs (Er). – Verbos del segundo grupo "Er".

To conjugate a verb in Spanish you just need to drop the ending or infinitive (Er) and add the corresponding conjugation, as you will see below.

Comer - Eat

Yo	com*o*
Tú	com*es*
Usted	com*e*
Él	com*e*
Ella	com*e*
Nosotros	com*emos*
Ustedes	com*en*

Ellos (as)   com**en**

Remarks:

As you can see, you just need to drop the "ER" and then add the corresponding ending to conjugate the verbs of the second group.

First person singular "***Yo – I***" always ends in "***O***".

Yo com**o** arroz – I eat rice.

Second person singular "***Tú – You***" always ends in "***ES***".

Tú com**es** carne – You eat meat.

Third person singular "***Usted – You (polite form) / Él – He and Ella – She***" always ends in "***E***".

Usted com**e** pescado – You eat fish.

Él com**e** piña – He eats pineapple.

Ella com**e** pollo – She eats chicken.

First person of plural "***Nosotros – We***" always ends in "***EMOS***".

Nosotros com**emos** langosta – We eat lobster.

Second and third person plural

"***Ustedes – You / Ellos (as) – They***" always ends in "***EN***".

Ustedes com**en** mango – You eat mango.

Ellos com**en** uvas – They eat grapes.

Ellas com**en** manzanas – They eat apples.

As you can see, it is almost the same as with the first group. If you have not noticed, first group ends in "AR" so all the combinations take "A", except for "Yo – I", which will always be "O". Second group ends in "ER" so all the combinations take "E", except for "Yo – I", which will always be "O". See below.

First Group Ar		Second Group Er
Yo	O	O
Tú	AS	ES
Usted / Él / Ella	A	E
Nosotros	AMOS	EMOS
Ustedes / Ellos (as)	AN	EN

Regular verbs from the second Group "ER" – Verbos regulares del segundo grupo "Er".

Aprender español en la escuela – Learn Spanish at school.

Yo *aprendo español en la escuela.* - I learn Spanish at school.

Tú *aprendes español en la escuela.* - You learn Spanish at school.

Usted / Él / **Ella** *aprende español en la escuela.* - She learns Spanish at school.

Nosotros *aprendemos español en la escuela.* - We learn Spanish at school.

Ustedes / **Ellos** (as) *aprenden español en la escuela.* - They learn Spanish at school.

Beber jugo de limón cada mañana – Drink lemon juice every morning.

Yo *bebo jugo de limón cada mañana.* - I drink lemon juice every morning.

Tú *bebes jugo de limón cada mañana.* - You drink lemon juice every morning.

Usted / **Él** / Ella *bebe jugo de limón cada mañana.* - He drinks lemon juice every morning.

Nosotros *bebemos jugo de limón cada mañana.* - We drink lemon juice every morning.

Ustedes / **Ellos** (as) *beben jugo de limón cada mañana.* - They drink lemon juice every morning.

Do not forget the pattern for asking and answering

questions. Let us review it.

Question:

¿Bebes jugo de limón cada mañana? – Do you drink lemon juice every morning?

Answers:

Si, **bebo** *jugo de limón cada mañana.* – Yes, I drink lemon juice every morning.

No, no **bebo** *jugo de limón cada mañana.* – No, I don't drink lemon juice every morning.

Regular verbs from "Er" Group – Verbos regulares del segundo grupo.

I have listed a few regular verbs from the second group "*ER*" for you to conjugate them and use them in sentences (ask and answers, positive and negative)

Comprender inglés muy bien – Understand English very well.

Correr todos los días – Run every day.

Creer en Dios – Believe in God.

Deber dinero – Owe money.

Prender el fuego – Light the fire.

Romper los vasos – Brake the glasses.

Vender autos – Sell cars.

Third Group of verbs (Ir). – Verbos del tercer grupo "Ir".

To conjugate a verb in Spanish you just need to drop the ending or infinitive (*Ir*) and add the corresponding conjugation, which is the same as the second group, the only variation is with "*Nosotros – We*" as you can see below:

Vivir – Live

Yo	viv**o**
Tú	viv**es**
Usted	viv**e**
Él	viv**e**

Ella	viv*e*
Nosotros	viv*imos*
Ustedes	viv*en*
Ellos (as)	viv*en*

Remarks:

As you can see, the conjugation is the same as with the second Group, only one single change in all of them.

Yo viv*o* en Paris – I live in Paris.

Nosotros viv*imos* en Alemania – We live in Germany.

Regular verbs from the "Ir" Group – Verbos regulares del grupo "Ir".

I have listed a few regular verbs from the third group "*IR*" for you to conjugate them and use them in sentences (ask and answers, positive and negative)

Abrir *la puerta del carro* – Open the car's door

Aplaudir *al final del discurso* – Applaud at the end of the speech.

Decidir *hablar con Pedro sobre el trabajo* – Decide to speak with Pedro about the job.

Discutir *la situación económica del país* – Discuss about financial situation of the country.

Escribir *un e-mail al profesor de español* – Write an email to the Spanish teacher.

Insistir *en hablar con el director* – Insist to speak with the director.

Partir *para Italia el domingo* – Leave to Italy on Sunday.

Recibir *buenas noticias sobre el curso* – Receive good news about the course.

Subir *las escaleras del apartamento* – Go up the stairs of the apartment.

Ar Group	**Er Group**	**Ir Grupo**
Yo O	O	O

Tú	AS	ES	ES
Usted	A	E	E
Él	A	E	E
Ella	A	E	E
Nosotros	AMOS	EMOS	IMOS
Ustedes	AN	EN	EN
Ellos (as)	AN	EN	EN

Irregular verbs from the three groups – Verbos irregulares de los tres grupos.

Conducir el vehículo hasta la casa – Drive the vehicle back home.

Yo **conduzco** *el vehículo hasta la casa.* - I drive the vehicle back home.

Tú **conduces** *el vehículo hasta la casa.* - You drive the vehicle back home.

Usted / *Él* / Ella **conduce** *el vehículo hasta la casa.* - He drives the vehicle back home.

Nosotros **conducimos** *el vehículo hasta la casa.* - We drive the vehicle back home.

Ustedes / *Ellos* (as) **conducen** *el vehículo hasta la casa.* - They drive the vehicle back home.

Conocer al profesor de inglés muy bien – Know the English teacher very well.

Yo **conozco** al profesor de inglés muy bien. - I know the English teacher very well.

Tú **conoces** al profesor de inglés muy bien. - You know the English teacher very well.

Usted / Él / *Ella* **conoce** al profesor de inglés muy bien. - She knows the English teacher very well.

Nosotros **conocemos** al profesor de inglés muy bien. - - We know the English teacher very well.

Ustedes / Ellos (as) **conocen** al profesor de inglés muy bien. - You know the English teacher very well.

Dar de comer a los niños hambrientos – Give food to the hungry children (feed).

Yo *doy de comer a los niños hambrientos.* - I give food to the hungry children.

Tú *das de comer a los niños hambrientos.* - You give food to the hungry children.

Usted / *Él* / Ella *da de comer a los niños hambrientos.* - He gives food to the hungry children.

Nosotros *damos de comer a los niños hambrientos.* - We give food to the hungry children.

Ustedes / *Ellos* (as) *dan de comer a los niños hambrientos.* - They give food to the hungry children.

Decir la verdad todo el tiempo – Tell the truth all the time (Say).

Yo **digo** la verdad todo el tiempo. - I tell the truth all the time.

Tú **dices** la verdad todo el tiempo. - You tell the truth all the time.

Usted / Él / *Ella* **dice** la verdad todo el tiempo. - She tells the truth all the time.

Nosotros **decimos** la verdad todo el tiempo. - We tell the truth all the time.

Ustedes / Ellos (as) **dicen** la verdad todo el tiempo. - They tell the truth all the time.

Dormir como un bebé – Sleep like a baby.

Yo *duermo como un bebé.* - I sleep like a baby.

Tú *duermes como un bebé.* - You sleep like a baby.

Usted / Él / Ella *duerme como un bebé.* - You sleep like a baby.

Nosotros *dormimos como un bebé.* - We sleep like a baby.

Ustedes / *Ellos* (as) *duermen como un bebé.* - They

sleep like a baby.

Entender bien el idioma español – Understand well the Spanish Language.

Yo *entiendo* *bien el idioma español.* - I understand well Spanish Language.

Tú *entiendes* *bien el idioma español.* - You understand well Spanish Language.

Usted / *Él* / Ella *entiende* *bien el idioma español.* - He understands well Spanish Language.

Nosotros *entendemos* *bien el idioma español.* - We understand well Spanish Language.

Ustedes / Ellos (as) *entienden* *bien el idioma español.* - They understand well Spanish Language.

Hacer los ejercicios para aprender mejor – Do the exercises to learn better (Make).

Yo *hago* *los ejercicios para aprender mejor.* - I do the exercises to learn better.

Tú *haces* *los ejercicios para aprender mejor.* - You do the exercises to learn better.

Usted / *Él* / Ella *hace* *los ejercicios para aprender mejor.* - He does the exercises to learn better.

Nosotros *hacemos* *los ejercicios para aprender mejor.* - We do the exercises to learn better.

Ustedes / *Ellos* (as) *hacen* *los ejercicios para aprender mejor.* - They do the exercises to learn better.

Ir a la iglesia los domingos – Go to church on Sundays.

Yo **voy** a la iglesia los domingos. - I go to church on Sundays.

Tú **vas** a la iglesia los domingos. - You go to church on Sundays.

Usted / Él / *Ella* **va** a la iglesia los domingos. - She goes to church on Sundays.

Nosotros **vamos** a la iglesia los domingos. - We go to church on Sundays.

Ustedes / *Ellos* (as)   **van** a la iglesia los domingos. - They go to church on Sundays.

Pedir permiso antes de hablar – Ask permission before speaking.

Yo *pido permiso antes de hablar.* - I ask permission before speaking.

Tú *pides permiso antes de hablar.* - You ask permission before speaking.

Usted / Él / Ella *pide permiso antes de hablar.* - You ask permission before speaking.

Nosotros *pedimos permiso antes de hablar.* - We ask permission before speaking.

Ustedes / *Ellos* (as)   *piden permiso antes de hablar.* - They ask permission before speaking.

Poder comprar el libro de inglés – Be able to buy the English book (Can / May).

Yo *puedo comprar el libro de inglés.* - I can buy the English book.

Tú *puedes comprar el libro de inglés.* - You can buy the English book.

Usted / Él / Ella *puede comprar el libro de inglés.* - She can buy the English book.

Nosotros *podemos comprar el libro de inglés.* - We can buy the English book.

Ustedes / Ellos (as)   *pueden comprar el libro de inglés.* - They can buy the English book.

Querer aprender bien el español – Want to learn Spanish.

Yo *quiero aprender bien el español.* - I want to learn Spanish well.

Tú **quieres** aprender bien el español. - You want to learn Spanish well.

Usted / **Él** / Ella **quiere** aprender bien el español. - He wants to learn Spanish well.

Nosotros **queremos** aprender bien el español. - We want to learn Spanish well.

Ustedes / **Ellos** (as)   **quieren** aprender bien el español. - They want to learn Spanish well.

Saber hablar en público – Know how to speak in public.

Yo **sé** hablar en público. - I know how to speak in public.

Tú **sabes** hablar en público. - You know how to speak in public.

Usted / Él / **Ella sabe** hablar bien en público. -   She knows how to speak well in public.

Nosotros **sabemos** hablar en público. - We know how to speak in public.

Ustedes / Ellos (as)   **saben** hablar en público. - They know how to speak in public.

Salir a ver una película – Go out to watch a movie.

Yo **salgo** a ver una película. - I go out to watch a movie.

Tú **sales** a ver una película. - You go out to watch a movie.

Usted / **Él** / Ella **sale** a ver una película. - He goes out to watch a movie.

Nosotros **salimos** a ver una película. - We go out to watch a movie.

Ustedes / **Ellos** (as)   **salen** a ver una película. - They go out to watch a movie.

Seguir estudiando para aprender bien – Continue studying to learn well.

Yo **sigo** estudiando para aprender bien. - I continue studying to learn well.

Tú *sigues* *estudiando para aprender bien.* - You continue studying to learn well.

Usted / Él / *Ella sigue* *estudiando para aprender bien.* - She continues studying to learn well.

Nosotros *seguimos* *estudiando para aprender bien.* - We continue studying to learn well.

Ustedes / *Ellos* (as) *siguen* *estudiando para aprender bien.* - They continue studying to learn well.

Sentir la necesidad de hablar – Feel the need to speak.

Yo *siento* *la necesidad de hablar.* - I feel the need to speak.

Tú *sientes* *la necesidad de hablar.* - You feel the need to speak.

Usted / *Él* / Ella *siente* *la necesidad de hablar.* - He feels the need to speak.

Nosotros *sentimos* *la necesidad de hablar.* - We feel the need to speak.

Ustedes / Ellos (as) *sienten* *la necesidad de hablar.* - They feel the need to speak.

Tener mucho trabajo – Have much work.

Yo *tengo* *mucho trabajo.* - I have much work.

Tú *tienes* *mucho trabajo.* - You have much work.

Usted / Él / *Ella tiene* *mucho trabajo.* - She has much work.

Nosotros *tenemos* *mucho trabajo.* - We have much work.

Ustedes / Ellos (as) *tienen* *mucho trabajo.* - They have much work.

Traer la comida y la bebida – Bring the food and the drink.

Yo *traigo* *la comida y la bebida.* - I bring the food and the drink.

Tú *traes* *la comida y la bebida.* - You bring the food and the drink.

Usted / *Él* / Ella *trae la comida y la bebida.* - He brings the food and the drink.

Nosotros *traemos la comida y la bebida.* - We bring the food and the drink.

Ustedes / Ellos (as) *traen la comida y la bebida.* - You bring the food and the drink.

Venir a estudiar italiano cada día – Come to study Italian each day.

Yo *vengo a estudiar italiano cada día.* - I come to study Italian each day.

Tú *vienes a estudiar italiano cada día.* - You come to study Italian each day.

Usted / Él / Ella *viene a estudiar italiano cada día.* - She comes to study Italian each day.

Nosotros *venimos a estudiar italiano cada día.* - We come to study Italian each day.

Ustedes / Ellos (as) *vienen a estudiar italiano cada día.* - They come to study Italian each day.

Ver una película con sus amigos – Watch a movie with one's friends (See).

Yo *veo una película con mis amigos.* - I watch a movie with my friends.

Tú *ves una película con tus amigos.* - You watch a movie with your friends.

Usted / *Él* / Ella *ve una película con sus amigos.* - He watches a movie with his friends.

Nosotros *vemos una película con nuestros amigos.* - We watch a movie with our friends.

Ustedes / Ellos (*as*) *ven una película con sus amigas.* - They watch a movie with their friends.

You might not have realized it, but you have a very huge

knowledge of Spanish so far.

Did you know that you could start speaking Spanish with what you know so far? Why don't you try it?

Mind Game – Juego mental.

Let us play a little mind game to show you how much you already know, but you are not aware of it or you are not using your full capacity on the language. I have placed the answers at the end of the book. Please do not cheat.

How would you say?

I want to know you better.

_____

I don't want to eat today, but I want to drink juice.

_____

Can you bring rice and meat?

_____

Can you give me water?

_____

I cannot give you water, but I can give you beer.

_____

I want to sleep like a baby tomorrow.

_____

She wants to go to the movie, but he doesn't have money.

_____

They want to write an email, but they don't have a computer._____

_____

We want to study Spanish, but we don't have a teacher.

_____

I don't understand Spanish very well. Can you speak in English?_____

_____

A little bit more – Un poco más

Números ordinales - Ordinal numbers

1º - primero – First	2º - segundo – Second
3º - tercero – Third	4º - cuarto - Fourth
5º - quinto – Fifth	6º - sexto - Sixth
7º - séptimo – Seventh	8º - octavo
9º - noveno	10º - décimo

11º - decimoprimero / undécimo
12º - decimosegundo / duodécimo

13º - decimotercero	14º - decimocuarto
15º - decimoquinto	16º - decimosexto
17º - decimoséptimo	18º - decimoctavo

19º - decimonoveno

20º - vigésimo

21º - vigésimo primero

22º - vigésimo segundo

23º - vigésimo tercero

30º - trigésimo

40º - cuadragésimo

50º - quincuagésimo

60º - sexagésimo

70º - septuagésimo

80º - octogésimo

90º - nonagésimo

100º - centésimo

101º - centésimo primero

200º - ducentésimo

300º - tricentésimo

400° - cuadringentésimo

500°- quingentésimo

600°- sexcentésimo

700°- septingentésimo

800°- octingentésimo

900º - noningentésimo

1000º - milésimo

1000000º - millonésimo

You just need to learn up to 20, since we don't use them very much. However, I have listed all ordinal numbers for your reference.

Enfermedades y síntomas - Diseases and Symptoms

Alergia – Allergy

Alucinar – To hallucinate

Bronquitis – Bronchitis

Cirugía – Surgery

Cirujano – Surgeon

Clínica – Clinic

Congestión – Congestion

Corte – Cut

Dentista – Dentist

Diabetes – Diabetes

Diarrea – Diarrhea

Dolor – Ache, pain

Dolor de estómago – Stomach ache

Dolor de cabeza – Headache

Dolor de oídos – Earache

Enfermedades – Illnesses

Enfermero (a) – Nurse

Fiebre – Fever

Gastroenteritis – Gastroenteritis

Ginecología – Gynecology

Ginecólogo – Gynecologist

Gripe – Flu

Hematología – Hematology

Hemorragia nasal – Nosebleed

Hepatitis – Hepatitis

Herida – Injury

Hospital – Hospital

Infección – Infection

Insomnio – Insomnia

Irritación – Irritation

Maternidad – Maternity hospital

Migraña – Migraine   Náusea – Nausea

Neurólogo – Neurologist

Oculista (oftalmólogo) – Ophthalmologist

Oncología – Oncology   Oncólogo – Oncologist

Otitis – Ear infection   Pediatra – Pediatrician

Pediatría – Pediatrics   Psicólogo – Psychologist

Psiquiatra – Psychiatrist   Psiquiatría – Psychiatry

Resfriado (catarro) – A cold   Reumatismo – Rheumatism

Sala de espera – Waiting room   Síntomas - Symptoms

Temblor – Shivering   Tos – Cough

Vómito – Vomiting

Me duele aquí. – I have a pain here

Me duele el estómago. – I have a stomachache.

Me duele la cabeza. – I have a headache.

Me duelen las muelas. – I have a toothache.

Me encuentro mal. – I feel bad.

Me mareo. – I feel dizzy.

Tengo fiebre. – I have a temperature.

Exercises - Ejercicios

1   Answer the following questions:

¿Dónde vas a comer hoy?

_____

¿Cuándo vas a vender tu carro?

_____

¿Con quién vas a ir a la iglesia el domingo?

_____

¿Vas a venir a casa después del trabajo?

_____

2 Use the correct conjugation of "comer" in the following sentences:

Yo _____ hamburguesas.

Ustedes _____ perros calientes.

Pedro and Pablo _____ manzanas.

3 Use the correct conjugation of "correr" in the following sentences:

Tú _____ todas las mañanas.

Ella _____ con su perro.

Tiffany y yo _____ todas las tardes.

4 Use the correct conjugation of "dormir" in the following sentences:

Ellos _____ con su mama.

Nosotros _____ solos.

Marcos _____ bien.

5 Write down a three line paragraph starting with:

Todos los fines de semana yo_____

_____

_____

6   Write down a three line paragraph starting with:

De lunes a Viernes nosotros_____

_____

_____

Reading Comprehension:

¿Cuándo se irá Andrea a Italia? – When is Andrea leaving to Italy?

¿Quién está a dieta? – Who's on a diet?

¿A dónde salió Andrea con el chico de la Iglesia? – Where did Andrea go with the church boy?

Knowledge Base
Republic of Colombia - República de Colombia
Motto: Libertad y Orden - Freedom and Order.
Capital and largest city - Bogotá
Official languages - Spanish
Recognized regional languages - *68 ethnic languages and dialects. English also official in the archipelago of San Andrés, Providencia and Santa Catalina.*
Demonym - Colombian
Government - Unitary presidential constitutional republic
President - Juan Manuel Santos
Vice President - Germán Vargas Lleras
Population - 48,786,100
Currency - Peso (COP)
Calling code - +57
Bible Verse - Versículo Bíblico
Porque con el corazón se cree para justicia, pero con la boca se confiesa para salvación. **Romanos 10:10.**

Lesson 5

Mis Compañeros de Clase – My classmates

Mi nombre *es* Alejandro, hoy es mi primer día clases. Hoy *es* catorce de julio del 2016, *son* las 5 de la tarde, llego al salón de clase y me junto con mis compañeros y con el profesor. Su nombre *es* Adam, me han dicho que él *es* muy buen profesor. Se presenta, nos asigna un número a cada uno y nos dice: Cuando llame tu número deberás decir: ¿quién eres?, ¿de dónde *eres*?, ¿qué idioma hablas?, ¿cómo te sientes? Y además algo sobre ti o sobre alguien más de la clase.

1) Yo *soy* Alejandro, *soy* de Colombia, hablo español, *soy* honesto y *estoy* bien.

2) Yo *soy* André, *soy* de Alemania, hablo alemán, *soy* educado y parece que Tiffani y Yeiris *están* enojadas.

3) Yo *soy* Yeiris, *soy* de Noruega y hablo noruego, *soy* inteligente y me parece que el profesor de inglés *está* triste.

4) Yo *soy* Michelle, *soy* de Francia, hablo francés, *soy* profesional y *estoy* enfermo.

5) Yo, *soy* Yeral, soy dominicano, hablo español. Yo *soy* sincero y además *soy* el Pastor de la Iglesia.

6) Yo *soy* Donato, *soy* de Italia y hablo italiano. (Señalando a Niko) Ella *es* mi novia, *es* una mujer muy linda.

7) Yo *soy* Niko, *soy* de China y hablo chino. Donato y yo tenemos un restaurante. El restaurante chino *está* en la calle principal. Si van a visitarnos nosotros *estamos* en la cocina.

8) Yo soy Sonya *soy* de Rusia, hablo ruso, (señalando a Nicolás) Él *es* mi padre, él *es* muy divertido.

9) Yo *soy* Nicolás, *soy* de Brasil, hablo Portugués, *soy*

muy sincero y no *estoy* muy bien hoy.

10) Mi nombre *es* Zuri, *soy* de Turquía, hablo turco, *soy* puntual y *estoy* más o menos.

Al terminar de presentarnos, el profesor nos dice: Gracias a todos, *estoy* encantado de conocerlos, *soy* muy responsable. Les recomiendo estos dos libros, el libro de español *es* mío y pienso que *está* muy bien. Quisiera saber por qué todos los estudiantes *están* callados, ojalá no sea que tienen la fiebre del Zica. No, sólo bromeo, deben estar cansados. Mañana tendrán que estar preparados y venir muy contentos. Ya pueden salir.

Word List – Listado de palabras
Mis Compañeros de Clase – My class mates.
Salón de clase - Classroom.

Me han dicho – I have been told. (12)
Se presenta – Introduces himself.
Nos asigna un número – He assigns us a number.
Y nos dice – And he tells us.

Deberás decir – You will have to say. (10)
O sobre alguien más - Or about someone else.
Pastor de la Iglesia – Pastor of the church.
Señalando a Niko – Pointing at Niko.
Donato y yo tenemos un restaurante – Donato and I have a restaurant.
Si van a visitarnos - If you go to visit us.
Soy puntual – I am punctual.
Más o menos. – More or less.
Les recomiendo estos dos libros – I recommend these two books.

Es mío - Is mine. (8)
*Fiebre del Zica – Zika fever.
Mañana tendrán – You will have tomorrow.

Ya pueden salir. – You may go (You can go out).

📝 Grammar Explanations – Notas gramaticales

We have seen simple present conjugation for all regular verbs and we have seen some main irregular verbs from all the groups as well. We are now ready to start with the main auxiliary verb in Spanish.

🔒 The auxiliary verb "Ser o Estar – To be". – El verbo auxiliar "Ser o Estar – To be".

Ser – Be

Yo	soy
Tú	eres
Usted	es
Él	es
Ella	es
Nosotros	somos
Ustedes	son
Ellos (as)	son

Remarks:

There are two verbs with two different uses in Spanish for the verb "To be" as you can see. Make sure you learn how to use them very well, because your success will depend on it.

Whenever you are referring to Origin and Nationality:

*Yo **soy** dominicano y hablo español* – I am dominican and I speak Spanish.

*Tú **eres** americano y hablas inglés* – You are American and you speak English.

Whenever you are referring to Personality, Physical Attributes, Profession, and Possession.

*Él **es** muy divertido* – He is very fun.

*Ella **es** una mujer muy linda* – She is a very beautiful woman.

*Él **es** un muy buen profesor* – He is a very good teacher.

El libro de español es mío – The Spanish book is mine.

Whenever you are referring to Date and Time.

Son las 5 de la tarde – It is five in the afternoon.

Hoy es catorce de julio del 2016 – Today is July 14th, 2016.

Whenever you are referring to Relationships.

Ella es mi novia – She is my girlfriend.

Él es mi padre - He is my father.

Do not forget the Ask and Answer form.

¿De dónde eres? – Where are you from?

Soy de República Dominicana – I am from Dominican Republic.

¿Quién es usted? – Who are you?

Yo soy el pastor de la iglesia. – I am the pastor of the church.

¿Quién eres? – Who are you?

Yo soy Pedro, ¿y tú? – I am Pedro, and you?

Yo soy Carmen, encantado de conocerte. – I am Carmen, nice to meet you.

¿Es ella Dominicana? – Is she Dominican?

Si, ella es dominicana, pero habla inglés. – Yes, she is Dominican, but she speaks English.

No, ella no es dominicana, pero habla español. – No, she is not Dominican, but she speaks Spanish.

List of verbal phrases with "Ser" Lista de frases verbales con "Ser".

Use this list of phrases with *Ser* to practice and master its use.

Ser sincero – Be sincere.

Ser honesto – Be honest.

Ser inteligente – Be intelligent.

Ser profesional – Be professional.
Ser educado – Be educated (polite).
Ser peligroso – Be dangerous.
Ser puntual – Be punctual (on time).
Ser responsable – Be responsible.

The verb "Estar – To be". – El verbo "Estar – To be".

Yo	estoy
Tú	estás
Usted	está
Él	está
Ella	está
Nosotros	estamos
Ustedes	están
Ellos (as)	están

Remarks:

Notice the accent in the second, third person singular and third person plural. It is very important to place the accent always.

Whenever you are referring to Location.

El restaurante chino **está** *en la calle principal* – The Chinese restaurant is on the main Street.

Nosotros **estamos** *en la cocina* – We are at the kitchen.

Whenever you are referring to Mood and Physical Condition.

El profesor de inglés **está** *triste* – The English teacher is sad.

Tiffany y Yeiris **están** *enojadas* – Tiffany and Yeiris are angry.

Ustedes están **enfermos** *con la fiebre Zica* – You are sick with Zika's fever.

Whenever you are referring to Result of an Action.

Los estudiantes **están** *callados* – The students are quiet.

Los profesores **están** *de pie* – The teachers are standing.

Please make sure you master these rules before going any further. It might sound very easy to know them. Putting into practice will give you best results.

Always remember the Ask and Answer form.

¿Cómo estás el día de hoy? – How are you today?

Yo estoy muy bien, ¿y usted señor, cómo está usted? – I am very well, and you Sir, how are you?

No estoy muy bien hoy, pero gracias por preguntar. – I don't feel very well today, but thanks for asking.

¿Cómo estás? – How are you?

Estoy más o menos, ¿y tú? – I am more or less, and you?

Bueno, yo estoy muy bien, gracias. – Well, I am very well, thanks.

List of verbal phrases with "Estar" – List de frases verbales con "Estar".

Use this list of phrases with Estar to practice and master its use.

Estar cansado – Be tired.

Estar contento – Be happy.

Estar triste – Be sad.

Estar enfermo – Be sick.

Estar preparado – Be ready.

Estar perdido – Be lost.

Estar cerrado – Be closed.

Estar abierto – Be opened

Estar limpio – Be cleaned

Estar sucio – Be dirty.

Estar preocupado – Be worried

A Little bit more – Un poco más

Países -   **Countries**

Teach Yourself Spanish

Alemania	Germany
Armenia	Armenia
Bélgica	Belgium
Bosnia	Bosnia
Brasil	Brazil
Bulgaria	Bulgaria
Cambodia	Cambodia
Canadá	Canada
Colombia	Colombia
Corea del Norte	North Korea
Corea del Sur	South Korea
Croacia	Croatia
China	China
Chipre	Cyprus
Dinamarca	Denmark
Egipto	Egypt
Escocia	Scotland
España	Spain
Estados Unidos	United States
Filipinas	Philippines
Finlandia	Finland
Francia	France
Grecia	Greece
Hungría	Hungary
Inglaterra	England
Irlanda	Ireland
Italia	Italy
Japón	Japan
Malasia	Malaysia
Marruecos	Morocco
Noruega	Norway
Nueva Zelanda	New Zealand
Países Bajos	Netherlands
Polonia	Poland

Portugal	Portugal
Reino Unido	United Kingdom
República Checa	Czech Republic
República Dominicana	Dominican Republic
Rumanía	Romania
Rusia	Russia
Sudáfrica	South Africa
Suecia	Sweden
Suiza	Switzerland
Tailandia	Thailand
Taiwán	Taiwan
Turquía	Turkey
Ucrania	Ukraine

Nacionalidades - **Nationalities**

Alemán	German
Árabe	Arabian
Bosnio	Bosnian
Búlgaro	Bulgarian
Croata	Croatian
Checo	Czech
Chino	Chinese
Danés	Danish
Escocés	Scottish
Eslovaco	Slovakian
Español	Spanish
Finés	Finnish
Francés	French
Griego	Greek
Hebreo	Hebrew
Holandés	Dutch
Húngaro	Hungarian
Inglés	English
Irlandés	Irish
Italiano	Italian

Japonés	Japanese
Noruego	Norwegian
Polaco	Polish
Portugués	Portuguese
Rumano	Romanian
Ruso	Russian
Serbio	Serbian
Sueco	Swedish
Turco	Turkish
Ucraniano	Ukrainian

Remarks:

Almost 99% of the time, the name of the Language is the same as the nationality, of course in the masculine form.

¿De dónde eres? - Where are you from?

*Soy de **Alemania**.* – I am from Germany.

*Soy **alemán** y hablo **alemán**.* – I am German and I speak German.

¿De dónde eres? – Where are you from?

*Soy **alemana** y hablo **alemán**.* – I am from Germany (female speaking) and I speak German.

Exercises - Ejercicios

Answer the following questions:

1- ¿Cómo estás hoy?

_____

2- ¿De dónde eres?

_____

3- ¿Cuál es la nacionalidad de tu madre?

_____

4- ¿Qué idioma habla tu padre?

_____

5- Complete a three-line paragraph using the verb to be in its form "ser", starting with:

Yo soy Marcos, _____

_____

_____

5- Complete a three-line paragraph using the verb to be in its form "estar", starting with:

Ella está feliz, _____

_____

_____

7- Fill in the following chart:

Country	Language	Nationality
Argentina:	----------------------------	----------------------------
Brasil:	----------------------------	----------------------------
Francés:	----------------------------	----------------------------
Italia:	----------------------------	----------------------------
Japonés:	----------------------------	----------------------------

Turco: -------------------------------   ----------------------------

Reading Comprehension

1- ¿Qué día es hoy? – What day is today?

2- ¿Cómo están Tiffany y Yeiris? – How are Tiffany and Yeiris?

3- ¿Qué tienen Niko y Donato? – What do Zaco and Donato have?

4- ¿Cómo es Nicolás? – How is Nicolás?

Knowledge Base
Republic of Ecuador - República del Ecuador

Motto: Dios, patria y libertad - God, homeland and freedom.

Capital - Quito

Largest city - Guayaquil

Official languages - Spanish

Recognized regional languages - Kichwa (Quichua), Shuar and others "are in official use for indigenous peoples.

Demonym - Ecuadorian

Government - Unitary presidential constitutional republic

President - Rafael Correa

Vice President - Jorge Glas

Population - 2015 estimate - 16,144,000

Currency - United States dollar (USD)

Calling code - +593

Sucre until 2000, replaced by the US$ and Ecuadorian centavo coins.

Bible Verse - Versículo Bíblico

Por cuanto todos pecaron, y están destituidos de la gloria de Dios. **Romanos 3:23**

Lesson 6

Cita a Ciegas – Blind date

Hoy tengo una cita a ciegas. Él *se* llama Mario es amigo de mi hermano, nunca lo he visto. Espero que sea lindo, inteligente, simpático y lo más importante de todo: que tenga un gran corazón.

Me preparo desde temprano porque saldremos a almorzar, *me* lavo la cara, *me* baño y *me* lavo la cabeza, quiero oler muy bien. Deseo impresionarle así que voy a ponerme mis mejores ropas ya que para una cita no basta con *ponerse* ropa limpia y voy a *combinarme* con los zapatos rojos que compré la semana pasada. *Me* pongo una falda negra con cremallera, una blusa de seda blanca, medias panti negras, una chaqueta de cuero gris y un hermoso sombrero de algodón con hilos plateados. *Me* peino bien el cabello, *me* maquillo, *me* veo al espejo y creo que estoy muy linda y elegante.

Decido irme caminando, cuando *me* pregunta, ¿*adónde* vamos esta noche? Le digo que *me* gustaría que comamos juntos. Me pregunta entonces, ¿*adónde* podemos ir a cenar? Le hablo del restaurante italiano que queda a tres cuadras de mi casa y acordamos reunirnos allí. *Me* aburro de caminar sola pero estoy alegre porque pronto podré *divertirme* con alguien, espero que Mario sea maravilloso.

Llego al restaurante y estoy perdida *hay* muchos chicos allí. Él *me* dijo qué iba a *ponerse,* así que trato de conseguirlo. Él *se* pone pantalones marrones, camisa manga larga azul y una bufanda blanca y un abrigo con bolsillos de color café. Lo consigo junto a una mesa, no *hay* sillas en la mesa, *¿por qué* no *hay* sillas en la mesa?, para **asegurarme** le pregunto si él es Mario y *me* responde, sí yo soy el amigo de Héctor.

Él *me* recibe con un beso en la mejilla *me* reconoció por el sombrero que uso. *Me* dice que nos traerán las sillas, cuando llegan con ellas *nos* sentamos. Estoy nerviosa pero emocionada es un chico muy guapo. *Me* pregunta, *¿cómo* estás hoy? Y le digo que contenta de estar aquí. *Me* pregunta *¿cuál* es tu nombre? Le digo que Luisana y entonces *me* pregunta *por qué me* llaman Ana si mi nombre es Luisana, le digo que es porque les parece que Luisana es largo. Él *me* dice que Luisana es un hermoso nombre.

Nos traen dos cocteles, uno verde y otro amarillo, son cortesía de la casa, es un caballero y *me* pregunta, ¿quieres tomar?, *¿cuál* quieres para ti? Le digo que quiero el de color amarillo y *me* lo entrega de inmediato, brindamos. Se acercan a la mesa dos lindas chicas y *nos* saludan, cuando *se* van, le pregunto quiénes son ellas y me dice, ellas son mis hermanas. Después *me* pregunta, *¿qué* te gusta comer? Y le digo que *me* gusta comer arroz, carne y ensalada, luego *me* pregunta, *¿qué* quieres tomar? Y le respondo que quiero tomar un jugo de naranja. Él llama al mesero y le pide lo mismo para ambos, dos platos de arroz, carne y ensalada y dos jugos de naranja. *Me* pregunta, *¿cuánta* azúcar quieres en tu jugo? Y le digo que quiero dos cucharadas, se las pone. Se me queda mirando y me pregunta, *¿de dónde* eres? Me quedo pensando un rato antes de contestarle que soy de Grecia. Me mira y me dice: excúseme, señorita, *¿cuándo* piensa usted hablar conmigo? Le contesto, pienso hablar contigo en unos minutos, estoy seca de tantas preguntas que te he contestado.

Le digo, *¿por qué* preguntas tanto? Y me dice, porque quiero aprender más de ti, *¿por qué* estás enojada? Y pienso que me ha conquistado con su caballerosidad y dulzura y le digo, no estoy enojada, disfruto de estar aquí contigo. Él sonríe y me pregunta, ¿*qué* piensas hacer hoy? Le digo que hoy pasaré por la Iglesia, se ofrece a **llevarme** en su auto, *se* baja conmigo, asistimos al servicio y luego me deja en casa. ¡Creo que estoy enamorada!

Word List – Listado de palabras

Cita a Ciegas – Blind date.

Nunca lo he visto – I have never seen him. (**12)**

Espero que sea lindo – I hope he'd be cute. (**19)**

Y lo más importante de todo – And the most important thing of all.

Que tenga un gran corazón – That he has a good heart.

Almorzar – Have lunch.

Deseo impresionarle – I wish to impress him.

Mis mejores ropas - My best clothes.

No basta – It is not enough.

Voy a combinarme – I will combine (match the clothes).

Compré la semana pasada – I bought last week.

Cremallera – Zipper.

Una blusa de seda blanca – A White silk blouse.

Me veo al espejo - I see myself at the mirror.

Decido irme caminando – I decide to go walking.

Tres cuadras de mi casa – Three blocks away from home.

Divertirme con alguien – Have fun with someone.

Estoy perdida – I am lost.

Qué iba a ponerse así – That it was going to be like that.

Lo consigo junto a una mesa – I found him by the table.

Un beso en la mejilla - A Kiss on the cheek.

Me reconoció – He recognized me.

Un chico muy guapo – A very handsome boy.

Les parece - They think

Es largo – Is long.

Nos traen dos cocteles – They bring us two cocktails.

Son cortesía de la casa – They are on the house.

Él llama al mesero – He calls the waiter.

Se me queda mirando – He stares at me.

Estoy seca – I am dried (tired).

Que te he contestado. – That I have answered.

Aprender más de ti – To learn more of you.

Me ha conquistado – He has conquered me (He has won me).

Su caballerosidad y dulzura – His gentlemanliness and sweetness.

Pasaré por la Iglesia – I will stop by the church (I will go to the church).

¡Creo que estoy enamorada! – I think I am in love.

Grammar Explanations – Notas gramaticales

Let us learn how to use Questions words in Spanish, thus increasing our learning skills and ready to speak Spanish at any time.

Spanish question words. – Palabras de preguntas en español.

¿Cuándo? - When.

Excúseme, señorita, ¿cuándo piensa usted hablar conmigo? – Excuse me, Miss, when do you think to speak with me?

Pienso hablar contigo en unos minutos – I think to speak with you in a few minutes.

¿Cuándo termina la primera lección del libro? – When do you finish the first lesson of the book?

Termino la primera lección en 5 minutos – I finish the first lesson in 5 minutes.

¿Adónde? – Where to.

¿Adónde vamos esta noche? – Where do we go to tonight?

Vamos al cine – We go to the movies.

*¿**Adónde** podemos ir a cenar?* - Where can we go to have dinner?

Podemos ir a cenar al restaurante de la esquina – We can go to the restaurant around the corner.

¿De dónde? – From where.

*¿**De dónde** eres tú?* – Where are you from?

Soy de Grecia – I am from Greece.

*¿**De dónde** es usted?* – Where are you from?

Soy de Francia – I am from France.

¿Cuántos / Cuántas? – How many (much).

*¿**Cuántos** libros tienes?* – How many books do you have?

Tengo dos libros – I have two books.

*¿**Cuánto** dinero necesito?* – How much money do you have?

Necesitas 500 Pesos – You need 500 Pesos.

*¿**Cuántas** sillas tenemos?* – How many chairs do we have?

Tenemos quince sillas – We have 15 chairs.

*¿**Cuánta** azúcar quieres?* – How much sugar do you want?

Quiero dos cucharadas – I want two teaspoon.

¿Qué? - What

*¿**Qué** te gusta comer?* – What do you like to eat?

Me gusta comer arroz, carne y ensalada – I like to read rice, meat and salad.

*¿**Qué** quieres tomar?* – What do you want to drink?

Quiero tomar un jugo de naranja – I want to drink an orange juice.

*¿**Qué** piensas hacer hoy?* – What do you think to do today?

Pienso salir a caminar en el parque – I think to go out and walk in the park.

¿Por qué? Why

¿Por qué preguntas tanto? – Why do you ask so much?

Porque quiero aprender más – Because I want to learn more.

¿Por qué no quieres comer conmigo? – Why you don't want to eat with me?

Porque aún estoy enojado contigo – Because I am still angry with you.

¿Por qué estas enojada? – Why are you angry?

Porque tú no quieres comer conmigo – Because you don't want to eat with me.

¿Cómo? - How.

¿Cómo estás hoy? – How are you today?

Estoy muy bien, gracias – I am very well, thank you.

¿Cómo haces la tarea? – How do you do the homework?

Comienzo por la primera página y la leo bien – I start on the first page and I read it well.

¿Cómo te llamas? – What is your name or how are you called?

Me llamo Luis – My name is Luis or I am called Luis.

¿Cómo te llaman? – What is your name or how are you called?

Me llaman Rey – My name is Rey or I am called Rey.

¿Cuál? – Which.

¿Cuál quieres para ti? – Which one do you want for you?

Quiero la de color azul – I want the one in blue color.

¿Cuáles zapatos son tuyos? – Which shoes are yours?

Los zapatos de color rojo son míos – The red color shoes are mine.

¿Cuál es tu nombre? – What's your name?

Mi nombre es Antonio. – My name is Antonio.

¿Quién? – Who.

¿Quién eres tú? – Who are you?

Yo soy el amigo de Héctor – I am Hector's Friend.

¿Quiénes son ellas? – Who are they?

Ellas son mis hermanas – They are my sisters.

¿Quién es él? – Who is he?

Él es mi mejor amigo – He is my best Friend.

Remarks:

All of the question words take an accent when using them in the interrogative form. You will learn in other lessons that you can use the very same words in non-interrogative form, but without accent.

As you can see, "*Cuánto*" has a singular and plural form for both masculine and feminine.

When using money in a general term it will always be in singular "*Cuánto*", *but when referring to the currency itself, then it is plural "¿Cuántos dólares tienes? – How many dollars do you have?*.

When using ¿**Por qué?** In question form See that it is separated into two words and with accent, but if you have noticed when answering it is just one word and without accent "*Porque - Because*".

As you can see when using ¿**Cuál** - ¿**Cuáles?** – **Which.** It has a plural form, but it is the same for masculine and feminine, it does not change. Same rule applies to ¿**Quién-Quiénes?** – **Who.**

The verb "To have – Haber (Hay)" – El verbo "To have – Haber (Hay)"

The word "*Hay*" in Spanish represent "**There is and There are**" at the same time in the present tense. It is the only conjugation for the verb "*Haber*". It express the existence of something. *We will see "Haber" as an auxiliary verb in* *coming units.*

***Hay** una silla en la sala* – There is a chair on the table.

***Hay** tres libros en la mesa* – There are three books on the table.

*No **hay** sillas en la mesa* – There are no chairs on the table or There isn't any chairs on the table.

*¿Por qué no **hay** sillas en la mesa?* – Why are there no chairs on the table?

*Porque no **hay** sillas en la casa* – Because there are no chairs in the house.

As you have learned "***Hay***" works for everything, singular, plural and even for questions.

Reflexive Pronouns - Pronombres Reflexivos.

The reflexive pronouns represent the English "*self*" attached to the personal pronoun "***Myself***". In Spanish is quite different as you can see below:

Personal Pronoun	Reflexive Pronoun
Yo	me
Tú	te
Usted / Él / Ella	se
Nosotros	nos
Ustedes / Ellos (as)	se

Remarks:

*Yo **me** lavo la cabeza* – I wash my head (meaning, I wash my head myself).

*Tú **te** lavas la cara* – You wash your face.

*Usted **se** baña todos los días* – You bathe yourself every day (You take a bath every day).

*Él **se** cambia de ropa para ir a trabajar* – He changes clothes to go to work.

*Ella **se** viste de negro para el funeral* – She dresses in black for the funeral.

*Nosotros **nos** lavamos bien* – We wash ourselves well.

*Ustedes **se** bañan cada noche* – You bathe yourself every night (You take a bath every night).

*Ellos **se** bañan mucho* – They bathe themselves a lot.

*Ellas **se** bañan mucho* – They bathe themselves a lot.

Whenever you see or use the reflexive pronouns, they immediately become the verb into a reflexive verb. Reflexive verbs indicate that the subject of the sentence has performed an action on itself.

As you can see, you always use the personal pronouns when using the reflexive form to identify whom you are referring.

However, with *"**Me, Te and Nos**"* you can use them alone.

***Me** lavo la cabeza (Yo **me** lavo la cabeza)* – I wash my head.

***Te** lavas la cabeza (Tú **te** lavas la cabeza)* – You wash your head.

***Nos** lavamos la cabeza (Nosotros **nos** lavamos la cabeza)* - We wash our head.

Reflexive verbs and their conjugations – **Verbos reflexivos y sus conjugaciones.**

Aburrirse de caminar solo - **Get bored of walking alone.**

*Yo **me** aburro de caminar solo.* - I get bored of walking alone.

*Tú **te** aburres de caminar solo.* - You get bored of walking alone.

*Usted / Él / **Ella se** aburre de caminar sola.* - She gets bored of walking alone.

*Nosotros **nos** aburrimos de caminar solos.* - We get bored of walking alone.

*Ustedes / **Ellos** (as) **se** aburren de caminar solos.* - They get bored of walking alone.

Acordarse de la profesora de primaria - Remember the primary school teacher.

Yo me acuerdo de la profesora de primaria. – I remember the primary school teacher.

Tú te acuerdas de la profesora de primaria. – You remember the primary school teacher.

Usted / Él / Ella se acuerda de la profesora de primaria. – She remembers the primary school teacher.

Nosotros nos acordamos de la profesora de primaria. – We remember the primary school teacher.

Ustedes / Ellos (as) se acuerdan de la profesora de primaria. – They remember the primary school teacher.

Remarks:

Remember that everything must agree with gender and number in Spanish. Make sure to check when you are referring to "*Ella*" and when referring to plural.

Recordarse also means to remember.

Reflexive verbs list – Lista de verbos reflexivos

Here you have a small list of reflexive verbs for you to work with them and learn them better.

Acostarse *temprano* - Go to bed early.

Afeitarse *dos veces por semana* - Shave twice per week.

Alegrarse *del éxito de alguien* - Be glad about the success of someone.

Bañarse *bien antes de dormir* – Bathe well before sleeping.

Casarse *en una iglesia* – Get married in a church.

Cepillarse *los dientes después de cada comida* – Brush one's teeth after every meal.

Convertirse *en profesional* – Become professional.

Desayunarse *cada mañana con frutas* - Eat breakfast every morning with fruits.

Despedirse de los compañeros - Say good-bye to one's classmates.

Despertarse cada mañana a las 5 - Wake up every morning at 5 am.

Desvestirse lentamente - Get undressed slowly.

Distraerse mirando la televisión – Distract oneself watching TV.

Divertirse con alguien - Enjoy oneself with someone.

Dormirse bien cansado - Go to sleep very tired.

Ducharse después de la caminata – Shower after the walk.

Enfermarse de repente - Become ill suddenly.

Enojarse con alguien - Get mad with someone.

Graduarse de la universidad – Graduate from university.

Irse de vacaciones – Leave on vacations.

Lavarse las manos – Wash one's hands.

Levantarse temprano – Get up early.

Limpiarse la cara – Clean one's face.

Mirarse fijamente - Look at oneself closely.

Olvidarse de los problemas - Forget about the problems.

Pararse de la silla – Stand up from the chair.

Peinarse bien el cabello - Comb one's hair well.

Ponerse la ropa limpia - Put on clean clothes.

Preocuparse por los problemas – Worry about problems.

Quitarse los zapatos después del trabajo - Take off the shoes after work.

Secarse bien con la toalla después de ducharse - Dry off well with the towel after taking a shower.

Sentarse en la silla del profesor - Sit down on the teacher's chair.

Subirse a la cama rápido - Get up to the bed quickly.

Vestirse para la fiesta - Get dressed for the party.

Reflexive verbs that change their meaning. – Verbos reflexivos que cambian su significado.

Some verbs when becoming a reflexive verb, they change

their meaning completely. See some of them below:

Abrir - Open

Abrirse - Open up (confide in someone)

Acordar – Agree

Acordarse - Remember

Cerrar – Close

Cerrarse - Close oneself off emotionally

Combinar - Combine

Combinarse - Take turns

Dormir - Sleep

Dormirse - Fall asleep

Ir - Go

Irse - Go away

Llevar - Carry

Llevarse - Take away *(To listen to someone).*

Poner - Put

Ponerse - Put on / Wear

Salir – Leave

Salirse - Leave unexpectedly / Leak

A Little bit more – Un poco más

Colores   -   Colors

Amarillo	Yellow
Anaranjado / Naranja	Orange
Azul	Blue
Blanco	White
Café / Marrón	Brown
Dorado	Gold
Gris	Grey
Morado / violeta	Purple
Negro	Black
Plateado	Silver
Rojo	Red

Rosado	Pink
Verde	Green
Ropas -	**Clothing**
Abrigo	Coat
Algodón	cotton
Bata	Dressing-gown
Bikini	Bikini
Blusa	Blouse
Bolsillo	Pocket
Botas	Boots
Botón	Button
Bufanda	Scarf
Camisa	Shirt
Camiseta	T-shirt
Calzoncillos	Underpants
Chaqueta	Jacket
Corbata	Necktie
Cordones	Laces
Correa - Cinturón	Belt
Cremallera	Zipper, zip
Cuero	Leather
Esmoquin	Tuxedo
Falda	Skirt
Franela	Flannel
Gafas de sol	Sunglasses
Gorra	Cap
Guantes	Gloves
Impermeable	Raincoat
Jeans	Jeans
Manga	Sleeve
Medias – Calcetines	Socks
Mini falda	Mini Skirt
Pantalones	Trousers / Pants
Pantalones cortos	Shorts

Pañuelo	Handkerchief
Pijama	Pajamas
Ropa interior	Underwear
Sandalias	Sandals
Seda	Silk
Sombrero	Hat
Sostén / Brasier	Bra
Sudadera	Sweatshirt
Traje	Suit, dress
Uniforme	Uniform
Vestido	Dress
Zapatillas	Slippers
Zapatos	Shoes

Exercises - Ejercicios

1-   Answer the following questions:

¿Qué quieres hacer esta tarde?

_____

¿Adónde le gustaría ir a ella?

_____

¿Dónde están las llaves?

_____

¿Cómo haces tu tarea?

_____

¿Cuándo vas a empezar en el nuevo trabajo?

_____

¿Cuáles son tus libros?

_____

¿Cuánto cuesta ese carro?

¿Por qué estás triste?

2-   Create questions with the following sentences:
Voy a comer ensalada.

Él quiere ir al cine.

Está en la gaveta.

Primero saco los ingredientes, después los mezclo y por último los cocino.

El martes por la noche.

Este es mi carro.

Esta manzana cuesta $2.

Están alegres porque están de cumpleaños.

3-   Insert the appropriate reflexive forms:

Él _____ hace muchas preguntas a mí.

Ella _____ compra un regalo a él.

Nosotros _____ comemos todas las fresas.

Ellos _____ toman toda la leche.

Tú _____ pones una chaqueta.

Ustedes _____ lavan las manos antes de comer.

Reading Comprehension

1- ¿Quiénes tienen una cita a ciega? – Who have a blind date?

2- ¿Cómo se va Luisana hasta el restaurante? – How does Luisana go to the restaurant?

3- ¿Adónde van Luisana y Mario después del restaurante? – Where do Luisana and Mario go after the restaurant?

Knowledge Base
Kingdom of Spain - Reino de España
Motto: Plus Ultra - Further Beyond.
Capital and largest city - Madrid
Official language and national language - Spanish
Recognized regional languages - Aragonese Astur-Leonese Basque Catalan Galician Occitan
Demonym - Spanish Spaniard
Government Unitary parliamentary constitutional monarchy
Monarch - Felipe VI
Prime Minister - Mariano Rajoy

Population 2015 census - 46,423,064
Currency – Euro (€) (EUR)
Calling code - +34
Bible Verse - Versículo Bíblico

Jesús le dijo: Yo soy el camino, y la verdad, y la vida; nadie viene al Padre, sino por mí. **Juan 14:6**

Lesson 7

¿Me Opero o no me Opero? - Do I need surgery?

Mi nombre es Emilia, tengo 18 años de edad, estudio diseño de modas y soy modelo. Aunque todos dicen que soy linda, creo que necesito muchos arreglos, así que *estoy decidiendo* si hacerme una cirugía estética. He decidido reunirme con mi amiga Carla a ver qué opina ella.

Me dijo que estará *llegando* a mi casa a las tres de la tarde, sólo faltan diez minutos para que llegue. Me quedo en el salón familiar *pensando* qué voy a decirle, espero que esté de acuerdo conmigo y me ayude a tomar la decisión de operarme.

Está *sonando* el timbre, debe ser ella, voy a abrir y allí está.

Emilia: Hola Carla, gracias por venir.

Carla: Hola amiga, traje algo de comida para que comamos y bebamos juntas mientras estamos *hablando*.

Emilia: Perfecto, ven vamos a sentarnos en la cocina.

Carla: Me interesa escucharte, dime qué es tan urgente, me estoy *muriendo* de miedo, no podía creer que estuvieras pidiéndome ayuda cuando sé que eres tan independiente.

Emilia: Todo bien, sólo quiero tu consejo. Cuéntame quién iba conduciendo tu auto.

Carla: Era Julián, un compañero de clase, el suyo se dañó y me pidió prestado el mío, me duele la cabeza de sólo pensar que me lo vaya a chocar.

Emilia: Estoy segura de que todo irá bien. Bueno voy al punto, sabes que no me gusta mi nariz, tampoco me gusta mi barriga y mucho menos me gusta mi pelo. Con el pelo no he tenido problema pues bastó con pintármelo. Pero lo de la nariz y la barriga es otra cosa.

Carla: Por favor, eres preciosa, Dios te ha bendecido con un rostro hermoso y un cuerpo despampanante, no me digas que te quieres operar.

Emilia: Pues sí.

Carla: Pienso que te estás *buscando* problemas, vienes *pensando* en tonterías desde que decidiste hacerte modelo.

Emilia: Entiéndeme, todas las otras chicas en la academia de modelaje son perfectas y yo no lo soy.

Carla: Nadie es perfecto Emilia. Sabes que pienso que eres preciosa, tienes un hermoso cabello castaño, unos lindos ojos negros, una nariz diminuta, una boca generosa, unas orejas muy lindas, un cuello largo y delgado, un hermoso busto, una cintura delgada, unas caderas curvilíneas y piernas bien torneadas. Considero que no hay nada que tengas que hacerte para ser más bella de lo que eres.

Emilia: ¿Es realmente eso lo que piensas? ¿No estás mintiéndome?

Carla: Claro que no, me molesta que lo creas y que siquiera pienses en esa cirugía que en el peor de los casos podría hacerte caer en coma, además no cuentas con el dinero para eso. Y en cuanto a la pregunta que me estás haciendo, puedo decirte que tú me conoces y sabes que no miento. Estaba *pensando* que sería mejor que le dediques más tiempo a tus estudios y a tu crecimiento interior para que dejes de preocuparte por cosas que realmente no valen la pena.

Emilia: Amiga tienes razón, me quedo como soy, no voy a operarme, te haré caso y me dedicaré a cosas que realmente son importantes.

Word List – Listado de palabras
¿Me Opero o no me Opero? – Do I get a surgery or not?

Tengo 18 años de edad – I am 18 years old.

Diseño de modas - Fashion design.

Modelo. – Model.

Cirugía estética – Cosmetic Surgery.

Estará llegando – She is arriving.

Tomar la decisión - Make a decision.

De operarme – To have a surgery.

El timbre – The doorbell

Debe ser ella – It must be her.

Traje algo de comida – I brought some food.

Dime qué es tan urgente – Tell me what is the urgency.

Que estuvieras pidiendome - That you would be asking me. (14)

Sólo quiero tu consejo – I just want an advise.

Iba conduciendo - I was driving.

El suyo se dañó - His got broken.

Me pidió prestado – And he borrowed.

De sólo pensar - Of only thinking.

Que me lo vaya a chocar – That he might crash it.

Bueno voy al punto – Well, let's get to the point.

Mi barriga – My belly.

Dios te ha bendecido – God has blessed you.

Un cuerpo despampanante – An stunning body.

Entiéndeme – Understand me.

Una nariz diminuta – A tiny nose.

Una boca generosa – A generous mouth (beautiful mouth).

Un cuello largo y delgado – And long and thin neck.

Un hermoso busto – A nice breast.

Unas caderas curvilíneas – A curved hips.

Piernas bien torneadas – Well shape legs.

Que siquiera pienses – That you even think. (That you even consider).

En el peor de los casos - In the worst of the cases (In the worst scenario).

Además no cuentas con el dinero – Besides, you don't have the money.

Crecimiento interior – Inner growth.

Me dedicaré – I will dedicate myself.

Grammar Explanations – Notas gramaticales

The Gerund – El Gerundio.

The Gerund or better known in English as "ing" is used to express several continuous actions in Spanish.

To form the gerund or Ing in Spanish, just drop the infinite of the verbs "*Ar – Er – Ir*" and add the proper ending as expressed below.

For verbs of the first group "Ar", just add "ANDO".

Hablar - Hablando

Lavar - Lavando

For verbs of the second and third group "Er – Ir", just add "IENDO".

Comer – Comiendo

Beber – Bebiendo

There is no change in gender or number with this time, it always remain the same.

In English, you need the verb "*To be*" to use "*Ing*" in Spanish, you need the verb "*Estar*". *Please remember the conjugation of "Estar".*

Yo	estoy	hablando
Tú	estás	hablando
Usted	está	hablando
Él	está	hablando
Ella	está	hablando
Nosotros	estamos	hablando
Ustedes	están	hablando
Ellos (as)	están	hablando

Remarks:

As you can see the gerund does not change, just the combination of "*estar*" makes the changes.

*Yo **estoy hablando** por teléfono* – I am speaking on the phone.

*Tú **estás comiendo** arroz* – You are eating rice.

*Usted **está escribiendo** una carta en inglés* – You are writing a letter in English.

*Él **está bebiendo** jugo de limón* – He is drinking lemon juice.

*Ella **está jugando** en el jardín* – She is playing at the garden.

*Nosotros **estamos escuchando** música* – We are listening to music.

*Ustedes **están escuchando** la radio* – You are listening to the radio.

*Ellos (as) **están cocinando** arroz con carne* – They are cooking rice with meat.

Remember, these actions are actually happening at the very same moment.

Changing verbs in the Gerund – Verbos cambiantes al Gerundio.

Verbs that end in two vowels or whose word stem ends with a vowel *"Er – Ir"* take "*YENDO*" to form the gerund.

Leer un libro – Read a book.

Leyendo un libro – Reading a book.

***Estamos leyendo** un libro de historia* – We are reading a history book.

Creer en Dios – Belive in God.

Creyendo en Dios – Believing in God.

***Ella está creyendo** en Dios por el sermón* – She's believing in God because of the sermon.

Oír un sonido – Hear a sound.

Oyendo un sonido – Hearing a sound.

Estoy oyendo un sonido extraño – I am hearing a strange sound.

Caer en coma – Fall in coma.

Cayendo en coma – Falling in coma.

La paciente está cayendo en coma – The patient is falling into a coma.

Traer la comida – Bring food.

Trayendo la comida – *Bringing food.*

Mi hijo está trayendo la comida, espere un momento – My son is bringing the food, wait a momento.

Irregular verbs in the Gerund – Verbos irregulares al Gerundio.

There are some irregular verbs in the gerund; they do not follow any pattern, so you have to learn them by heart.

Pedir ayuda – Ask for help

Pidiendo ayuda – Asking for help.

Ustedes están pidiendo ayuda para los niños huérfanos – You are asking for help for orphan children.

Sentir bendecido – Feel blessed

Sintiendo bendecido – Feeling blessed.

Hoy me estoy sintiendo bendecido – Today I am feeling blessed.

Decir mentiras – Tell / Say lies

Diciendo mentiras – Telling / Saying lies.

Ella está diciendo muchas mentiras – She is telling many lies.

Dormir muy bien – Sleep very well

Durmiendo muy bien – Sleeping very well.

Ellas están durmiendo muy bien – They are sleeping very well.

Morir del miedo – Die of fear

Muriendo del miedo – Dying of fear.

*Me **estoy muriendo** del miedo* – I am dying of fear.

Do not forget the Ask and Answer form.

*¿**Qué estás haciendo?** –* What are you doing?

***Estoy escribiendo** un libro de poesía* – I am writing a poetry book.

*No **estoy haciendo** nada* – I am doing nothing (I am not doing anything).

¿Estás hablando conmigo? – Are you talking to me?

*Sí, **estoy hablando** contigo.* – Yes, I am talking to you.

*No, no **estoy hablando** contigo.* – No, I am not talking to you.

¿Por qué estamos hablando del tema? – Why are we speaking about the subject?

***Estamos hablando** del tema porque tú aún no me entiendes* – We are speaking about the subject because you still do not understand me.

The gerund with the verb "Ir" – El gerundio con el verbo "Ir".

Did you know that you could also use the gerund with "*Ir*"?

By doing so, you will sound like a native speaker. Whenever you use it with the gerund it will it often express surprise, confusion, or a little more emotion. You can use it to express actions that are gradually unfolding over time too.

*¿Quién **va conduciendo** el carro?* – Who is driving the car?

*Mi hija **va** poco a poco **convirtiéndose** en toda una mujer* – My daughter is Little by Little becoming a woman.

The gerund with the verbs "Andar / Venir" – El gerundio con los verbos "Andar / Venir".

You can also use the gerund with "Andar – Venir" giving the idea of a repeated or insistent action.

*Haití **anda** siempre **teniendo** apagones* – Haiti is always having blackouts.

Maritza **viene buscando** *problemas en la mañana* – Maritza comes looking for problems in the morning.

The verb "To like – Gustar" – El verbo "Gustar".

The verb "*Gustar – Like*" in Spanish. This verb can be very confusing for English speaker, that's why I am creating this section special for "Gustar – Like".

Check this out. In English you say "*I like to eat*" but in Spanish you cannot say "*Yo gusto comer*", if you do so, you will sound like a Caveman trying to speak the language. The reason why this verb is conjugated like this is *because instead of directly meaning* like, **it actually means that something is pleasing for you.** See below:

Me gusta – I like

Te gusta – You like

Le gusta – You (polite) / He likes / She likes.

Nos gusta – We like.

Les gusta - You (plural) / They like.

Remarks:

Me gusta *comer helado* – I like to eat ice cream.

Nos gusta *mucho ir al cine* – We like very much to go to the movies.

Te gusta *trabajar en la tienda* – You like to work on the store.

As you can see, "*gusta*" does not change, however there is a plural version when you are speaking about more than one thing.

Me gustan – I like

Te gustan – You like

Le gustan – You (polite) / He likes / She likes.

Nos gustan – We like.

Les gustan - You (plural) / They like.

Me gustan los caballos – I like horses.

Nos gustan las películas de acción – We like action movies.

To give more emphasis and indentify the person who you are referring to, we use a propositional phrase before the *"Me gusta"*

A *mí* me gusta comer – I like to eat.

A *tí* te gusta trabajar – You like to work.

A *usted* le gusta estudiar – You (formal) like to study.

A *él* le gusta cantar – He likes to sing.

A *ella* le gusta bailar - She likes to dance.

A *nosotros* nos gusta orar – We like to pray.

A *ustedes* les gusta predicar – You (plural) like to preach.

A *Ellos (as)* les gusta leer – They like to read.

As you can see, the English translation is the same, however, in Spanish it has more emphasis and you can also know exactly who you are referring to, instead of confusing one person with another.

Do not forget that it is the same with the plural.

A mí me gustan las películas de acción – I like action movies.

Always remember the Ask and Answer form.

¿Qué te gusta comer? – What do you like to eat?

Me gusta comer arroz con habichuela, pollo frito y ensalada – I like to eat rice and beans, fried chicken and salad.

¿Le gusta a él escuchar música? – Does he like to listen to music?

Si, a él le gusta escuchar música. - Yes, he likes to listen to music.

No, a él no le gusta escuchar música. - No, he doesn't like to listen to music.

¿Te gustan las manzanas? – Do you like apples?

No, no me gustan las manzanas – No, I don't like apples.

Sí, me gustan las manzanas – Yes, I like apples.

¿Le gusta a ella ir de tiendas? – Does she like to go shopping?

Sí, a ella le gusta ir de compras – Yes, she likes to go shopping.

No, a ella no le gusta ir de compras – No, she doesn't like to go shopping.

¿Les gustan a ellos las chicas inteligentes? – Do they like smart girls?

Sí, a ellos les gustan las chicas inteligentes – Yes, they like smart girls.

No, a ellos no les gustan las chicas inteligentes – No, they don't like smart girls.

Did you notice how easy is to construct the negative form?

You just need to place "No" between the prepositional phrase "*A mí – A tí - A él...*" and the **Indirect Object Pronoun** "*Me – te – le...*" or simply before the *"Me – te – le..."*

Other verbs like "Gustar" – Otros verbos como "Gustar".

Some other verbs take the same pattern as "Gustar". I am listing some of them here for your practice and better learning experience.

Doler la cabeza – Pain in the head (Head hurts – Headache).

Me duele la cabeza – I have a headache.

Encantar la música en español – Love (like) Spanish music.

A él le encanta la música en español – He loves Spanish music.

Faltar dinero de la cartera – Miss money from the wallet (purse).

A ella le falta dinero de la cartera – She misses money

from the purse.

Interesar los libros bíblicos – Be interested in Bible books.

A ellos les interesan los libros bíblicos – They are interested in Bible books.

Molestar la música alta – Bother loud music.

A ustedes les molesta la música alta – Loud music bothers you.

Quedar tranquilo – Remain quiet / Calm.

Me quedo tranquilo siempre cuando hay problemas – I always remain calm when there are problems.

Quedar bien – Fit (suit) well (when wearing something).

Ese vestido te queda muy bien – That dress suits you very well.

More irregular verbs – Más verbos irregulares.

Bendecir la comida – Bless the meal.

Yo bendigo la comida. – I bless the meal.

Tú bendices la comida. – You bless the meal.

Usted / Él / Ella bendice la comida. - She blesses the meal.

Nosotros bendecimos la comida. – We bless the meal.

Ustedes / Ellos (as) **bendicen** la comida. – They bless the meal.

Contar el dinero – Count the money.

Yo cuento el dinero. – I count the money.

Tú cuentas el dinero. – You count the money.

Usted / Él / Ella cuenta el dinero. – He counts the money.

Nosotros contamos el dinero. – We count the money.

Ustedes / Ellos (as) **cuentan** el dinero. – They count the money.

Elegir el próximo presidente – Elect (Choose) the next president.

Yo elijo el próximo presidente. – I elect the next president.

*Tú **eliges** el próximo presidente.* – You elect the next president.

*Usted / Él / **Ella** **elige** el próximo presidente.* - She elects the next president.

*Nosotros **elegimos** el próximo presidente.* – We elect the next president.

*Ustedes / **Ellos** (as) **eligen** el próximo presidente.* – They elect the next president.

Jugar béisbol en el estadio – Play baseball at the stadium.

*Yo **juego** béisbol en el estadio.* – I play Baseball at the stadium.

*Tú **juegas** béisbol en el estadio.* – You play Baseball at the stadium.

*Usted / **Él** / Ella **juega** béisbol en el estadio.* He plays Baseball at the stadium.

*Nosotros **jugamos** béisbol en el estadio.* – We play Baseball at the stadium.

*Ustedes / **Ellos** (as) **juegan** béisbol en el estadio.* – They play Baseball at the stadium.

Mover la cabeza de uno – Move one's head.

*Yo **muevo** mi cabeza.* – I move my head.

*Tú **mueves** tu cabeza.* – You move your head.

*Usted / **Él** / Ella **mueve** su cabeza.* – He moves his head.

*Nosotros **movemos** nuestras cabezas.* – We move our heads.

*Ustedes / **Ellos** (as) **mueven** sus cabezas.* – They move their heads.

Sonreír aun cuando estás triste – Smile even when you are sad.

*Yo **sonrío** aun cuando estoy triste.* – I smile even when I am sad.

*Tú **sonríes** aun cuando estás triste.* – You smile even when you are sad.

*Usted / Él / **Ella** **sonríe** aun cuando está triste.* – She smiles even when she is sad.

Nosotros **sonreímos** *aun cuando estamos tristes.* – We smile even when we are sad.

Ustedes / Ellos (as) **sonríen** *aun cuando están tristes.* – You smile even when you are sad.

A Little bit more – Un poco más

Partes del cuerpo - Body parts

Amígdalas	Tonsils
Arteria	Artery
Boca	Mouth
Brazo	Arm
Cabeza	Head
Cadera	Hip
Cara	Face
Codo	Elbow
Columna vertebral	Spinal cord
Corazón	Heart
Costilla	Rib
Cuello	Neck
Dedo	Finger
Dedo del pie	Toe
Diente	Tooth
Espalda	Back
Estomago	Stomach
Garganta	Throat
Hígado	Liver
Hombro	Shoulder
Hueso	Bone
Intestino	Intestine
Labio	Lip
Lengua	Tongue
Mandíbula	Jaw

Mano	Hand
Muñeca	Wrist
Músculo	Muscle
Nariz	Nose
Nervio	Nerve
Ojo	Eye
Oreja	Ear
Pecho	Chest
Pelo	Hair
Pie	Foot
Piel	Skin
Pierna	Leg
Pulgar	Thumb
Pulmón	Lung
Riñón	Kidney
Rodilla	Knee
Tendón	Tendon
Tobillo	Ankle
Vena	Vein
Vesícula	Bladder

Exercises - Ejercicios

1- Use the se verbs in their gerund form to complete the following text:

Yo estoy__ *ir__* a la escuela en este momento. Voy a recoger a mi hija, puedo verla, ella está __*jugar__* con una amiguita con la que está _*estudiar_* ballet. Ellas están _*hacer_* castillos de arena. Puedo ver que se están __*ensuciar_*el uniforme, pero no importa porque se están _*divertir_* muchísimo.

2- Express the activities that each member of your family likes to or does not like to do, using the verb "gustar".

A mí _____ _____ comer _____.

A ellos no _____ _____ comer _____.

A mí mamá _____ _____ beber _____.

A él no _____ _____ tomar _____.

A mis hijos _____ _____ jugar _____.

A nosotros _____ _____ jugar _____.

3- Draw the silhouette of a person and indicate where the following parts are: quijada, costillas, muñecas, rodillas and talones.

Reading comprehension

1- ¿Cómo se llama la amiga de Emilia? – What's the name of Emilia's Friend?

2- ¿Qué quiere hacerse Emilia? – What does Emilia want to do?

3- ¿Qué le aconseja Carla? – What does Carla advise her?

Knowledge Base
Republic of Guatemala - República de Guatemala
Motto: El País de la Eterna Primavera - The Land of the Eternal Spring.
Capital and largest city - Guatemala City
Official language - Spanish
Demonym - Guatemalan
Government - Unitary presidential republic
President - Jimmy Morales
Vice President - Jafeth Cabrera
Population - 2014 estimate - 15,806,675
Currency - Quetzal (GTQ)
Calling code - +502
Bible Verse - Versículo Bíblico
Porque no envió Dios a su Hijo al mundo para condenar al mundo, sino para que el mundo sea salvo por él. **Juan 3:17.**

Lesson 8

Su Cumpleaños – His birthday

Victoria: Dios *mío*, ya son las siete en punto de la mañana. Helena, ¿Se fue Rafael?

Helena: Sí señora, dijo que almorzará *en su* oficina al medio día y regresará temprano en la tarde.

Victoria: Me siento mal, anteayer visité *mi* médico, seguí *su* tratamiento, pero no siento mejoría y yo sin preparar el cumpleaños *de* Rafael.

Helena: ¿Por qué no ordena *su* cena a la agencia de festejos?

Victoria: *tu* idea es magnífica. Ordenaré *nuestra* cena para veinte personas, que incluya aquel plato de mariscos, *su* preferido y *su* torta *de* cumpleaños con *sus* treinta velitas. Rafael tendrá *su* celebración.

Helena: Señora, ¿corto varias de esas flores olorosas que tiene en *su* jardín?

Victoria: Si, gracias por *tu* ayuda, confeccionaré un arreglo para *nuestra* mesa del comedor; pondré en el salón la mesa pequeña de mi hermana Mary para la torta y le pondré aquel mantel que me tejió mamá; *mi* padre que es tan simpático, le recordará a nuestros invitados.

Helena: ¿Y *su* regalo señora?

Victoria: Aquel paquete que traje el otro día, es este bonito libro azul que habla de *nuestra* historia y *nuestros* héroes, este es uno de *sus* temas preferidos.

Helena: ¿Quienes vienen señora?

Victoria: *Nuestros* familiares y aquellos amigos allegados.

Helena: El perro de *su* hermano Juan ha ladrado mucho,

Victoria: veré que pasa. Juan, hermano, *tu* perro les está ladrando a esos tres hombres que están en la esquina, ¿son esos hombres peligrosos?

Juan: No, no lo son. Mira quería preguntarte sí aquella mujer de pelo largo es bruta, se ha caído dos veces.

Victoria: ella es *nuestra* nueva vecina, esa chica es muy inteligente, tal vez un poco torpe en *su* andar, *sus* piernas son dos prótesis, tiene dos hermanas, esas mujeres son atractivas. Qué bueno es tenerte al lado, nos vemos por la noche,

Juan: en el cumpleaños *de* Rafael.

Victoria: Usaré ese pantalón rojo que es *mío* con *mi* blusa *de* seda negra,

Helena: elegante esa combinación.

Rafael: Ya llegué,

Victoria: Feliz cumpleaños *mi* amor, tendrás *tu* torta esta noche.

Pedro: ¿Es esta la casa de la señora Victoria? Vengo de la agencia de festejos.

Helena: Si, esta es.

Pedro: le traigo *su* pedido, incluyendo la torta para su esposo.

Helena: Colocaremos la torta, esta mesa pequeña y las fuentes con la cena en aquella mesa grande de *su* comedor.

Victoria: son las ocho en punto, nuestros invitados están por llegar,

Rafael: viene entrando un señor y dos damas,

Victoria: ese es *mi* profesor de pintura,

Rafael: ¿La señora es *su* mamá?

Victoria: Si, ella es la mamá de *mi* profesor y la chica rubia es *su* hermana. ¡Llegó nuestra familia! Mamá ese vestido es lindo, esa falda que trae Mary es *mía.*

Mary: pero ahora es *nuestra,* la mesa para la torta te quedo bellísima,

Victoria: esa mesa es **tuya**.

Rafael: ¿Faltan invitados tuyos?

Victoria: Si, **tus** compañeros de trabajo que llegan en esa camioneta y en ese lindo carro negro viene *tu* jefe con *su* esposa Martha y *su* bebé.

Rafael: ¿Están todos aquí ya? Son las ocho y diez,

Victoria: si, todos a tiempo.

Marta: La casa de ustedes es linda y grande,

Rafael: gracias.

Martha: ¿Podría acostar a mi bebé que está dormido?

Victoria: Si, la habitación de al lado, tiene *su* cama de dormir para nuestros huéspedes.

Marta: gracias.

Victoria: Pasemos al comedor ahora, ó nuestra cena se enfría.

Rafael: Gracias por esta exquisita cena y su compañía.

Victoria: Acompañemos todos a Rafael a apagar *sus* treinta velitas a las diez en punto, hora de *su* nacimiento.

Todos: Cumpleaños feliz, te deseamos a ti, cumpleaños Rafael, cumpleaños feliz.

Word List – Listado de palabras

Su Cumpleaños – His birthday.

Anteayer visité mi médico – Day before yesterday I visited the doctor.

Seguí su tratamiento – I followed his treatment.

Tu idea es magnífica – Your idea is terrific.

Su preferido – His favorite.

Rafael tendrá su celebración – Rafael will have his celebration.

Flores olorosas - Flowers with scents (Smelly flowers).

Confeccionaré un arreglo – I will prepare a gift (present).

Que me tejió mamá – That Mom wove me.

Nuestros héroes – Our heroes.

De sus temas preferidos – Of his favorites subjects (topics).

Amigos allegados – Close Friends.

Ha ladrado mucho – Has barked a lot.

Veré que pasa – I will see what happen.

Mira quería preguntarte – Look, I'd wanted to ask you. (

9)

Se ha caído dos veces – She has fallen twice.

Nueva vecina – New neighbor.

Un poco torpe en su andar – A little clumsy on her walk.

Dos prótesis – Two prosthesis

Ya llegué – I arrived already.

Agencia de festejos – Party agency.

Nuestros invitados están por llegar – Our guests are about to arrive.

Un señor y dos damas – A gentleman and two ladies.

En esa camioneta – In that van.

Si, todos a tiempo – yes, all on time.

La habitación de al lado – Next door room.

Exquisita cena - Exquisit dinner.

Apagar sus treinta velitas – Blow off his 30 candles.

Hora de su nacimiento – The time of his birth.

Grammar Explanations – Notas gramaticales

Possessive adjectives – Adjetivos posesivos.

When you want to say whom something belongs. Possessive adjectives do just that by indicating which person possesses or owns it. Possessive adjectives are used to show ownership.

Singular	Plural	
Mi	Mis	My

Tu	Tus	Your
Su	Sus	your (polite), his, her, its
Nuestro (a)	Nuestros (as)	our
Su	Sus	Their

Remarks:

As you can see there is a plural form for each one of them, of course, the plural is for when you are referring to more than one thing. "*Mi - Tu – Su*" do not have masculine and feminine forms. They stay the same, regardless of the gender of the nouns they modify.

When using them it does not make any distinction if the possessed object is feminine or masculine, they all remain the same with the exception of "*Nuestro*".

Mi carro es negro - My car is black.

Mis carros son negros – My cars are black.

Tu libro es muy bonito – My book is very beautiful.

Tus libros son muy bonitos – Your books are very beautiful.

If you have noticed "*tu*" does not have accent, it only takes the accent when you are referring to the personal pronoun "*You*".

The tricky part is with "Su – Sus" because it can refer to five different pronouns.

Su casa es linda – Your (polite) house is beautiful.

Su casa es linda – His house is beautiful.

Su casa es linda – Her house is beautiful.

Su casa es linda. – Your house is beautiful.

Su casa es linda – Their house is beautiful.

As you can see, the same sentence means five different things in Spanish, it looks confusing, isn't it? Well, it is not, let us now simplify the process.

Because we want to make sure people understand whom we are referring, we are going to substitute the possessive adjective by prepositional phrase "*De – Of*" plus the personal pronoun.

Su casa es linda – Your (polite) house is beautiful.

*La casa **de usted** es linda.* (Literal. **The house of you is beautiful).**

Su casa es linda – His house is beautiful.

*La casa **de él** es linda.*

Su casa es linda – Her house is beautiful.

*La casa **de ella** es linda.*

Su casa es linda. – Your house is beautiful.

*La casa **de ustedes** es linda.*

Su casa es linda – Their house is beautiful.

*La casa **de ellos (as)** es linda* -

The only possessive adjective that has four forms is "Nuestro - Our"

***Nuestro** vaso es rojo* – Our glass is red. (Masculine Singular).

***Nuestros** vasos son rojos* – Our glasses are red. (Masculine Plural).

***Nuestra** casa es grande* – Our house is big. (Feminine Singular).

***Nuestras** casas son grandes* – Our houses are big. (Feminine Plural).

The possessive case "Of / 'S – De" – El caso posesivo "Of / 'S – De".

You have also learnt the Possessive Case "*De - of / 'S*". In English, you can say:

The house of John or John's house. Both sentences mean the same in Spanish, we only use "***De - of***"

*La casa **de** Juan* – The house of John or John's house.

*El perro **de** María* – The dog of Maria or Maria's dog.

You just need to place "*De – of*"before the possessor.

Do not forget the Ask and Answer form.

¿Es tu casa linda? – Is your house pretty?

Sí, mi casa es linda. – Yes, my house is pretty.

No, mi casa no es linda. – No, my house is not pretty.

¿Es nuestro padre simpático? – Is our father funny?

Sí, nuestro padre es simpático. – Yes, our father is funny.

No, nuestro padre no es simpático. – No, our father is not funny.

Demonstrative Adjectives – Adjetivos demostrativos.

In Spanish, there are 3 sets of demonstrative adjectives and they demonstrate a quality about the noun they modify. The location in respect to the speaker or the listener is essential when learning "*This – These / That - Those*" Please note that each one has a "*Singular, Plural, Masculine and Feminine*" form.

Masculine Singular	Masculine Plural
Este – This	*Estos* - These

Este carro es lindo - This car is beautiful.

Estos carros son lindos - These cars are beautiful.

Este libro es bueno – This book is good.

Estos libros son buenos – These books are good.

Feminine Singular	Feminine Plural
Esta – This	*Estas* - These

Esta casa es hermosa – This house is pretty.

Estas casas son hermosas – These houses are pretty.

Esta mesa es grande – This table is big.

Estas mesas son grandes - These tables are big.

Remember, it is used to point out nouns that are close the speaker as well as the person to whom he or she is speaking and within the reaching distance.

Masculine Singular	Masculine Plural
Ese – That	Esos – Those

Ese vestido es lindo – That dress is pretty.

Esos vestidos son lindos – Those dresses are pretty.

Ese señor es feo – That man is ugly.

Esos señores son feos – Those men are ugly.

Feminine Singular   **Feminine Plural**

Esa – That   **Esas** – Those

Esa mujer es muy atractiva – That woman is very attractive.

Esas mujeres son muy atractivas – Those women are very attractive.

Esa chica es muy inteligente – That girl is very intelligent.

Esas chicas son muy inteligentes – Those girls are very intelligent.

Remember, it is used to point out nouns that are further from the speaker and not easily within reach. The noun may be close to the listener, but not the speaker.

Masculine Singular -   **Masculine Plural**

Aquel – That over there **Aquellos** – Those over there.

Aquel libro es azul – That book over there is blue.

Aquellos libros son azules – Those books over there are blue.

Aquel chico está enfermo – That boy over there is sick.

Aquellos chicos están enfermos – Those boys over there are sick.

Feminine Singular - Feminine Plural

Aquella – That over there   **Aquellas** – Those over there.

Aquella mujer está trabajando – That woman over there is working.

Aquellas mujeres están trabajando – Those women over there are working.

Aquella flor es olorosa – That flower over there smells good.

Aquellas flores son olorosas – Those flowers over there small good.

Remember, it is used to point out nouns that are far away from both the speaker and the listener, but within visual distance.

Do not forget the Ask and Answers form.

¿Es este tu libro? – **Is this your book?**

Si, este es mi libro. – Yes, this is my book.

No, este no es mi libro. – No, this is not my book.

¿Son estos tus libros? – Are these your books?

Si, estos son mis libros. – Yes, these are my books.

No, estos no son mis libros. – No, these are not my books.

¿Es esta la casa de ella? – Is this her house?

Si, esta es la casa de ella. – Yes, this is her house.

No, esta no es la casa de ella. – No, this is not her house.

¿Son estas las flores de ellos? – Are these their flowers?

Si, estas son las flores de ellos. – Yes, these are their flowers.

No, estas no son las flores de ellos. – No, these are not their flowers.

¿Es ese el carro del jefe? – Is that the boss car?

Si, ese es el carro del jefe. – Yes, that is the boss car.

No, ese no es el carro del jefe. – No, that is not the boss car.

¿Son esos los carros del jefe? – Are those the boss' cars?

Si, esos son los carros del jefe. – Yes, those are the boss cars.

No, esos no son los carros del jefe. – No, those are not the boss cars.

¿Es esa la cama de dormir? - Is that the bed for sleeping?

Si, esa es la cama de dormir. – Yes, that bed is for sleeping.

No, esa no es la cama de dormir. – No, that bed is not for sleeping.

¿Son esas las camas de dormir? – Are those the beds for sleeping?

Si, esas son las camas de dormir. – Yes, those beds are for sleeping.

No, esas no son las camas de dormir. – No, those beds are not for sleeping.

¿Es aquel hombre peligroso? – Is that man over there dangerous?

Si, aquel hombre es peligroso. – Yes, that man over there is dangerous.

No, aquel hombre no es peligroso. – No, that man over there is not dangerous.

¿Son aquellos hombres peligrosos? – Are those men over there dangerous?

Si, aquellos hombres son peligrosos. – Yes, those men over there are dangerous.

No, aquellos hombres no son peligrosos. – No, those men over there are not dangerous.

¿Es aquella mujer bruta? – Is that woman over there dumb?

Si, aquella mujer es bruta. – Yes, that woman over is dumb.

No, aquella mujer no es bruta. – No, that woman over there is not dumb.

¿Son aquellas mujeres brutas? – Are those women over there dumb?

Si, aquellas mujeres son brutas. – Yes, those women over there are dumb.

No, aquellas mujeres no son brutas. – No those women over there are not dumb.

Please note that "*esta*" does not have accent, it only takes accent when it is the conjugation of "*Estar*".

Possessive Pronouns – Pronombres posesivos.

Possessive pronouns replace the nouns modified by possessive adjectives. In Spanish, there are different forms of possessive pronouns depending on whether the noun is masculine or feminine, singular or plural. Possessive pronouns are mostly located at the end of a sentence.

Masculine Singular - Masculine Plural

Mío	Míos	Mine
Tuyo	Tuyos	Yours
Suyo	Suyos	Yours / His / Hers
Nuestro	Nuestros	Ours
Suyo	Suyos - Yours / Theirs.	

Since you have already mastered previous section, it is easy for you to learn these ones. Please note that in Spanish they are used with the definite article and without it depending on the sentence.

Remarks:

Ese carro es *mío.* – That car is mine.

Esos carros son *míos.* – Those cars are mine.

Este libro es *tuyo.* – This book is yours.

Estos libros son *tuyos.* – These books are yours.

Aquel pantalón rojo es *nuestro.* – The red pants over there is ours.

Aquellos pantalones rojos son *nuestros.* – Those red pants over there are ours.

Feminine Singular	Feminine Plural
Mía	Mías- Mine.
Tuya	Tuyas - Yours.
Suya	Suyas - Yours / His / Hers.
Nuestra	Nuestras - Ours.
Suya	Suyas - Yours - Theirs

Remarks:

*Esa cama es **mía**.* – That bed is mine.

*Esas camas son **mías**.* – Those beds are mine.

*Esta mesa es **tuya**.* – This table is yours.

*Estas mesas son **tuyas**.* – These tables are yours.

*Aquella falda roja es **nuestra**.* – That red skirt over there is ours.

*Aquellas faldas rojas son **nuestras**.* – Those red skirts over there are ours.

Since we have already explained "***Suyo – Suyos / Suya – Suyas***" represent five different personal pronouns, we need to make sure people understand us when we speak; therefore, here's what you need to do.

*El libro es **suyo*** – The book is yours (polite).

*El libro es **suyo*** – The book is his.

*El libro es **suyo*** – The book is hers.

*El libro es **suyo*** – The book is yours (plural).

*El libro es **suyo*** – The book is theirs.

Since all mean the same in Spanish, we just use "***De – of***" plus the personal pronouns to make the difference.

*El libro es **de usted*** – The book is yours.

*El libro es **de él*** – The book is his.

*El libro es **de ella*** – The book is hers.

*El libro es **de ustedes*** – The book is yours.

*El libro es de **ellos (as)*** - The book is theirs.

Remember, in Spanish you can use them with the articles as already mentioned.

Masculine Singular	Masculine Plural
El mío	Los míos – Mine.
El tuyo	Los tuyos – Yours.
El suyo	Los suyos – Yours (polite) / His / Hers.
El nuestro	Los nuestros – Ours.
El suyo	Los suyos – Yours (plural), Theirs.

¿De quién es este carro? - Whose this car?

Es el mío. – It is mine.

No, no es el mío. Es el de ella. – No, it is not mime. It is hers.

Este carro es el nuestro. Me encanta nuestro carro. – This car is ours. I love our car.

¿Es este carro el de él? – Is this car his?

Si, este carro es el de él. – Yes, this car is his.

No, este carro no es el de él. – No, this car is not his.

Remember, same rule as above to make the difference between "*Suyo*" and "*De él*". We want people to understand whom we are referring.

Feminine Singular	Feminine Plural
La mía	Las mías – Mine.
La tuya	Las tuyas – Yours.
La suya	Las suyas – Yours (polite) / His / Hers.
La nuestra	Las nuestras – Ours.
La suya	Las suyas – Yours (plural) / Theirs.

¿De quién es esta flor? – Whose this flower?

Es la mía. – It is mine.

No es la mía. – It is not mine.

¿Es esta la casa de ella? – Is this house hers?

Si, esta es la casa de ella. – Yes, this house is hers.

No, esta no es la casa de ella. – No, this house is not hers.

¿Es aquella la madre de Carmen? – Is that one over there Carmen's mother?

Si, aquella es la madre de Carmen (de ella). O Si, es la de Carmen (la de ella).

Yes, that one over there is Carmen's mother (hers). Or Yes, it's Carmen's (hers).

No, aquella no es la madre de Carmen (de ella). O *No, no es la de Carmen (la de ella).*

No, that one over there is not Carmen's mother (hers). Or,

no, it not Carmen's (hers).

¿Quién es la chica rubia que está hablando con el profesor? - Who is the blond girl speaking with the teacher?

La chica rubia que está hablando con el profesor es **la** *hermana* **de Pedro (de él)**. O

Ella es **la** *hermana* **de Pedro (de él)**. The blond girl speaking to the teacher is is Pedro's sister (his). Or She is Pedro's sister (his).

As you can see, you can substitute the pronoun by the noun (**De Carmen – De ella**), same with Pedro.

Telling the time – La hora.

Telling the time in Spanish is very easy, since you already know the numbers by heart. In Spanish we use the verb *"**Ser**"* in its conjugation for singular *"**Es**"* and plural *"**Son**"*. Use **es** when referring to "one o'clock" and use **son** when referring to all other hours.

¿Qué hora es? – What time is it?

Es la una en punto (1:00). It is one o'clock.

Es la una y diez (1:10). – It is one ten.

Pasan diez de la una. – It is ten after one.

Es la una y cuarto (1:15). – It is ten and a quarter.

Pasan quince después de la una. – It is fifteen after one.

Es un cuarto después de la una. – It is a quarter after one.

Es la una y media (1:30). – It is one thirty (literally One and a half).

Es la una y treinta. – It is one thirty.

Pasan treinta después de la una. – It is thirty after one.

Es la una y cuarenta y cinco (1:45). – It is one forty five.

Pasan cuarenta y cinco después de la una. – It is forty five after one.

Falta un cuarto para las dos. – It is a quarter before two.

Es la una y tres cuartos. – It is one and three quarters. (Almost never use).

Since the word *"hora"* is feminine, you need to use all the time the feminine article *"La"* when telling the time.

¿Qué horas son? – What time is it?

Son las tres en punto (3:00) - It is two o'clock.

Son las cuatro en punto (4:00) – It is four o'clock.

Son las cinco y media (5:30) – It is five thirty.

Son las ocho y cuarto (8:15) – It is eight and a quarter.

To differentiate between A.M. and P.M. use the expressions **de la mañana, de la tarde** and **de la noche.**

Son las dos de la tarde (2:00 PM) – It is two in the afternoon.

Son las dos de la mañana (2:00 AM) – It is two in the morning.

Son las ocho de la noche (8:00 PM) – It is eight in the evening.

Son las ocho de la mañana (8:00 AM) – It is eight in the morning.

Son las cinco más o menos (5:00) – It is about five.

Es medio día – It is midday.

Es media noche – It is midnight.

Please note that in some Latin countries we use "*¿Qué hora es?*" At any time of the day. Eventhough we know it is nighttime or any time of the day, we just say *"Qué hora es".* The person answering is the one using the correct form "*Son las 5:00*".

Some expression related to time. – Expresiones relacioneadas con la hora.

Por la mañana - In the morning (No time in specific)

De la mañana - In the morning (specific time)

Por la tarde - In the afternoon (No time in specific)

De la tarde - In the afternoon (specific time)

Por la noche - In the evening or night (No time in specific)

De la noche - In the evening or night (specific time)

La mañana - Morning

Mañana por la mañana - Tomorrow morning

Pasado mañana - The day after tomorrow

Ayer - Yesterday

Anoche - Last night

La noche anterior, anteanoche, antes de anoche- The night before last

El lunes que viene (el próximo lunes, el lunes entrante) - Next Monday

La semana que viene (la semana próxima, la semana entrante) - Next week

El año que viene (el año próximo, el año entrante) - Next year

El lunes pasado (el pasado lunes) - Last Monday

La semana pasada - Last week

El año pasado - Last year

Al mediodía - At noon

A la medianoche - At midnight

Alrededor de - Around

De día – Daytime

De noche - Nighttime

Durante el día - During the day

Durante la noche – During the night.

A tiempo - On time

En punto – O'clock

Tarde - Late

Temprano - Early

A Little bit more – Un poco más

Adverbios de frecuencia - Adverbs of Frequency.

Con frecuencia - Regularly

Casi nunca - Seldom

Diariamente - Daily
Cada hora - Every hour / Hourly
Semanalmente - Every week / weekly
Normalmente - Normally
Usualmente - Usually
Ocasionalmente - Occasionally
Anualmente - Every year / Annually
Mensualmente - Every month / Monthly
De vez en cuando - From time to time / Once in a while
Constantemente - Constantly
A veces - Sometimes
Rara vez - Rarely
A menudo - Often
Casi nunca - Almost never
Siempre - Always
Frecuentemente - Frequently
Nunca - Never
Nunca jamás - Never ever

Exercises - Ejercicios
Complete the sentences:

1- Rafael celebra hoy _____ cumpleaños.

2- A la mesa pequeña le pondré _____ mantel que me tejió mamá.

3- Vendrán _____ familiares y

_____amigos allegados.

4- ¿Son _____ hombres peligrosos?

5- Rafael apagará _____ velitas a _____

_____

6- Write a sentence with the word " tu" without accent.

_____

7- Write a sentence with the pronoun " tú" with accent

_____

8- Write a sentence with a demonstrative singular adjective, and underline that adjective.

_____

9- Write a sentence with a demonstrative plural adjective, and underline that adjective.

_____

10- Write three different ways to say 2:30

_____

_____

_____

11- Write two different ways to say 4:15

_____

_____

12- Write two sentences related to time.

_____

_____

Reading Comprehension:

Answer the following questions:

¿A qué hora se levantó Victoria? – At what time did Victoria get up?

¿Quién cortó las flores olorosas? – Who cut the smelly flowers?

¿De quién es la mesa pequeña? – Whose the small table?

¿Por qué se cae la chica de pelo largo? – Why does the long hair girl fall down?

¿Qué ropa usó Victoria? – What clothes did Victoria wear?

Knowledge Base

Republic of Honduras - República de Honduras

Motto: Libre, Soberana e Independiente - Free, Sovereign and Independent

Capital and largest city - Tegucigalpa

Official language - Spanish

Demonym - Honduran (Catracho)

Government - Presidential republic

President - Juan Orlando Hernández

Vice President - Ricardo Álvarez Arias

Population - 2016 estimate - 8 135 999

Currency - Lempira (HNL)

Calling code - +504

Bible Verse - Versículo Bíblico.

Porque de tal manera amó Dios al mundo, que ha dado a su Hijo unigénito, para que todo aquel que en él cree, no se pierda, más tenga vida eterna. **Juan 3:16**

Lesson 9

Domingo Familiar – Family Sunday

Mi familia acostumbra reunirse todos los domingos. Vamos a la casa de la abuela y el abuelo. Allí *iríamos* todos: tíos., primos, yernos, nueras, mi papá y mi mamá, mi hermano y mi hermana y por supuesto yo. Los abuelos *disfrutarían* de tenernos cerca, especialmente a todos sus nietos.

La abuela sale de la cocina y anuncia: "El almuerzo ya casi está listo". Siempre tenemos *la mejor* de las comidas, la comida de mamá es buena, pero la de la abuela es *mejor.* Después de comer nos reunimos todos a hablar de nuestros planes, vamos a la sala, la habitación es relativamente pequeña pero cabemos todos. Nos encanta compartir pero hay algo malo que siempre terminamos discutiendo y peor aún los abuelos se *pondrían* bravos con todos. Gracias a Dios es fácil contentarlos, les basta un beso y un buen abrazo.

Hoy comienza a hablar María, es mi prima menor. María es la chica *más linda* de la clase, ella dice: "No tenía el valor de hablar con ustedes pero debo hacerlo, tuve una discusión con Omaira (mi hermana) esa mujer estaba completamente loca. Omaira es una embarcadora *acérrima*, me preguntó que *si me gustaría* salir con ella y nunca fue a buscarme".

Omaira se levanta de inmediato y dice: "Amiga mía eres *habladorsísima*, si fui pero te habías ido. *Hablaría* contigo pero estás enojada, además no *deberías* estar brava por mi impuntualidad, tú siempre llegas *tardísimo*".

El abuelo está bravo y dice: "Ya es suficiente, silencio".

Mamá interviene y cambia el tema, diciendo: "La comida

estuvo *buenísima.*

La tía responde: "Estoy totalmente de acuerdo contigo. Por otra parte niñas recuerden que nosotros somos *los más inteligentes* del pueblo y no debemos estar discutiendo por cosas tan *misérrimas".*

No sé para qué papá volvió a tocar el tema. Ahora quien habla es Pedro, mi primo el hermano de María. Pedro es el chico *menos tranquilo* del grupo, dice señalando a mi hermana María: "Esta chica es *bellísima*, así que por eso es sumamente importante decirles lo qué pasó, pues Omaira no se atreve a decirlo. Saben que los jóvenes en su mayor parte no quieren estudiar, y aunque Santiago el compañero de Omaira es *el más inteligente* de la clase, él es absolutamente libérrimo, él se cree *mejor* que nosotros así que le escondió las llaves del auto a Omaira y por eso ella salió tan tarde a buscar a María.

María, arrepentida de lo que dijo se acerca a Omaira la abraza y le dice: "Perdóname prima, yo soy *menos fuerte que* tú y no soy *tan inteligente como* tú, no fui capaz de pensar que llegaste tarde, no porque quisiste sino porque no pudiste llegar más temprano.

El abuelo dice: ¿María por qué te consideras *menos inteligente* y fuerte que los demás? Eres *celebérrima* por tu belleza y tu bondad, eres *la más atractiva* del grupo y eres *tan inteligente como* tu prima.

María le contesta llorando: Me siento mucho menos que los demás porque tengo un complejo de inferioridad.

Eso es más que suficiente para que toda la familia rodee a María y la llene de besos y abrazos que la hacen de nuevo sonreír. Otro domingo en familia que acaba lleno de alegría y unión familiar.

Word List – Listado de palabras
Domingo Familiar – Family Sunday.

Acostumbra reunirse - Have the custom to meet.

Y por supuesto yo – And of course me.

Hablar de nuestros planes – Speak about our plans.

Relativamente pequeña – Relatively small.

Pero hay algo malo – But there is something.

Siempre terminamos discutiendo – We alway end up arguing.

Se pondrían bravos – They would get upset (Bravos can be angry, upset or brave, fierce…)

No tenía el valor – Did not have the courage.

Completamente loca – Completely crazy.

Una embarcadora acérrima – A bitter humbug.

Habladorsísima – Super talkactive (In this sense, means a big lier).

Por mi impuntualidad – Because of my impunctuality.

Mamá interviene - Mom intervened.

Decirles lo qué pasó – Tell you what happened.

No se atreve a decirlo – She does not dare to say it.

En su mayor parte - Mostly.

Él se cree mejor que nosotros – He thinks he is better tan us.

Le escondió las llaves del auto -- He hid the keys of the car.

Perdóname prima – Forgive me cousin.

No fui capaz de pensar – I was not able to think.

Rodee a María - Surround Maria.

Y la llene de besos y abrazos – And fill her with kisses and hugs.

Que la hacen de nuevo sonreír – That makes her smile again.

Unión familiar – Family union.

Grammar Explanations – Notas gramaticales

Conditional Tense – Tiempo condicional.

It is very easy to conjugate the conditional tense *"Would"* in Spanish for all three-verb forms *"Ar / Er / Ir"*. It is used to talk about conditional or hypothetical events. They use the same endings; these endings are added on to the end of the infinitive. In other words, you take the verb as it is in Infinitive and just add the corresponding ending as shown below:

Hablar – Speak / Talk

Yo	hablar*ía*
Tú	hablar*ías*
Usted	hablar*ía*
Él	hablar*ía*
Ella	hablar*ía*
Nosotros	hablar*íamos*
Ustedes	hablar*ían*
Ellos (as)	hablar*ían*

Comer - Eat

Yo	comer*ía*
Tú	comer*ías*
Usted	comer*ía*
Él	comer*ía*
Ella	comer*ía*
Nosotros	comer*íamos*
Ustedes	comer*ían*
Ellos (as)	comer*ían*

Ir - Go

Yo	ir*ía*
Tú	ir*ías*
Usted	ir*ía*
Él	ir*ía*
Ella	ir*ía*
Nosotros	ir*íamos*
Ustedes	ir*ían*
Ellos (as)	ir*ían*

Remarks:

As you can see, the three groups of verbs have the same ending. Please note that all have accent in "í".

*Yo **hablaría** contigo, pero no quiero hacerlo* – I would speak with you, but I don't want to do it.

*Ella **hablaría** con él, pero ella está enojada* – She would talk to him, but she is angry.

*Nosotros **comeríamos** arroz con habichuela.* – We would eat rice and beans.

Would like - Gustaría

Gustaría – Would like. By using the conditional "would like" instead of the regular "want", you are more polite. We use the conditional to make polite requests or desires.

***Me gustaría** cenar contigo* – I would like to have dinner with you.

***¿Te gustaría salir conmigo?* – Would you like to go out with me?**

*Si, **me gustaría** salir contigo.* – Yes, I would like to go out with you.

*No, no **me gustaría** salir contigo.* – No, I would not like to go out with you.

¿Le gustaría a ella caminar con nosotros? – Would she like to walk with us?

*Si, **a ella le gustaría** caminar con nosotros* – Yes, she would like to walk with us.

*No, **a ella no le gustaría** caminar con nosotros* – No, she would not like to walk with us.

***Nos gustaría** dormir tranquilos esta noche.* – We would like to sleep quite tonight.

¿Les gustaría un poco de café? – Would you (plural) like some coffee?

*Si, **nos gustaría** un poco de café* – Yes, we would like some coffee.

*No, no **nos gustaría** un poco de café* – No, we would not like coffee.

Remember to use the personal pronouns when you are referring to "*Usted / Él / Ella*" and "*Ustedes / Ellos (as)*".

Irregular verbs in the conditional tense – Verbos irregulares en el Condicional.

Every rule has its exceptions; therefore, here you have some irregular verbs in the conditional tense. You will notice the stem always end in "*R*" thus giving you the same sound to form the conditional for all verbs.

Caber – Fit	*cabr -*
Decir – Say / Tell	*dir -*
Hacer – Make / do	*har -*
Poder - Be able to / Can / May	*podr -*
Poner – Put -	*pondr -*
Querer – Want	*querr -*
Saber – Know	*sabr -*
Salir – Leave / Go out	*saldr -*
Tener – Have	*tendr -*
Valer - Be worth	*valdr -*
Venir – Come -	*vendr -*

Tener el valor de hablar con alguien – Have the courage to speak with someone.

Yo *tendría* el valor de hablar contigo. – I would have the courage to speak with you.

*Tú **tendrías** el valor de hablar conmigo.* – You would have the courage to speak with me.

Él tendría el valor de hablar con nosotros. – He would have the courage to speak with us.

*Nosotros **tendríamos** el valor de hablar con ella.* – We would have the courage to speak with her.

*Ellas **tendrían** el valor de hablar con Él.* – They would have the courage to speak with him.

We have already seen the Ask and Answer form above, just make sure you practice it. As a way of review, here you have the pattern.

¿Te gustaría ver una película hoy? – Would you like to watch a movie today?

Si, me gustaría ver una película hoy. – Yes, I would like to watch a movie today.

No, no me gustaría ver una película hoy. – No, I would not like to watch a movie today.

Short answers:

Si, me gustaría – Yes, I would.

No, no me gustaría – No, I wouldn't.

More Adverbs – Más adverbios

We have already seen a list of adverbs in Spanish; let us see some more below:

Mucho – Much / Many

Tengo muchos deseos de verte – I long to see you.

Tanto – So much / So many.

Te extraño tanto – I miss you so much.

Demasiado - Too much.

Te quiero demasiado – I love too much.

Muy poco - Very little.

Pienso en ti muy poco – I think of you very little.

Tan poco - So little.

Sabes tan poco de la vida – You know so Little about life.

Demasiado poco - Too little.

Ganas demasiado poco dinero para pagar la renta – You

earn too Little to pay the rent.

Casi – almost / nearly.
El almuerzo está casi listo – Lunch is almost ready.

Apenas – barely / scarcely.
Apenas puedo pagar la renta – I can barely pay the rent.

Casi no / Apenas – hardly.
Casi no puedo hablar – I can't hardly speak.

Para nada / en absoluto - not at all.
No estoy para nada contento – I am not happy at all.

Incluso / aún – even / Still.
Aún quiero aprender a bailar – I still want to learn how to dance.

Aún más - even more.
Ahora te amo aún más – I love you even more now.

Aún menos - even less.
Ahora te necesito aún menos – I need you even less now.

Ni siquiera - not even.
Ni siquiera viniste a verme – You did note even come to see me.

Parcialmente, a medias – partially.
El restaurante estaba parcialmente cerrado – The restaurant was partially closed.

En parte – partly.
En parte es tu culpa por dañar el carro – Partly it is your

fault for breaking the car.

Enteramente – entirely.

Es enteramente tu responsabilidad arreglar la situación – It is entirely your responsability to fix the situation.

Completamente – completely.

Esa mujer estaba completamente loca – That woman was completely crazy.

Absolutamente – absolutely.

Estás absolutamente en lo cierto – You are absolutely right.

Relativamente – relatively.

La habitación es relativamente pequeña – The roo mis relatively small.

Al menos - at least.

Al menos viniste a comer hoy – At least you came to eat today.

Como máximo - at most.

Llegaré a casa como máximo a las 7 pm – I will be homre at most at 7 pm.

En gran parte – largely.

La Republica Dominicana es en gran parte un país católico - Dominican Republic is largely a Catholic country.

En su mayor parte – mostly.

En su mayor parte los jóvenes no quieren estudiar – Mostly Young people don't want to study.

Principalmente – mainly.
Estoy en casa principalmente los lunes – I am at home mainling on Mondays.

Totalmente – totally.
Estoy totalmente de acuerdo contigo – I totally agree with you.

Sumamente – extremely.
Es sumamente importante decirte lo que pasó – It is extremely important to tell you what happened.

Tan – So.
Estoy tan emocionado – I am so excited.

Muy – very.
Eres muy linda – You are very pretty.

Demasiado – too.
El precio es demasiado alto – The Price is too high.

Suficiente – enough.
Ya es suficiente. Silencio – That's enough. Quiet.

Justo / apenas / sólo – just.
Sólo hazlo sin decir nada – Just do it without saying anything.

Sólo / solamente - only.
Ella solamente trataba de ayudarte – She was ony trying to help you.

As you may have seen, the ending *"ly"* in English is expressed by *"mente"* in Spanish. Easy, isn't it?

Comparative – Comparativo.

We are now going to learn how to compare things or person in Spanish. Comparatives are the comparison of one person or thing to another (*more, less,* or *as... as*).

Superiority - Superioridad
Más ... que   **More ... than (er... than).**

*Yo soy **más** grande **que** tú* – I am taller than you.

*Ella es **más** inteligente **que** él* – She is more intelligent tan him.

*Nosotros somos **más** fuertes **que** ellos* – We are stronger than them.

Más ... que denotes superiority over someone or something.

Inferiority - Inferioridad
Menos ... que   **less ... than (fewer ... than)**

*Él es **menos** fuerte **que** ella* – He is less strong than her.

*Los carros son **menos** caros **que** los aviones* - Cars are less expensive than plains.

*Historia es **menos** interesante **que** biología* – History is less interesting than biology.

Menos... que denotes inferiority below someone or something.

Equity - Igualdad
Tan... como   **as... as**

*Ella es **tan** inteligente **como** tú* – She is as intelligent as you.

*Nosotros somos **tan** honestos **como** ellos* – We are as honest as them.

*Tú eres **tan** feo **como** tu hermano* – You are as ugly as your brother.

Tanto ... como   as much as (as many as)

Nosotros tenemos **tanto** *dinero* **como** *ustedes* – We have as much money as you.

Ella tiene **tantas** *amigas* **como** *nosotros* – She has as many friends as us.

Tan... como and **Tanto... como** denote equity with someone or something. Tan... como is used with adjectives and adverbs. While **tanto** (tanta, tantos, tantas) is used with nouns and verbs.

Remarks:

With **más** and **menos**, the *que plus noun and / or pronoun construction* is optional. With **tan** and **tanto como**, however, the noun and / or pronoun is required.

Tanto must agree with gender and number (**tantos, tanta, tantas**).

adjectives – Adjetivos irregulares.

There are some irregular adjectives in the comparative.

Bueno – Good   mejor – better

Ellas son **mejores que** *nosotros* – They are better than us.

Estoy en **mejor** *condición* **que** *tú* – I am in better shape than you.

Malo – bad   peor – worse

Ustedes son **peores que** *ellos* – You are worst than them.

Estás en **peor** *condición* **que** *yo* – You are in worst shape than me.

Superlative – Superlativo.

The superlatives are formed with the "**definite article**" plus "**noun**" plus "**más**" or "**menos**" plus "**adjective**".

María es **la chica más linda** *de la clase* – Maria is the prettiest girl of the class.

*Pedro es **el chico menos tranquilo** del grupo* – Pedro is the least quiet boy in the Group.

*Soy **el más inteligente** de la clase* – I am the smartest of the class.

*Ella es **la menos atractiva** del grupo* – The is the least attractive of the group.

Remember, with the superlative everything must match with gender and number.

*Nosotros somos **los más inteligentes** del pueblo* – We are the smartest of the town.

El más inteligente – The most intelligent. (Masculine singular)

Los más inteligentes – The most intelligents. (Masculine plural)

La más inteligente – The most intelligent. (Feminine singular)

Las más inteligentes – The most intelligents. (Feminine plural)

El menos interesante – The least interesting. (Masculine singular)

Los menos interesantes – The least interesting. (Masculine plural)

La menos interesante – The least interesting. (Feminine singular)

Las menos interesantes – The least interesting. (Feminine plural)

Irregular Superlative – Superlativo Irregular.
Bueno – Good
Mejor – Better
El mejor – The best
Malo – Bad
Peor – Worse
El peor – The worst.

Superlative with "ísimo (a)" – Superlativo con "ísimo (a)".

Did you know that you can also form a superlative by adding *"ísimo(s)"* or *"ísima(s)"* to an adjective and even some adverbs. This can mean as *very, really, extremely, super,* or any other *ultimate* word you can think of. Remember, it must match gender and number.

Esa chica es **bellísima** – That girl is the prettiest one.

La comida está **buenísima** – The meal is the best.

Estoy **encantadísimo** *de conocerte* – I am extremely delighted to meet you.

Tú siempre llegas **tardísimo** – You always arrive super late.

Excúsame, pero siempre estamos **ocupadísimos** – Excuseme, but we are always super busy.

Vas **despacísimo***, apresúrate* – You walk extremely slow, hurry.

Irregular form with "ísimo" – Forma irregular con "ísimo".

When the adjectives end in *"N / Dor / Or",* the suffix changes to *"Císimo / císima".*

Inferior - Inferior   Inferiorcísimo

La calidad de tu trabajo es **inferiorcísimo** – The quality of your work is the worst.

Hablador – Talkactive   Habladorcísimo

Amigo mío, eres **habladorcísimo** – My Friend, you talk too much. (In some Latin countries a *"Habladorcísimo"* is equivalent to a person who makes many fake stories and tell many lies. So, be careful when you use it.

Joven – Young   Jovencísimo

Usted está **jovencísimo** – You are super Young.

Many qualitative adjectives ending in *"r"* in their last

syllable do not always take the "*ísimo / ísima*" ending, but instead replace the final "*r*" with "*érrimo/ érrima*".

Acre – Sour	*Acérrimo*
Célebre – Famous	*Celebérrimo*
Libre – Free	*Lebérrima*
Mísero - Stingy / Mean	*Misérrimo*
Salubre – Salubrious	*Salubérrima*

You will not see these words very often and a regular speaker does not handle this level of Spanish.

Do not forget the Ask and Answers form.

¿Eres tú el chico más inteligente de la clase? – Are you the most intelligent boy from the class?

Si, lo soy. – Yes, I am.

*Si, soy **el chico más inteligente** de la clase.* – Yes, I am the smartest boy of the class.

No, no lo soy. – No, I am not.

*No, no soy **el chico más inteligente** de la clase.* – No, I am not the smartest boy of the class.

¿Te consideras mucho más inteligente que yo? Do you consider yourself much more (far more) intelligent than me?

*Si, me creo **mucho más inteligente que** tú* – Yes, I consider myself more intellingent than you.

*No, no me creo **mucho más inteligente que** tú* – No, I don't consider myself much more (far more) intelligent than you.

¿Por qué te consideras mucho menos atractiva que las demás? Why do you consider yourself much less (far less) attractive than the rest?

Porque tengo complejo de inferioridad – Because I have low self-esteem.

A little bit more – Un poco más

The family   -   La Familia

Abuela	Grandmother
Abuelo	Grandfather
Bebé	Baby
Bisabuela	Great Grandmother
Bisabuelo	Great Grandfather
Cuñada	Sister in-law
Cuñado	Brother in-law
Hermana	Sister
Hermano	Brother
Hija	Daughter
Hijo	Son
Madre	Mother
Mamá	Mom
Nuera	Daughter in-law
Padre	Father
Papá	Dad
Primo / prima	Cousin
Suegra	Mother in-law
Suegro	Father in-law
Tatarabuela	Great Great Grandmother
Tatarabuelo	Great Great Grandfather
Tía	Aunt
Tío	Uncle
Yerno	Son in-law

Exercises - Ejercicios

1- Describe the following member of your family:

Tío_____

Primo _____

Bisabuela _____

Hermano_____

Mamá_____

Cuñado_____

2-   Write one sentence to describe what you would do if you: Win the lottery

_____

Travel to France

_____

Lose all your money

_____

Lose all your hair

_____

Meet your favorite actor/actress

_____

3- Complete the following sentences with comparative adjectives.

Tu mama es _____que tu papá.

El sol es _____que la tierra.

Mi hermana es _____como yo.

Dios es_____ que todos nosotros.

Un caballo es _____ como una vaca.

4- Write the superlatives for the following words:

Malo _____

Bueno _____

Grande _____

Gordo _____

Célebre _____

Reading Comprehension

¿Adónde voy los domingos? – Where do I go on Sundays?

¿Quiénes discutieron? – Who argued?

¿Cómo es la comida de mi abuela? – How is my grandmother's cooking?

Knowledge Base
Republic of Nicaragua - República de Nicaragua
Motto: En Dios confiamos - In God We Trust
Capital and largest city - Managua
Official language - Spanish
Recognized regional languages - *English, Miskito, Rama, Sumo, Miskito, Coastal, Creole, Garifuna, Rama, Cay Creole*
Demonym - Nicaraguans
Government - Unitary presidential constitutional republic
President - Daniel Ortega
Vice President - Omar Halleslevens
Population - 2016 census - 6 118 432

Currency - Córdoba (NIO)

Calling code - +505

Bible Verse - Versícuclo Bíblico

Porque la paga del pecado es muerte, más la dádiva de Dios es vida eterna en Cristo Jesús Señor nuestro. **Romanos 6:23**

Lesson 10 🔒
Vacación Tropical - Tropical Calling

Director: Los cité, *para* ante ustedes leer una noticia del Club Rotario Internacional. Según ellos los 10 mejores estudiantes de esta institución, realizarán un viaje como premio, y son: Roy, Brenda, Karla, Beatriz, Raúl, Andrés, Juan, Nancy, Olivia y Peter." Estudiar paga".

Roy: ¿Es en serio?

Director: Si, *saldrán* desde el 25 de junio y *estarán* de regreso el 09 de julio; por favor vayan a la agencia de viajes que está detrás de la Iglesia.

Carla: ¡Por Dios! ¿Nos *permitirán* viajar? Yo solo tengo 12 años, Raúl 14 y Peter 13

Director: vayan *para* la agencia con sus padres.

Andrés: este viaje vale oro para mí.

Beatriz: ¿Quién nos *guiará?*

Director: *Habrá* Paramédicos, Guarda Parques y Guías del Rotary.

Ted: ¿*Llevaremos* sacos para dormir?

Director: No es necesario.

Juan: *Para* entonces espero estar bien.

Olivia: *Saldremos* en 2 semanas.

Nancy: Ante todo *llevaremos* útiles personales, productos anti solares e hidratantes, toallas, cámaras fotográficas y de video y medicamentos quienes tienen tratamientos.

Director: Hay mucho entusiasmo. Mañana a las 8 a.m, en punto. *Estaré* aquí para hablar con sus representantes.

Profesor Miguel: señor director, los representantes llegaron.

Director: acompáñame. Buenos días, por motivo de ese viaje del que les informaron sus muchachos, los he citado, para hablar sobre él y aclarar dudas.

Señor Ruiz: ¿Cuánto cuesta?

Doctora Sofía: ¿A cuál país es el viaje?

Señora Rubio: ¿Irán solos?

Señora Sanders: ¿Cuántas hembras y varones *viajarán*?

Director: Uno por uno, por favor. Nuestra institución fue escogida por el Club Rotario Internacional para participar en su programa de Intercambio Vacacional de Ecoturismo, están premiando a los mejores 10 estudiantes con un viaje a un país tropical: *Venezuela*. Por casualidad van 5 hembras y 5 varones, no *costará* ni un centavo; deben llevar ropa ligera, trajes de baño, 2 pares de zapatos cómodos, aun siendo tropical *van a* visitar un sitio muy frio, deben llevar ropa de invierno e incluir un impermeable para usarlo en las zonas lluviosas, lleven gorras, protector solar, repelente para mosquitos y linternas. No *irán* solos, Miguel el profesor de deportes los *acompañará*. Pasen por la agencia de Viajes para tener todo listo a tiempo. Por aquí hay unas planillas para que las llenen y las firmen dando su aprobación por escrito. En el anexo desprendible *van a* colocar el nombre de la representante que desean vaya acompañando a los chicos, tras escribirlo colocar el desprendible doblado sobre esta bandeja.

Profesor Miguel: yo *voy a* contar los votos, hay 9 para la doctora Sofía y uno más que dice "Yo quiero ir", por supuesto el último es nulo.

Director: Estoy empezando a pensar que quieren un médico en el grupo, por ventura están a cargo de ahora en delante de este viaje dos estupendos chaperones: el profesor Miguel y la doctora Sofía, entre sus deberes está el de ir reportando diariamente, por correo electrónico o por teléfono.

Doctora Sofía: lo haremos todas las noches.

Director: Hoy es 25 de junio, hoy *vas a* viajar con el grupo a Venezuela,

Profesor Miguel: por lo visto están todos aquí tanto alumnos como representantes, desde las 7:00 a.m.

Director: Son tal para cual.

Profesor Miguel: *vamos a* salir ya, siendo un vuelo internacional debemos estar por lo menos 3 horas antes, por si acaso. Salgamos en caravana vía aeropuerto.

Doctora Sofía: Bueno, despídanse ya *vamos a* entrar los 13.

Director: ¿Trece?

Doctora Sofía: Si, Diosito nos acompaña.

Word List – Listado de palabras

Vacación Tropical – Tropical Vocation (calling).

Los cité – I called you.

Según ellos – According to them.

De esta institución – From this institution.

Un viaje como premio – A trip as a reward.

Estudiar paga – Studying pays.

Y estarán de regreso – And you will be back.

Agencia de viajes – Travel agency.

¡Por Dios! - My Gosh.

Este viaje vale oro para mí – This trip worths gold.

Habrá –There will be.

Útiles personales – Personal items.

Productos anti solares - Sun blockers.

Sus representantes – Your representatives.

Acompáñame – Accompany me.

Aclarar dudas. – Clear doubts.

Hembras y varones - Females and males.

Programa de Intercambio Vacacional – Vacational Exchange program.

Ecoturismo – Eco-Tourism.

Están premiando – They are rewarding.

No costará ni un centavo – It will cost nothing.

Deben llevar ropa ligera – You should take light clothes.

Zonas lluviosas – Rainy zones.

Repelente para mosquitos – Mosquito's repelent.

Linternas –Flash lights.

Unas planillas para que las llenen – Some forms to fill out.

Aprobación por escrito – Written approval.

Anexo desprendible – Tear up page.

Colocar el desprendible doblado – Place the folded paper.

Sobre esta bandeja – On a tray.

Contar los votos – Count votes.

Por ventura – Hopefully (Luckily).

Dos estupendos chaperones – Two amazing chaperones.

Entre sus deberes - Among their duties.

Reportando diariamente – Report on a daily basis.

Por correo electrónico – By email.

Por lo visto – As we can see.

Por si acaso – Just in case.

Salgamos en caravana vía aeropuerto

Despídanse – Say firewell (Good-bye).

Diosito nos acompaña. – God be with us. (*Diosito is a diminutive use in this case, for God, but not as diminutive, rather as tender and showing pleading to God.* See lesson 21)

Grammar Explanations – Notas gramaticales

Prepositions in Spanish. – Preposiciones en español.

Prepositions indicate the relationship between words or linking them together. They can show location, direction and time. In Spanish, there are simple prepositions "one word" and compound prepositions "multiple words".

Simple Prepositions – Preposiciones simples.

Below you will find a list of the most common simple prepositions in Spanish.

*A	**to / at**
Ante	before / in the presence of
Bajo / abajo / debajo	under
Con	with
Contra	against
*De	**of / from**
Desde	from / since
Detrás de	behind
*En	**in / on / at**
Entre	between / among
Hacia	toward
Hasta	until / toward
*Para	**for / in order to**
*Por	**for / by**
Según	according to
Sin	without
Sobre	about / on / upon / above / over / around
Tras / atrás / detrás	after / behind

Remarks:

*A   **to / at**

Indicating motion "to"

Vamos a Paris – Let us go to Paris.

Vamos al restaurante el miércoles – Let us go to the restaurant on Wednesday.

When you use the preposition "*A*" together with the article "*El*", they have a contract form "*a+el = Al*". Vamos al *(a +el)* restaurant – Let's go to the restaurant.

Connecting a verb with the infinitive.

Empiezo a pensar – I start to think.

Vamos a dormir – Let us go to sleep.

Indicating how something is done "on – by - with"

Lo hice a mano – I made by hand.

Vamos a pie – Let us go on foot.

Vamos a escribir a lápiz – Let us write with a pencil.

Introducing a person as a direct object.

¿Conoces a Pedro? – Do you know Pedro?

Te presento a Carlos – I introduce you to Carlos.

¿Ves a mi hermana? – Do you see my sister?

Expressing time "at"

El desayuno es a las siete (7:00 am) – Breakfast is at 7:00 am.

Estamos a diez y seis de Julio – It is July 16th.

*De   of / from

As we have already learned, in indicates possession "De – of"

El carro de Pedro – Pedro's car / the car of Pedro.

Indicating cause "from / with".

Estamos cansados de caminar – We are tired from caminar.

Estoy contento de mi trabajo – I am happy with my work.

Indicating origin "from / of"

Nosotros somos de Italia – We are from Italy.

Yeiris es la más hermosa de la clase – Yeiris is the most beautiful of the class.

When you use the preposition "**De - From**" together with the article "**El**", they have a contract form "**de+el = Del**". Vengo del *(de +el)* restaurant – I come from the restaurant.

Describing a noun with another noun or infinitive "of"
Un vaso de agua – A glass of water.
Un copa de vino – A cup of wine.
Un jugo de limón – A lemon juice.

Some idiomatic expressions
Estoy de pie – I am standing.
De ahora en adelante – From now on.
*En   in / on / at

Indicating location "in / on / at"
El dinero está en mi cartera – The money is in my wallet.
El vaso está en la mesa – The glass is on the table.
Nosotros estamos en la iglesia – We are at the church.

Indicatin time "in"
Voy a la iglesia en una hora – I am going to church in an hour.

Voy al campo en el verano – I go to my hometown in the summer.

Indicating how something is done "by"
Voy al cine en autobús – I go to the movies by bus.
Vamos a la Universidad en carro – We go to the university by car.

In some idiomatic expression
El espectáculo es en vivo – The show is live.
¿Es en serio? – Are you serious?
Es en broma – I am joking.

Pay special attention to what is considered one of the hardest things to learn in Spanish **"Por / Para"**. I am giving you specific guidelines for you to master the American headache. At the end of this section, you will see that is not that difficult, as peope tend to think.

The preposition "Para" shows.

Destination and place

Salgo para la iglesia – I am leaving for church.

Salimos para la ciudad – We are leaving to the city.

Destination and person

Este regalo es para Ella – This gift is for her.

Aquellas manzanas en la mesa son para nosotros – Those apples over there on the table are for us.

A future time limit

El trabajo es para mañana – The job is for tomorrow.

El bizcocho es para esta noche – The cake is for tonight.

Purpose and goal

Estudio para aprender – I study to learn.

Bailo para divertirme – I dance to have fun.

Use and function

Es una pastilla para el dolor de cabeza – It is a pill for the headache.

Es un cepillo para cepillarse – It is a brush to brush your teeth.

Comparisons

Para la edad de Ella, se ve muy bien – For her age, she looks very well.

Para la edad de nosotros, trabajamos demasiado – For our age, we work too much.

Opinions

Para nosotros es demasiado tarde – It is too late for us.

Para mí es demasiado amargo – It is too sour for me.

Some expressions with "Para"

¿Para qué?   why? for what purpose?

¿Para qué quieres el dinero? – For what purpose do you need the money?

Para comprar un coche Nuevo – To buy a new car.

Estar para   **to be about to**

No estoy para hablar – I am not about to talk.

Para adelante   **forward**

Siempre vamos para adelante – We are always going forward.

Para atrás   **backward**

No entiendo por qué siempre vas para atrás en vez de ir para adelante. – I don't understand why you are always going backward instead of going forward.

Para entonces   **by that time (By then).**

Estaré en casa para entonces – I will be home by that time.

Para esa época   **by that time**

Para esa época éramos muy pobres y no teníamos que comer – By that time, we are so por and we did not have what to eat.

Para otra vez   **for another occasion**

No se pudo hoy, para otra vez será – It was not possible today, it will be for another occasion.

Para que   **so that, in order that**

Para que puedas aprender, tienes que estudiar – In order to learn you have to study.

Para siempre   **forever**

Estaré en deuda contigo para siempre – I will always be in debt with you.

Para variar   **just for a change**

Vamos a la playa para variar – Let us go go the beach just for a change.

Ser tal para cual   **be two of a kind**

Mi padre y yo somos tal para cual – My father and I are two of a kind.

The preposition "Por" shows.
Motion and place
Caminamos por las calles de Paris – we walk through the streets of Paris.

Andamos por las tiendas de Nueva York – We walk through the stores of New York.

Means and manner
Te envío la invitación por email. – I send you the invitation by email.

Necesito el paquete aquí. Te lo envío por correo postal. – I need the package here. I will send it by mail.

In exchange for and substitution
Sabemos que no debemos, pero vamos a hacerlo por Carlos – we know we should not to, but we will do it for Carlos.

No quiero, pero por ti lo haré – I don't want, but I will do it for you.

Duration of an action
Hago ejercicios por dos horas – I do exercices for two hours.

Me siento en la computadora por 12 horas – I sit on the computer for twelve hours.

Indefinite time period
Descanso por la mañana – I rest in the morning.
Trabajo por las noches – I work at night.

On behalf of
María hablará en la conferencia por mí – Maria is going to speak at the conference for me.

No puedo beber cerveza. Está bien, yo me la bebo por ti. – I cannot drink beer. It is ok, I will drink it for you.

Per
Me pagan por hora – I get paid per hour.

Nos pagan por día – We get paid per day.

Some expressions with the preposition "Por" – Algunas expresiones con "Por".

¡Por Dios! Oh my God!	For heaven's sake!
Día por día	Day by day
Palabra por palabra	Word by word
Por adelantado	In advance
Por ahora	For now
Por amor de Dios	For the love of God
Por aquí	This way
Por casualidad	By chance
Por ciento	Percent
Por cierto	Certainly
Por completo	completely
Por correo	By mail / post
Por dentro	Inside
Por desgracia	Unfortunately
Por ejemplo	For example
Por escrito	In writing
Por eso	Therefore, that's why
Por favor	Please
Por fin	Finally
Por la mañana, la tarde, la noche	In the morning, afternoon, evening
Por las buenas o por las malas	Whether you like it or not
Por lo demás	Furthermore
Por lo general	Generally, in general
Por lo menos	At least
Por lo mismo	For that very reason
Por lo que a mí me toca	As far as I'm concerned
Por lo que he oído	Judging by what I've heard
Por lo tanto	Therefore
Por lo visto	Apparently

Por malo que sea...	However bad it is...
Por medio de	By means of
Por motivo de	On account of
Por ningún lado	Nowhere
Por otra parte	On the other hand
Por poco	Almost
Por primera	For the first
Por separado	Separately
Por si acaso	Just in case
Por su propia mano	By one's own hand
Por suerte	Fortunately
Por supuesto	Of course
Por teléfono	On the phone / by phone
Por todas partes	Everywhere
Por todos lados	On all sides
Por última vez	For the last time
Por último	Finally
Una vez por todas	Once and for all

Compound prepositions – Preposiciones compuestas.

Compound Prepositions are used mostly by native speakers and are generally made up of **preposition + noun + preposition** or **adverb + preposition.**

A cargo de	in charge of.
A causa de	because of / due to.
A excepción de	with exception of.
A favor de	in favor of.
A fines de	at the end of.
A mediados de	around.
A pesar de	in spite of.
A través de	through.
Acerca de	concerning.
Además de	moreover.
Al norte de	to the north of.

Al sur de	to the south of.
A través de	across from.
Alrededor de	around.
Antes de	before.
Cerca de	close to.
Contrario a	contrary to.
De ahora en adelante	from now on.

More Irregular verbs in the present tense – Más verbos irregulares en el presente.

Discernir lo verdadero de lo falso – Discern real from fake (Distinguish).

Yo *discierno lo verdadero de lo falso* – I discern real from fake.

Tú *disciernes lo verdadero de lo falso* – You discern real from fake.

Usted / *Él* / Ella *discierne lo verdadero de lo falso* – He discerns real from fake.

Nosotros *discernimos lo verdadero de lo falso* – We discern real from fake.

Ustedes / *Ellos* (as) *disciernen lo verdadero de lo falso* – They discern real from fake.

Oler una aroma exquisita – Smell an exquisite scent.

Yo *huelo una aroma exquisita* – I smell an exquisite scent.

Tú *hueles una aroma exquisita* – You smell an exquisite scent.

Usted / Él / *Ella* *huele una aroma exquisita* – She smells an exquisite scent.

Nosotros *olemos una aroma exquisita* – We smell an exquisite scent.

Ustedes / *Ellos* (as) *huelen una aroma exquisita* – They smell an exquisite scent.

Pay special attention to the conjugation of "nosotros".

Satisfacer la curiosidad de las personas – Satisfy the

curiosity of people.

Yo *satisfago la curiosidad de las personas* – I satisfy the curiosity of people.

Tú *satisfaces la curiosidad de las personas* – You satisfy the curiosity of people.

Usted / Él / Ella *satisface la curiosidad de las personas* – He satisfies the curiosity of people.

Nosotros *satisfacemos la curiosidad de las personas* – We satisfy the curiosity of people.

Ustedes / **Ellos** (as) *satisfacen la curiosidad de las personas* – They satisfy the curiosity of people.

Valer oro – Be worth gold.

Yo *valgo oro* – I am worth gold.

Tú *vales oro* - You are worth gold.

Usted / Él / **Ella** *vale oro* – She is worth gold.

Nosotros *valemos oro* – We are worth gold.

Ustedes / **Ellos** (as) *valen oro* – They are worth gold.

Caber en la caja – Fit in the box.

Yo *quepo en la caja* – I fit in the box.

Tú *cabes en la caja* – You fit in the box.

Usted / **Él** / Ella *cabe en la caja* – He fits in the box.

Nosotros *cabemos en la caja* – We fit in the box.

Ustedes / **Ellos** (as) *caben en la caja* – They fit in the box.

Going to "Ir + A" – Futuro Próximo.

How to use "**Going to**" in Spanish. It is quite easy and simple, in fact you have already learned in a subtle way. We are going to speak about it. We form this time by using the present conjugation of the verb "***Ir*** *plus* "***A***" plus the infinitive of the verb indicating the action. Do you remember how to conjugate "Ir"? Of course, you do. Let us see below.

Yo   voy

Tú   vas

Usted	va
Él	va
Ella	va
Nosotros	vamos
Ustedes	van
Ellos (as)	van

Ir a comer – Going to eat.

*Yo **voy a comer** –* I am going to eat.

*Tú **vas a estudiar** –* You are going to study.

*Usted **va a cantar** –* You (polite) are going to sing.

*Él **va a cocinar** –* He is going to cook.

*Ella **va a trabajar** –* She is going to work.

*Nosotros **vamos a viajar** –* We are going to travel.

*Ustedes **van a nadar** –* You (plural) are going to swim.

*Ellos (as) **van a pescar** –* They are going to fish.

Easy, isn't it? You already knew how to speak in future tense. You just need to think on the verb or the action you want to do that "voilà".

Do not forge the Ask and Answer form.

¿Van ustedes a nadar? – Are you going to swim?

*Si, nosotros **vamos a nadar**. –* Yes, we are going to swim.

*No, nosotros no **vamos a nadar**. –* No, we are not going to swim.

¿Vamos nosotros a viajar? – Are we going to travel?

*Si, nosotros **vamos a viajar**. –* Yes, we are going to travel.

*No, nosotros no **vamos a viajar**. –* No, we are not going to travel.

¿Va ella a trabajar? – Is she going to work?

*Si, ella **va a trabajar**. –* Yes, she is going to work.

*No, ella no **va a trabajar**. –* No, she is not going to work.

¿Vas tú a estudiar? – Are you going to study?

*Si, yo **voy a estudiar**. –* Yes, I am going to study.

*No, yo no **voy a estudiar**. –* No, I am not going to study.

Remarks:

As always to avoid confusion it is good to use the personal pronoun when referring to "*Usted / Él / Ella*" *and* "*Ustedes / Ellos (as)*".

You can obmit the pronouns with referring to "*I, You*, *We*".

¿Vas a trabajar mañana? – Are you going to work tomorrow?

Si, ***voy a trabajar*** *mañana.* Yes, I am going to work tomorrow.

No, no ***voy a trabajar*** *mañana.* No, I am not going to work tomorrow.

¿Vamos a cenar mañana? – Are we going to dine tomorrow?

Si, ***vamos a cenar*** *mañana.* – Yes, we are going to dine tomorrow.

No, no ***vamos a cenar*** *mañana.* – No, we are not going to dine tomorrow.

When using the short form in question for "nosotros", I strongly suggest you to use the pronoun "nosotros" to show that it is a question (in written form) and if it is speaking, then make sure you use the correct intonation denoting a question. See why:

Vamos a cenar *mañana* – Let us dine tomorrow.

*¿****Vamos a cenar*** *mañana?* Are we going to dine tomorrow?

As you can see, it is the same in both sentences. The only thing that will make the difference when speaking is your intonation and when writing using "***nosotros***".

*¿****Vamos notros a cenar*** *mañana?* – Are we going to dine tomorrow?

Future tense – Tiempo futuro.

It is the easiest time to use and construct in Spanish as you will see. 90% of the time, you can speak without even using the future, but it is very important the learn it, because you will indeed use it. El *"Futuro – Future"* is used for upcoming events. It is usually translated as *"will"*.

It is the same for the three conjugations and guess what? You don't even have to worry about taking off the *"Ar / Er / Ir"* ending. *To form the future tense of -AR, -ER, and -IR verbs, add the appropriate ending to the infinitive.*

	Hablar –	**Speak / Talk**
Yo	hablar*é*	
Tú	hablar*ás*	
Usted	hablar*á*	
Él	hablar*á*	
Ella	hablar*á*	
Nosotros	hablar*emos*	
Ustedes	hablar*án*	
Ellos (as)	hablar*án*	

	Comer –	**Eat**
Yo	comer*é*	
Tú	comer*ás*	
Usted	comer*á*	
Él	comer*á*	
Ella	comer*á*	
Nosotros	comer*emos*	
Ustedes	comer*án*	
Ellos (as)	comer*án*	

	Ir -	**go**
Yo	ir*é*	
Tú	ir*ás*	
Usted	ir*á*	
Él	ir*á*	
Ella	ir*á*	
Nosotros	ir*emos*	
Ustedes	ir*án*	
Ellos (as)	ir*án*	

Remarks:

As you can see, it also works with irregular verbs. Of course, there are irregular verbs in the future by changing the stem, but the ending will always be the same.

Hablaré contigo el lunes – I will speak with you on Monday.

Cenaremos el Viernes a las 7 pm – We will dine on Friday at 7 pm.

Ella partirá para los Estados Unidos mañana – She will leave to The United States tomorrow.

Do not forget the Ask and Answers form.

¿Hablarás conmigo mañana? – Will you speak with me tomorrow?

Si, hablaré contigo mañana. – Yes, I will speak with you tomorrow.

No, no hablaré contigo mañana. – No, I will not speak with you tomorrow.

Irregular verbs in the future – Verbos irregulares en el futuro.

Some irregular verbs in the future. They still use the same endings as regular verbs. You will see that the stem always ends in *"R"*, and that these are the exact same as the irregular conditional stems.

Caber - Fit it		***cabr-***
Decir	- Say / Tell	***dir-***
Haber – Exist / Have		***habr-***
Hacer	- Do / Make	***har-***
Oír – Listen / Hear		***oir-***
Poder	- Can / May	***podr-***
Poner	- Put	***pondr-***

These verbs follow the same pattern as "***Poner***" *componer - Compose, disponer - Dispose, imponer - Impose, proponer - Propose, reponerse - Recover, suponer - Suppose.*

Querer – Want   *querr-*
Reír – Laugh   *reir-* *
It follows the same patter as "*Reir*" *sonreír – Smile.*
Saber – Know   *sabr-*
Salir – Go out   *saldr-*
Tener   - Have   *tendr-*
These verbs follow the same patter as "*Tener*" *contener -*
Contain, detener - Detain, mantener – Maintain / Keep,
obtener – Obtain / Get, retener – Retain / Withhold.
Valer – Be worth   *valdr-*
Venir   - Come   *vendr-*

Remarks
Decir   la verdad - Say / Tell the truth.
Yo *Diré la verdad.* – I will tell the truth.
Tú *Dirás la verdad.* – You will tell the truth.
Usted / Él / Ella   *Dirá la verdad.* – You (polite) / He / She
will tell the truth.
Nosotros *Diremos la verdad.* – We will tell the truth.
Ustedes / Ellos (as)   *Dirán la verdad.* – You (plural) /
They will tell the truth.

A little bit more – Un poco más

El clima / La temperatura - The weather.

Está nevando	It is snowing
Está lloviendo	It is raining
Está nublado	It is cloudy
Hay neblina	It is foggy
Hay una brisa	There is a breeze
Hay viento	It is windy
Hay mucho viento	It is very windy
Hay sol	It is sunny
Hay frio / Hace frio	It is cold

Hay fresco / Hace fresco	It is cool
Hay calor / Hace calor	It is warm/ It is hot
Está húmedo	It is humid
El cielo esta despajado	The sky is clear
Tormenta	Storm
Granizo	Hail
Temperatura	Temperature
Nieve	Snow
Lluvia	Rain
Llovizna	Light rain / drizzle
Un aguacero	Heavy rain / rainstorm
Llover a cantaros	Raining cats and dogs
Viento	Wind
Tornado	Tornado
Huracán	Hurricane
Mal tiempo	Bad weather
Buen tiempo	Good weather
Un trueno	Thunder
Un relámpago	A lightning flash
Un rayo	Ray of lightning
Inundación	Flood
Escarcha	Frost
El sereno	Dew

Exercises - Ejercicios

1- Write a list of 10 simple prepositions.

2- Write a sentence indication motion "to"

_____

3- Write a sentence connecting a verb with the infinitive.

_____

4- Write a sentence indicating how something is done "on-by-with".

_____

5- Write a sentence introducing a person as a direct object.

_____

6- Write a sentence expressing time "at-is".

_____

7- Write a sentence indicating location "in-on-at".

_____

8- Write a sentence indicating time "in"

_____

9- Write a sentence indicating how something is done "by".

_____

10- Write a sentence in some idiomatic expression.

_____

11- Write a sentence indicating destination and place.

_____

12- Write a sentence indicating destination and person.

_____

13- Write a sentence indicating a future time limit.

_____

14- Write a sentence indicating purpose and goal.

_____

15- Write a sentence indicating use and function.

_____

16- Write a sentence indicating comparison.

_____

17- Write a sentence indicating opinions.

_____

18- Write 3 sentences indicating some expressions with "para".

----

19 The preposition "POR"
Write a sentence indicating motion and place.

_____

Write a sentence indicating means and manner.

_____

Write a sentence indicating in exchange for and substitution.

_____

Write a sentence indicating duration of an action.

_____

Write a sentence indicating indefinite time.

_____

Write a sentence indicating on behalf of.

_____

20 Some expressions with preposition "POR"
Write 3 sentences using expressions of preposition "POR".

_____

----

21 Compound prepositions
Write 2 sentences using preposition+noun+preposition.

_____

_____

22 Write 2 sentences using adverb+preposition

_____

_____

23 Going to   ir+a   Next future.
Write 2 sentences using Next future.

_____

_____

24 Ask and Answer form.
Write 2 pairs of sentences using the ask and answer form.

_____

_____

25 Future Tense
Conjugate 1 regular verb in future tense.

_____

26 Conjugate 1 irregular verb in the future tense.

_____

27 Ask and answer form in future tense.
Write 2 pairs of sentences using the ask and answer form in future tense.

_____

_____

28 Irregular verbs in the future
Conjugate 2 irregular verbs in the future tense.

_____

_____

29 The Weather and the Temperature
Write a ten words list indicating weather or temperature.

_____

_____

Knowledge Base
Republic of Costa Rica - República de Costa Rica
Capital and largest city - San José
Official language - Spanish
Recognized regional languages – Mekatelyu, Bribri, Patois
Demonym - Costa Rican Tico
Government - Unitary presidential constitutional republic
President - Luis Guillermo Solís
1st Vice-President - Helio Fallas Venegas
2nd Vice-President -   Ana Helena Chacón Echeverría

Population - 2015 census - 4 836 438
Currency - Costa Rican colón (CRC)
Calling code - +506
Bible Verse - Versículo Bíblico

He aquí, yo estoy a la puerta y llamo; si alguno oye mi voz y abre la puerta, entraré a él, y cenaré con él, y él conmigo. **Apocalipsis 3:20**

Lesson 11

¿Te Apetece un Habano? - Would you like a Cuban cigar?

Cuando Cristóbal Colón **descendió** de sus barcos y **pisó** tierras cubanas los indígenas le **dieron** como presente un montón de hojas secas, que eran desconocidas para él, lo que hoy conocemos como tabaco.

¿Qué ocurrió con el tabaco?

A partir de ese momento la planta del tabaco recorre el mundo y la gente se apasiona con él.

En Cuba, el rey Felipe V **impuso** en 1717 un monopolio real del tabaco y este *era* cultivado por hombres libres, de allí en adelante nace el campesino cubano, quien hoy día sigue cultivando esta planta.

¿Cómo se le Conoce?

Es conocido como el Habano, debe su nombre a la bella ciudad cubana de la Habana. Aunque otros tabacos se hacen pasar por habanos, los únicos y verdaderos son los que provinieron del tabaco que se **cultivó** en Cuba y que fueron manufacturados en ese país.

¿Por qué los Amantes del Tabaco Prefieren los Habanos?

La calidad del habano se ha debido siempre a cuatro elementos:

El clima, Cuba tiene un clima húmedo y caluroso que favorece el cultivo de la planta del tabaco.

El suelo, el suelo rojo y rico en níquel de Cuba es propicio para el tabaco.

El campesino cubano. Estos hombres **sembraron** tabaco desde siempre, desde antes inclusive de la llegada de los españoles, la sabiduría corre por sus venas.

Variedad: El tabaco cubano tiene múltiples aromas y sabores, siempre sorprende al que lo fuma.

¿Cómo se **crearon** *los Tabacos que tanto amas?*

El cultivo **comenzó** en el semillero, que es donde se **pusieron** las semillas para que germinasen.

Luego se **trasladó** la semilla al campo, y allí se quedó por 40 días.

Después se **recolectó** la hoja y se **llevó** a los lugares de ensarte.

Ya ensartadas las hojas se **llevaron** en carreta o a caballo hasta las galeras para que se sequen.

Le **quitaron** la vena central a la hoja y las **clasificaron**.

Las hojas se **fermentaron** y **estuvieron** listas.

Entonces fueron llevadas a un torcedor, se las llevan en carro o camión. Un torcedor es el que **escogió** la mezcla de hojas de tu habano y es quien las **torció** para crearlo.

Después se **añejó** de nuevo por más tiempo y por último se les **empaquetó** en su típica caja de cedro.

Por último se **llevaron** en trenes, barcos y aviones a todas partes del mundo.

La Habana es famosa por su música y hermosas mujeres pero, ¿quién no oyó hablar del célebre habano cubano?

Word List – Listado de palabras

¿Te Apetece un Habano? – Would you like a Habano (Cuban cigar)?

Descendió de sus barcos - Descended of his ships.

Tierras cubanas – Cuban lands

Los indígenas - The Indians

Como presente – As a present.

Un montón de hojas secas – A bunch of dry leaves.

Que eran desconocidas para él – That were unknown to him.

A partir de ese momento - From that momento on.

La planta del tabaco - Tabacco's tree.

Un monopolio real – A royal monopoly.

Era cultivado – It was cultivated.

Nace el campesino cubano – Cuban countryman is born.

Es conocido como el Habano – It is known as the Habano.

Se hacen pasar – They are passed.

Y que fueron manufacturados – And that were manufactured.

Cuatro elementos – Four elements.

Clima húmedo y caluroso – Humid and warm temparature.

Rico en níquel - Rich in nickel.

Es propicio - It is fit (good for).

Desde siempre – Since always.

La sabiduría corre por sus venas – Wisdom runs through their veines.

Siempre sorprende al que lo fuma – It always surprises smoker.

El semillero – The seeadbed.

Las semillas para que germinasen. – The sedes to germinate.

Los lugares de ensarte – Thread places.

La vena central – Central vein

Un torcedor – A twister (Spindler).

Se añejó de nuevo – Be mature again.

Su típica caja de cedro. – Its typical cedar box.

Grammar Explanations – Notas gramaticales

Simple past or Preterit – Pasado simple o Pretérito.

When you are referring to completed actions, when the verb refers to an action that has a clear end. You use the Preterit form in Spanish.

As you already learned there are three groups of verbs,

however, the conjugation for the second and third group is the same.

Hablar	Speak / Talk.
Yo	habl*é*
Tú	habl*aste*
Usted	habl*ó*
Él	habl*ó*
Ella	habl*ó*
Nosotros	habl*amos*
Ustedes	habl*aron*
Ellos (as)	habl*aron*

Hablé con Sara del problema – I spoke with Sara about the problem.

Hablamos con Pedro de la situación – We spoke with Pedro about the situation.

We use the Preterit when something happened once.

Ayer hablé con Sara – I spoke with Sara yesterday.

Caminé 4 kilómetros ayer – I walked four kilometers yesterday.

When something happened more than once, but had a specific end.

Ella trabajó 60 horas la semana pasada – She worked 60 hours last week.

Él cantó sin parar en su último concierto – He sang non-stopping on his last concert.

When indicating the beginning and end of a process.

La tormenta terminó a media noche – The storm ended at midnight.

El sol se paró a medio día – The sun stopped at midday.

Remarks:

As you can see, all these actions had an end. They happened once and those that happened more than once had a specific end.

Notice the accent on the first person "**hablé**" and third person singular "**habló**". Make sure you use the accent, because it can make the difference when speaking.

Hablo español contigo – I speak Spanish with you.

Habló español contigo – He spoke Spanish with you.

*The conjugation for "**Nosotros**" in the Preterit is the same for the simple present.*

Nosotros hablamos – We speak (simple present)

Nosotros hablamos – We spoke (Preterit).

Do not panic; just remember that the Preterit indicates an action that took time in the past and had an end. That will ease your mind.

Do not forget the Ask and Answers form.

¿**Hablaste con Pedro ayer? – Did you speak with Pedro yesterday?**

Si, hablé con Pedro ayer. – Yes, I spoke with Pedro yesterday.

No, no hablé con Pedro ayer. – No, I did not speak with Pedro yesterday.

¿**Por qué él trabajó sólo en el proyecto? – Why did he work alone in the Project?**

Él trabajó sólo en el proyecto porque nadie lo entiende – He worked alone in the Project because none understands him.

Preterit for "Er" and "Ir" Verbs – Pretérito de los verbos "Er / Ir"

The Preterit for "Er" and "Ir" verbs is the same and the use of the time is the same as explained above.

Comer – Eat		Salir – Go out
Yo	com*í*	sal*í*
Tú	com*iste*	sal*iste*
Usted	com*ió*	sal*ió*
Él	com*ió*	sal*ió*
Ella	com*ió*	sal*ió*

Nosotros	com*imos*	sal*imos*
Ustedes	com*ieron*	sal*ieron*
Ellos (as)	com*ieron*	sal*ieron*

*Me **levanté**, me **vestí**, y **salí** para la iglesia* - I got up, got dressed, and left for church.

***Entraste**, **bebiste** un vaso de jugo, y **comiste** una manzana.* - You **came in**, **drank** a glass of juice, and **ate** an apple.

Irregular verbs in the Preterit form – Verbos irregulares en el Pretérito.

	Dar – Give	Ser – Be
Yo	di	fui
Tú	diste	fuiste
Usted	dio	fue
Él	dio	fue
Ella	dio	fue
Nosotros	dimos	fuimos
Ustedes	dieron	fueron
Ellos (as)	dieron	fueron
Ir –	**Go**	
Yo	fui	
Tú	fuiste	
Usted	fue	
Él	fue	
Ella	fue	
Nosotros	fuimos	
Ustedes	fueron	
Ellos (as)	fueron	

*Él me **dio** un regalo de cumpleaños* – He gave me a birthday present.

*Yo **fui** profesor en la secundaria* – I was a high school teacher.

*Yo **fui** a Portugal el año pasado* – I went to Portugal last year.

If you noticed, **"Ser" and "Ir"** share the exact same conjugation in the Preterit. Even they have the same exact conjugation, as you can see; it is easy to differentiate the meaning. Please note that there was no accent with these verbs in the Preterit.

Andar – Walk	**Estar – Be**	**Tener - Have**
Anduve	Estuve	Tuve
Anduviste	Estuviste	Tuviste
Anduvo	Estuvo	Tuvo
Anduvimos	Estuvimos	Tuvimos
Anduvieron	Estuvieron	Tuvieron

Anduvimos a caballo en la granja – We rode horses in the farm.

Estuviste preso muchos años – You were in jail for many years.

Tuve una infancia muy traumática – I had a very difficult childhood.

No accent and the three verbs follow the same patter in the Preterit.

Caber – Fit in	**Poder – Be able to**
Cupe	Pude
Cupiste	Pudiste
Cupo	Pudo
Cupimos	Pudimos
Cupieron	Pudieron

No cupe en la caja – I did not fit in the box.

No pudiste decir la verdad – You could not tell the truth.

No accent and the two verbs follow the same pattern in the Preterit.

Poner – Put	**Saber – Know**
Puse	Supe
Pusiste	Supiste

Puso	Supo
Pusimos	Supimos
Pusieron	Supieron

Ella **puso** *el dinero en la mesa* – She put the money on the table.

Supiste *la verdad a tiempo* – You knew the truth on time.

No accent and the two verbs follow the same patter in the Preterit.

Hacer – Make	**Querer – Want**	**Venir – Come**
Hice	Quise	Vine
Hiciste	Quisiste	Viniste
Hizo	Quiso	Vino
Hicimos	Quisimos	Vinimos
Hicieron	Quisieron	Vinieron

Ella **hizo** *la comida anoche* – She made the food last night.

Quisimos *venir contigo* – We wanted to come with you.

Vinieron *a desayunar esta mañana* – They came for breakfast this morning.

No accent and the three verbs follow the same patter in the Preterit.

Hacer In the 3rd person singular, changes "C" **to "Z"** to maintain pronunciation.

Conducir – Drive	**Decir – Say / Tell**
Conduje	Dije
Condujiste	Dijiste
Condujo	Dijo
Condujimos	Dijimos
Condujeron	Dijeron

Ella **condujo** *el coche hasta su casa* – She drove the car home.

Dije *la verdad siempre* – I always told the truth.

No accent and the two verbs follow the same patter in the Preterit.

The third person plural of the *"J"* group is *"eron"* and not *"ieron"*. Pay special attention.

Spell change in the Preterit – Cambio de escritura en el pretérito

To preserve the consonant sounds in the infinitives, several verbs change the spelling in the stem, thus keeing regular Endings.

Verbs in *"Car"*, *"Gar"* and *"Zar"* to maintain the *"K / G / S"* sounds in the first person singular *"Yo"*, the *"C / G / Z"* change to *"Qu / Gu / C"* respectively. All other persons and all endings are regular.

Buscar – Search / Find	Jugar – Play
Bus**qu**é	Ju**gu**é
Buscaste	Jugaste
Buscó	Jugó
Buscamos	Jugamos
Buscaron	Jugaron

Cruzar – Cross
Cru**c**é
Cruzaste
Cruzó
Cruzamos
Cruzaron

Ella **buscó** *el tesoro perdido* – She searched the lost treasure.

Ellos **jugaron** *Golf ayer* – They played golf yesterday.

Él **cruzó** *la calle en rojo* – He crossed the street on a red light.

Notice the accent and consonant change in the First person singular "Yo".

Verbs that follow the same pattern as "Buscar / Jugar / Cruzar".

Abrazar a un niño – Hug a child.

Acercar un poco la silla – Move the chair a Little bit closer.

Agregar algo importante al tema – Add something important to the topic.

Almorzar en familia – Have family lunch.

Apagar las luces antes de dormir – Turn off the lights before sleeping.

Atacar al agresor – Attack the aggressor.

Aterrorizar al pueblo – Terrify the people.

Cargar con la culpa de alguien – Carry with someone else's fault.

Castigar al culpable es un deber – Punish the guilty is a duty.

Colocar las manos sobre la cabeza – Place one's hands on the head.

Comenzar la conversación en español – Start the conversation in Spanish.

Conjugar el verbo amar – Conjugate the verb Amar.

Danzar de la alegría – Danse of joy.

Destrozar el corazón de una mujer – Destroy the heart of a woman.

Edificar un templo para Dios – Build a temple for God.

Educar a los niños a temprana edad – Educate children while Young.

Empacar las cosas para el viaje – Pack things for the trip.

Enjuagar las lágrimas de alguien – Cleanse someone's tears.

Entregar el paquete temprano – Deliver the package early.

Gozar de la juventud – Enjoy youth.

Lanzar la bola – Throw the ball.

Llegar a tiempo – Arrive on time.

Memorizar la combinación de la caja fuerte – Learn by

heart safe-box combination.

Negar *la verdad es malo* – Deny the truth is bad.

Organizar *una fiesta de aniversario* – Organize an anniversary party.

Pagar *la renta atrasada* – Pay due rent.

Pecar *a cada momento en nuestros pensamientos* – Sin every momento in our thoughts.

Pegar bien fuerte a los chicos malos – Hit hard bad boys.

Rezar *es repetir palabras, orar es hablar con Dios* – Rezar is to repeat words Orar is to speak with God.

Roncar *mientras duermes* – Snore while you sleep.

Sacar *la basura* – Put out the trash.

Tocar *la puerta* – Knock on the door.

Tropezar *y caerse* – Stumble and fall.

Verbs in "**Caer / Eer / Oer / Oír / Uir**" change "**i**" **to** "**y**" in the third person singular and plural of these verbs.

Caer – Fall	**Leer – Read**
Caí	Leí
Caíste	Leíste
Cayó	Leyó
Caímos	Leímos
Cayeron	Leyeron

Corroer – Corrode / Eat away

Corroí

Corroíste

Corroyó

Corroímos

Corroyeron

Caíste *en mis garras* – You felt in my trap.

Ella **leyó** *mi libro* – She read my book.

Las polillas **corroyeron** *la madera* – Bugs ate away the wood.

Oír – Listen / Hear	**Concluir – Conclude**
Oí	Concluí

Oíste	Concluiste
Oyó	Concluyó
Oímos	Concluimos
Oyeron	Concluyeron

Oí tu conversación con papá – I heard your conversation with dad.

Ella **concluyó** *todos sus pendientes* – She concluded all her pendings.

Notice the accent in all the conjugations with the exception of last person plural.

Verbs that follow the same pattern as "Caer / Eer / Oer / Oír / Uir".

Atribuir el hallazgo a los científicos – Attribute the Discovery to the scientists

Constituir una sólida defensa – Constitute a solid defense.

Construir la iglesia de la comunidad – Build the church of the community.

Contribuir con el bien común – Contribute with the common wealth.

Creer en Dios es un don – Believing in God is a gift.

Decaer la belleza femenina – Fade feminine beauty.

Destituir del poder a los corruptos – Dismiss corrupts from power.

Destruir la esperanza de un niño – Destroy the hope of a child.

Diluir la bebida – Dilute the drink (water down).

Disminuir en proporción – Diminish in proportion.

Distribuir la mercancía a los supermercados – Distribute merchandises to supermarkets.

Entreoír la conversación de los demás – Half-hear the conversation of others.

Huir de la responsabilidad paternal – Run away from fatherhood responsability (Flee).

Incluir los ingredientes principales – Include main

ingredients.

Influir *en la decisión del consejo* – Influence in the board's decision.

Intuir *el peligro y la maldad* – Sense danger and evil.

Obstruir *la justica* – Obstruct justice.

Poseer *el fruto del Espíritu Santo* – Possess the fruit of the Holy Spirit.

Proveer *la verdad y la justicia* – Promote truth and justice.

Recaer *en el vicio de las drogas* – Fall back the bad habits of drugs.

Recluir *los prisioneros* – Imprison the prisoners (Shut away).

Releer *el libro de español* – Read again the Spanish book (Reread).

Sustituir *al profesor de idiomas* – Substitute the Language teacher.

Some *"Ir"* verbs in the present tense keep the *"E / O"* of the infinitive in their Preterit conjugations *"E – IE" "E- I"* and *"O-U"*, with the exception of the **third person singular and plural** where they change "E-I" and "O-U" **in the third person.**

Sentir – Feel	Pedir – Ask	Dormir – Sleep
Sentí	Pedí	Dormí
Sentiste	Pediste	Dormiste
Sintió	Pidió	Durmió
Sentimos	Pedimos	Dormimos
Sintieron	Pidieron	Durmieron

Sentí *tu fragancia anoche* – I felt your scent (small-fragance) last night.

Ella me **pidió** *una toalla para secarse* – She asked me for a towel to dry herself.

Dormiste *como un bebé anoche* – You slept like a baby last night.

Please notice the change in accent and the vowel changes

as well.

Do not forget Ask and Aswers form.

¿Qué sentiste por mi cuando me viste? – What did you feel when you saw me?

Sentí algo extraño en mi pecho – I felt something weird in my chest.

No sentí nada cuando te vi. Ya te dije que no estoy enamorado de ti. – I did not feel anything when I saw you. I told you already that I am not in love with you.

¿Qué oyeron ustedes detrás de la puerta? – What did you hear behind the door?

Oímos a papá cuando te dijo que no. – We heard dad when he told you no.

No, oímos absolutamente nada. – We did not heard a thing.

¿Cuándo leíste mi libro? – When did you read my book?

Leí tu libro desde que me lo regalaste. – I read your book as soon as you gave it to me.

Lo siento mucho, pero no leí tu libro – I am sorry, but I did not read your book.

¿Cómo supiste cuándo llegué? – How did you know when I got here?

Porque llamé a tu mama y ella me dijo – Because I called your mother and she told me.

En realidad, no supe que llegaste, fue una coincidencia – I did not really know when you got here; it was a coincidence.

A little bit more – Un poco más

Salón de Clases - Classroom

Alfombra	Carpet
Computadora	Computer
Crayón / crayola	Crayon
Cuaderno	Notebook

Escritorio	Desk
Escuela / Colegio	School
Estuche de lápices / Caja de colores	Pencil box
Hoja de papel	Piece of paper
Lápiz	Pencil
Lápiz a color	Pencil crayon
Libro	Book
Luz	Light
Marcador	Marker
Mesa	Table
Mochila	Backpack
Pegamento	Glue
Pizarrón / Pizarra	Whiteboard / Blackboard
Puerta	Door
Regla	Ruler
Reloj	Clock / Watch
Resaltador	Highlighter
Silla	Chair
Teléfono	Telephone
Tijeras	Scissors
Ventana	Window

Transporte   -   Transportation

Ambulancia	Ambulance
Auto / coche / carro	Car
Autobús	Bus
Autobús escolar	School bus
Avión	Airplane
Barco	Ship
Bicicleta	Bicycle
Bote	Boat
Camión	Truck
Cohete	Rocket
Helicóptero	Helicopter
Motocicleta / moto	Motorcycle

Moto taxi	Moto Taxi
Taxi	Taxi
Tren	Train

Exercises - Ejercicios

1- Conjugate the verb in the past tense:

Yo ___(hablar)_____ con Pilar acerca de esto.

Nosotros _(comer) ____ langosta en el restaurante.

Usted __(dar)_____permiso para salir de clase.

Ellos_(ir)_____a ver Tarzan en el cine.

Él__(ser)_____módelo en su juventud.

2- Write down sentences for each pair of verbs:
Anduve, estuve

_____

Tuviste, pudiste_

_____

Cupo, puso_

_____

Supimos, hicimos

_____

Quisieron, vinieron

_____

3-   Determine which personal pronoun goes with each of the following verbs:

Dije _____

Condujo _____

Buscamos _____

Jugaron _____

Cruzó _____

Abrazaste _____

4-   Answer the following questions:
¿Le agregamos azúcar a la torta?

_____

¿Almorzaron ellos juntos?

_____

¿Apagaste la luz antes de salir?

_____

¿Atacó al agresor cuando salía?

_____

¿Cargué con la culpa de todos?

_____

5-   Create questions from the following sentences:
Me caí de un árbol muy alto.

El óxido corroyó mi nevera.

Oíste el timbre la segunda vez que sonó.

Concluímos que no valía la pena.

Elisa decayó con la enfermedad.

Marcos diluyó la solución en el laboratorio.

Reading Comprehension:

1- ¿Por qué se les llama habanos?

2- ¿Quién impuso un monopolio real del tabaco?

3- ¿Cuál de los cuatro elementos que le brindan su calidad al habano es el más importante?

4- ¿Cómo es la caja en la que se empacan los tabacos?

Knowledge Base
Republic of Cuba - República de Cuba
Motto: Patria o Muerte, Venceremos - Homeland or Death, we shall overcome
Capital and largest city - Havana
Demonym - Cuban
Government - Unitary Marxist–Leninist one-party state
President - Raúl Castro
Vice President - Miguel Díaz-Canel[
Population - 2015 census - 11,239,004
Currency - Peso (CUP) - Convertible peso (CUC)
Calling code - +53
From 1993 to 2004, the United States dollar was used alongside the peso until the dollar was replaced by the convertible peso.

Bible Verse - Versículo Bíblico
Porque por gracia sois salvos por medio de la fe; y esto no de vosotros, pues es don de Dios; no por obras, para que nadie se gloríe. **Efesios 2:8-9**

Lesson 12 🔒
Camino de Alfombras – Carpet's road

💬La pasada Semana Santa *he decidido* viajar a El Salvador, más específicamente a Ahuachapán. Allí *he visto* muchas cosas interesantes y hermosas, pero nada como las alfombras que los salvadoreños crean sobre las calles de sus pueblos y ciudades para que el Viernes Santo pase sobre ellas lo que llaman el Santo Entierro.

He llegado el día viernes y *he visto* la conmoción de los artesanos que *han dedicado* parte de sus vidas al arte de estas alfombras. El viernes Santo han de concursar en busca de hacerse acreedores del premio que da la Casa de la Cultura del Departamento de Ahuachapán. En este concurso *han participado* por años barrios, colonias, grupos religiosos, instituciones y familias.

El guía turístico me *ha explicado* que para conseguir los resultados que se disfrutan cada Viernes Santo, *ha habido* muchos días de trabajo y dedicación por parte de los concursantes. En primer lugar *han preparado* los materiales que habrán de usar.

Estas alfombras *han sido* siempre elaboradas principalmente con aserrín y se *han usado* anilinas para colorearlas de vivos colores, una zaranda, manguera, cubeta, tablas de madera y unas formas que ayudan al artesano en su trabajo. Estas formas pueden ser círculos, estrella, óvalos, pentágonos, cuadrados y pare usted de contar.

Me dice mi guía que el proceso *ha comenzado* mínimo con una semana de anticipación ya que el proceso de tinte del aserrín *ha sido* realmente arduo. *Han debido* primero refinar el aserrín, luego *han pigmentado* el aserrín, lo cual *han hecho* agregando a una cubeta agua, la anilina y el aserrín y lo dejan allí por al menos cinco días. Esto lo *han hecho* con cada color de aserrín que han de usar. Después *han secado* el aserrín al sol.

Cuando el aserrín *ha quedado* listo, el artesano *ha plasmado* el diseño de su alfombra en un papel y *ha decidido* el tamaño que ha de tener su alfombra. Después que le *han asignado* el espacio de la calle que le *ha correspondido*, el artesano *ha hecho* un marco con las tablas de madera donde habrá de vaciar el aserrín.

Se ha de llenar el marco de madera con aserrín sin color, se moja con la manguera y allí se pasa el diseño del papel, luego se *ha agregado* a cada figura el color que determina el diseño, así poco a poco las figuras *han ido* tomando forma.

Para finalizar algunos artesanos *han decidido* ponerles piedras, papeles de colores y otros para adornar sus alfombras y hacerlas más llamativas aún.

Ha sido increíble para mí ver el resultado de estas obras. *Han llegado* personas de todos los confines de Ahuachapán y sus alrededores, algunos *han llegado* en carro, otros en moto, algunos en bicicleta y muchos a pie.

También somos unos cuantos los que *hemos venido* de muy lejos haciendo uso de autobuses y aviones. *Ha valido* la pena ver tan bello espectáculo, *han sido* muchos los días que *ha durado* el proceso, sin embargo en segundos son destruidas todas las alfombras cuando sobre ellas *han pasado* quienes acompañan al Santo Entierro en procesión hoy Viernes Santo por la noche.

Word List – Listado de palabras
Camino de Alfombras – Carpet's road.
La pasada Semana Santa – Past Holy week.
Más específicamente – More specificly.
Los salvadoreños – Salvadorian people.

Viernes Santo – Holy Friday.

Santo Entierro. – Holy burial.

La conmoción de los artesanos – Craftsmen commontion.

Parte de sus vidas - Part of their lives.

Han de concursar - They have to compete.

Hacerse acreedores del premio – To win the Price.

Casa de la Cultura – Culture house.

Barrios, colonias, grupos religiosos – Neighborhood, Colonies, religious groups.

Instituciones y familias – Institutions and families.

Y dedicación por parte de los concursantes – And dedication by the contestants.

Los materiales – The tolos (materials).

Con aserrín – With sawdust.

Anilinas para colorearlas de vivos colores – Aniline to color with live colors.

Manguera, cubeta – Hose, bucket

Unas formas – Shapes.

El proceso ha comenzado – The process has started.

Proceso de tinte del aserrín – The coloring process of sawdust.

Realmente arduo – Really hard.

Que han de usar – They have to use.

El diseño de su alfombra – the design of their carpet.

Vaciar el aserrín. – Pull out the sawdust.

Se moja con la manguera – It is wet with the hose.

Hacerlas más llamativas aún – Make them more appealing.

De todos los confines - From all over the world.

En procesión – Procession.

Grammar Explanations – Notas gramaticales

The auxiliary verb "Haber – Have". – El verbo auxiliar "Haber – Have".

The auxiliary verb "*Haber – Have*". We have seen its only form "*Hay*" in the meaning of existence "*There is – There Are*".

We are now going to see its real conjugation as an auxiliary verb. Many native Spanish do not know how to conjugate this verb, because it is only use to form other time. Once again, do not mistake this auxiliary verb with any other verb; it is only used for form other past times as will see on this lesson and more to come. Its first use is to form the perfect these.

Past Participle – Pasado Participio.

Haber		Have.
Yo	he	I have
Tú	has	You have
Usted	ha	You (polite) have
Él	ha	He has
Ella	ha	She has
Nosotros	hemos	We have
Ustedes	han	You (plural) have
Ellos (as)	han	They have

Past Participle – Pasado Participio.

Since we have learned the auxiliary verb that goes with the perfect time, we now need to learn how to make the past participle of the verbs.

It is a very easy and simple process, just drop the *"Ar"* and add "*ADO*" or drop the "*Er / Ir*" and add "*IDO*".

Hablar – Speak	Habl*ado* – Spoken
Comer – Eat	Com*ido* – Eaten
Partir – Leave	Part*ido* - Left

As you can see, it is the same ending for "ER" and "IR"

verbs, so, it is easy to learn how to form it. Let us see them in action now.

Uses of the participle – Usos del participio
Perfect Tense – Tiempo Perfecto.

This time is formed with the conjugation of "*Haber*" in present plus the past participle of the verb. The perfect time refers to actions that have been or will be completed.

Yo he hablado - I have spoken.

Tú has hablado – You have spoken.

Usted ha hablado – You (polite) have spoken.

Él ha hablado – He has spoken.

Ella ha hablado – She has spoken.

Nosotros hemos hablado – We have spoken.

Ustedes han hablado –You (plural) have spoken.

Ellos (as) han hablado – They have spoken.

He hablado contigo muchas veces, pero nunca entiendes – I have spoken with you many times, but you never understand.

Hemos hablado mucho de nuestras vidas hoy – We have spoken a lot about our lives today.

Creo que hemos comido demasiado pescado – I believe we have eaten too much fish.

He partido desde Paris a las 9:00 am y aun no llego a mi destino – I have left Paris at 9:00 am and I still don't reach my destination.

The participle as an adjective – El participio como adjetivo.

When you use the participle as an adjective, *it must agree in gender and number* with the noun they are modifying. As an adjective, the participle indicates the result of an action or a state of being, just as in English.

Estoy cansado de trabajar – I am tired of working.

Ella está **enojada** *conmigo* – She is upset with me.

Los libros están **cerrados** – The books are closed.

The participle by itself – El participio solo.

Did you know that you don't have to conjugate verbs to use the participle? When you use it alone, it makes an *exclamation, interject or refer to a state of being or situation.*

*¿***Enojado** *yo? Eres tú quien está* **enojada.** – Me, mad? You are the one who's mad.

*¿***Sorprendida**? *Soy yo, tu amor* **encontrado.** – Surprised? It is me, your found love.

Referring to a situation that happens frequently or repeatedly.

Siempre **rodeado** *de lindas chicas* – Always surrounded by pretty girls.

Siempre **enfadada** *conmigo* – Always mad at me.

The participle as a noun – El participio como nombre o sustantivo.

The past participle as a noun often corresponds to the **"Ed"** object nouns in English. When using it as a noun, it must agree with gender and number.

El herido - The injured one.

¿Qué pasó con **el herido,** *mejoró o empeoró?* – What happened with the injured one, did he get better or worst?

El afectado - The affected one.

El afectado *por la noticia fui yo* – The affected one by the news was me.

El acusado - The accused one.

Los acusados *quedaron libres de cargos* – The accused ones were free of charges.

El ahogado – The drowned one.
Las ahogadas permanecen en la morgue – The drowned ones remain at the morgue.

El pintado - The painted one.
Quise pintar la casa y el pintado fui yo – I wanted to paint the house and the painted one was me.

El amado – The loved one.
El amado ya no es amado, más bien odiado – The loved one is not longer loved, but hated instead.

Participle with "Tener"

When using the participle with the verb "Tener" it indicates the result of a repeated or extended action.

Tengo guardado dinero para la Universidad – I have saved money for the university.

Te tengo dicho que no acepto excusas – I've said repeatly that I do not accept excuses.

Tenemos pensado visitarte mañana – We have thought repeatly on visiting you tomorrow.

Participle with "Llevar"

When using the participle with the verb "Llevar" it indicates the accumulation of a continuous action.

Llevamos ahorrado 5,00 pesos – I have safed 5,000 Pesos.

Marta lleva gastado 15,000 pesos y no es mediado de mes aun – Marta has spent 15,000 Pesos and it is not even half of the month.

Participle with "Dejar"

When using the participle with "Dejar" it indicates that the action has been completed earlier as a precaution.

Te dejé hecha la maleta – I've left your luggage ready.

*Te **dejamos hecho** el desayuno* – We have left breakfast ready.

Do not forget the Ask and Answers form.

¿Has hablado con el profesor últimamente? – Have you spoken with the teacher lately?

*Si, **he hablado** con el profesor* – Yes, I have spoke to the teacher.

*No, no **he hablado** con el profesor* – No, I have not spoken with the teacher.

¿Cuánto llevas gastado este mes? - How much have you spend this month so far?

***Llevo gastado** como 25,000 mil pesos* – I have spent so far about 25,000 thousand Pesos.

¿Cuántos libros tienes guardados? - How many books have you saved?

***Tengo guardado** 5 libros* – I have saved 5 books.

¿Qué ha pasado con el acusado? – What has happened with the accused one?

*No, sé que **ha pasado,** pero creo que lo encontraron culpable* – I don't now what has happened, but I think he was found guilty.

Regular verbs in the participle - Verbos regulares en el participio.

Here you have a small list of regular verbs in the participle to improve your learning skills.

Actuar – **actuado**	Act
Amar – **amado**	Love
Bailar – **bailado**	Dance
Cambiar – **cambiado**	Change
Comenzar – **comenzado**	Start / Begin
Contar – **contado**	Count / Tell
Dar – **Dado**	Give
Enviar – **enviado**	Send

Estar – **estado**	Be
Pagar – **pagado**	Pay
Agradecer – **agradecido**	Thank
Caer – **caído**	Fall
Entender – **entendido**	Understand
Leer – **leído**	Read
Oler – **olido**	Smell
Proteger – **protegido**	Protect
Querer – **querido**	Want
Ser – **sido**	Be
Tener – **tenido**	Have
Valer – **valido**	Be worth / Value
Conducir – **conducido**	Drive / Conduct
Construir – **construido**	Construct / Build
Dirigir – **dirigido**	Direct / Lead
Discernir – **discernido**	Discern
Distinguir – **distinguido**	Distinguish
Dormir – **dormido**	Sleep
Ir – **ido**	Go
Pedir – **pedido**	Ask
Salir – **salido**	Go out
Vivir – **vivido**	Live

Irregular verbs in the past participle – Verbos irregulares en el participio

As always, we have irregular verbs in the participle, lucky for you almost 90% of the verbs and maybe more are regular in the past participle.

Hacer – **hecho**	Do / Make
Poner – **puesto**	Put
Ver – **visto**	See / Watch
Decir – **dicho**	Say / Tell
Abrir – **abierto**	Open
Escribir –**escrito**	Write

Romper – **roto**	Break
Descubrir – **descubierto**	Discover
Cubrir – **cubierto**	Cover
Morir – **muerto**	Die
Volver – **vuelto**	Return / Come back

Verbs with two participles "Regular and Irregular" – Verbos con dos participios "Regular e Irregular".

This is a tricky one and at the same time a very easy one. As you will see, some verbs have both "regular and irregular" participle. They are used as an adjective or as a verb. It is not uncommon to use the adjective form in more informal speech instead of the verb form. The irregular participle is the one use as an adjective and the regular participle is the one use as a verb.

Infitinive - Irregular Participle - Regular - Participle
Bendecir   bendito - bendecido - Bless
El bendito – the blessed one.
*Te **he bendecido*** – I have blessed you.

Confundir - confuso Confundido - Confuse
El confundido – The confused one
*Te **he confundido** con alguien más* – I have mistaken you with someone else.
*Esto es **confuso*** – This is confusing. *Confuso is more used when saying "confusing".*

Corromper - corrupto corrompido - Corrupt
El corrupto – the corrupted one.
*Se **ha corrompido** el Sistema* – The system has been corrupted.

Despertar despierto despertado - Wake up
El despierto – The awaken one.
***He despertado** temprano hoy* – I have waken up early

213

today.

Despierto is also used to refer to a very skillful person, or street wise.

Imprimir impreso – imprimido - Print
El impreso – the printed one.

He impreso los documentos (*He imprimido los documentos*) – I have printed the documents. *We seldom use "imprimido".*

Maldecir maldito maldecido - Curse
El maldito – the cursed done.

Te he maldecido por tus pecados – I have cursed you because of your sins.

Poseer – poseso - poseído - Possess
El poseído – the possessed one.

Te ha poseído el maligno – The evil one has possessed you.

We seldom use "poseso".

Presumir presunto presumido - Show off
El presumido – The show off one.

He presumido mucho de ti – I have shown off a lot about you.

Presunto is more used in legal terms like:

El presunto – the so called / the alleged one.

El presunto asesino – the so-called murderer / the alleged murderer.

El presunto heredero – the co-called heir / the alleged heir.

Proveer   provisto proveído   - Furnish / Supply
El provisto – the supplied one.

He provisto (proveído) *toda la información necesaria* – I have supplied all the necessary information. *Provisto is more common than proveído.*

Suspender - suspenso suspendido - Suspend

El suspendido – the suspended one.

Te han suspendido del trabajo – You have been suspended from work.

Suspenso is more used when referring to suspense.

Freír / frito / freído   -   Fry

El frito – the fried one.

He freído (frito) la carne – I have fried the meat. You can use both of them.

Haber de + infinitive – Haber de + infinitivo

Since we already learned the conjugation of "haber", we are ready to learn this small trick. In some Spanish speaking countries you will hear this combination "haber +de+infitivo" which means "to have to, to be necessary, to be supposed to" but with a weaker sense. Remember, you can use the verb haber in any tense to use this combination.

Yo he de hablar contigo – I have to speak with you.

Has de hablar conmigo – You have to speak with me.

Hemos de terminar el trabajo – we must finish the work.

It is very simple and you just need to practice it. You will also see this combinations in songs and literature.

A little bit more – Un poco más

Formas / Figuras	Shapes
Círculo	Circle
Corazón	Heart
Cuadrado	Square
Diamante	Diamond

Rombo	Rhombus
Estrella	Star
Medialuna	Crescent
Ovalo	Oval
Pentágono	Pentagon
Rectángulo	Rectangle
Triangulo	Triangle
Negocio	**Business**
Accionista	Shareholder
Activo	Asset
Administración, gerencia	Management
Ahorros	Savings
Arrendatario	Lessee, tenant
Bienes raíces	Real estate
Bolsa de valores	Stock market
Bono	Bond
Cabildero	Lobbyist
Cámara de comercio	Chamber of commerce
Capital	Equity
Carta de crédito	Letter of credit
Comercio	Trade
Comprador	Buyer
Cuenta por cobrar	Account receivable
Cuenta por pagar	Account payable
Desempleo	Unemployment
Deuda	Debt
Distribuidor	Distributor
Endosar	Endorse
Equipo	Team
Estado financiero	Financial statement
Ética laboral	Work ethic
Fabricante	Manufacturer
Fecha de entrega	Delivery date
Fecha de vencimiento	Due date

Gasto	Expense
Hipoteca	Mortgage
Huelga, paro	Strike
Inventario	Inventory
Junta directiva	Board of directors
Mano de obra	Labor force
Marca comercial	Trademark
Mayorista	Wholesaler
Mercadeo	Marketing
Mercado	Market
Papeleo	Paperwork
Reembolso	Reimbursement
Retirar	Withdraw
Sindicato	Union
Sociedad colectiva	Partnership
Tasa de interés	Rate of interest
Venta al menor	Retailer
Venta al por mayor	Wholesaling

Exercises - Ejercicios

1- Draw the following shapes:

Circulo   Cuadrado

Diamante   Estrella

Ovalo   Triángulo

2- Fill in with the word from the list: Inventario, ahorros, comercio, capital, fabricante, préstamo.

El _____ se ha agotado, y el dueño de la

tienda no tiene suficientes _____ ni

_____ para pagarle al _____. Así que

tiene que ir al banco a pedir un_____.

3- Write one sentence for each pair of noun and verb. The verbs should be in the participle:
Yo, estudiar

_____

Él, conocer

_____

Ellos, comer

_____

Casa, ensuciar

_____

Perro, coger

_____

Niño, Jugar

_____

Mamá, freir

_____

Nosotros, proveer

_____

Reading Comprehension

1- ¿Qué materiales se necesitan para hacer estas alfombras?

_____

2- ¿Cuánto tiempo toma hacer una alfombra de estas?

_____

3- ¿Quién organiza el concurso?

_____

4- ¿Quiénes destruyen las alfombras?

_____

Knowledge Base
Republic of El Salvador - República de El Salvador
Motto: Dios, Unión, Libertad - God, Unity, Freedom.
Capital and largest city - San Salvador
Official language - Spanish
Demonym - Salvadoran

Government - Unitary presidential constitutional republic
President - Salvador Sánchez Cerén
Population - 2015 estimate - 6,377,195
Currency - United States dollara (USD)
Calling code - +503

The United States dollar is the currency in use. Financial information can be expressed in U.S. dollars and in Salvadoran colón, but the colón is out of circulation.

Bible Verse - Versículo Bíblico

Y sabemos que a los que aman a Dios, todas las cosas les ayudan a bien, esto es, a los que conforme a su propósito son llamados. **Romanos 8:28**

Lesson 13

Buen Provecho! - Enjoy your meal.

¿Recuerdas cuándo comimos en Malabo? **Hablabas** hasta por los codos y **disfrutabas** de cada delicia que **traían** a la mesa. Fue una excelente idea ir a un restaurante de comida típica de Guinea Ecuatorial.

No puedo olvidar cuando **traían** de entrada esa sopa tan exquisita como lo es la "Pepsup" me **decías** que recodarías esa sopa por siempre y que la prepararías al llegar a casa, **pedías** la receta al chef y la cocinarías para mí una noche especial. Esta sopa sustanciosa estaba preparada a base de pescado y con montones de ají, algo de sal, agua y un buen aceite de oliva. **Creía** que **llorabas** por lo picante que era, pero no fue así, en cambio **reías** de felicidad ¿Cómo sería posible que tan pocos ingredientes lograran un sabor como ese?

Pero aún no te **sentías** llena y **querías** seguir comiendo sin parar. Cuando **traían** la gallina en salsa de cacahuates, **pensabas** que soñarías con ese plato tan especial. Llamarías al chef nuevamente para que te dijera cómo preparar ese plato también. El chef te **decía** que era muy fácil de hacer: freirías la gallina troceada y cebolla picada en cuadritos. Después añadirías cacahuates molidos y caldo preparado con los huesos de la gallina, lo taparías, y a las dos horas de cocción estaría listo para comer. También te **decía** que lo acompañaras con plátano y yuca como guarnición.

Creía que **estabas** llena después de tal banquete, me **equivocaba** ya que al llegar el mesero cuando aún **estábamos** comiendo **solicitabas** la carta de postres, no *lograbas* decidirte por uno solo y *decías* pedir dos postres típicos de la región: una ensalada de frutas tropicales y unos buñuelos de plátano. La ensalada *tenía* como base hojas de lechuga que *estaban* cubiertas por rodajas finas de tomate y en el tope se *encontraban* cuadritos de guayaba, coco y papaya, para terminar la *bañaban* en una salsa a base de vinagre y miel.

Los buñuelos de plátano, según te *enseñaban debías* prepararlos haciendo un puré de plátanos maduros, *formabas* bolitas del tamaño de un huevo de codorniz y las *freías* en mucho aceite hasta que flotaran. Luego las *retirabas* del fuego, *dejabas* que se enfriaran y las *pasabas* por azúcar.

Y lo que nunca *olvidabas* fue que *acompañábamos* esta gran comilona con una bebida muy especial "vino de palma", nos *mostraban* a ambos fotografías del proceso de preparación. Primero nos *señalaban* que el mismo se *obtenía* a partir de las palmas aceiteras, *hacían* una incisión en el cogollo más alto y *colocaban* un recipiente para recoger la savia. Luego la *dejaban* fermentar en un lugar donde no *había* mucho calor porque de lo contrario se *avinagraba* y se *conservaba* en calabazas en un lugar fresco hasta que llegase el momento de consumirlo. Y a ti con lo que te gustan las bebidas alcohólicas sin importar lo que sea: cerveza, ron, whisky, vermú, coñac, vodka, y pare usted de contar. Este vino de palma te *parecía* el mejor.

La rica comida de Malabo que es una insuperable mezcla de la cocina europea y la cocina africana fue irresistible para ti. Después de nuestra velada y de todo lo que *comíamos* y *bebíamos*, no me *quedaba* más que desearte: ¡Buen provecho!

Word List – Listado de palabras
¡Buen Provecho! – Enjoy your meal (Bon appetite).

Hablabas hasta por los codos - Speak non stopping.

De cada delicia – From each delight.

Restaurante de comida típica – Typical food restaurant.

Esa sopa tan exquisita – That so exquisit soup.

Pedías la receta al chef - You asked the recepe to the chef.

Una noche especial – A special night.

Esa sopa sustanciosa – That healthy soup.

En cambio reías de felicidad – On the contrary, you laughed of happiness.

Comiendo sin parar – Eating non stopping.

Gallina en salsa de cacahuates – Hen in peanut sauce.

Dos horas de cocción – Two hours cooking.

Gran comilona – Big eater.

Una bebida muy especial – A very special drink.

Vino de palma – Palm wine.

Fotografías del proceso de preparación. – Photograph of the prepation process.

Palmas aceiteras – Oil palms.

Una incisión en el cogollo más alto – An incisión at the highest sprout.

La savia – The sap.

Sin importar lo que sea – No matter what.

Una insuperable mezcla – An unbeatble mix.

Fue irresistible para ti – It was irresistible for you.

Después de nuestra velada – After our evening party (Soirée).

Grammar Explanations – Notas gramaticales

The imperfect time – El tiempo imperfecto (Pretérito Imperfecto).

Whenever you refer to what used to happen or what happened regularly or periodically in the past, you have to use the imperfect time. Ideally indefinite past or continuous or repeated or took place over a period of time or started in the past but continues into the present. It can be better represented by the English "**Used to** "do or "**was** "doing.

Verbs ending in "Ar" – Verbos en "Ar".

   Hablar – Speak / Talk

Yo	habl*aba*
Tú	habl*abas*
Usted	habl*aba*
Él	habl*aba*
Ella	habl*aba*
Nosotros	habl*ábamos*
Ustedes	habl*aban*
Ellos (as)	habl*aban*

Hablaba con mi esposa todos los días – I used to speak to my wife every day.

Trabajaba todos los domingos antes de casarme – She used to work every Sundays before getting married.

Hablábamos sobre la vida cada vez que nos reuníamos – We used to talk about life every time we met.

Remarks:

As you can see, the first person "Yo" and the third person singular "*Usted / Él / Ella*" have the same conjugation. The subject matter or context can indicate whom you are referring or you just have to use the personal pronouns for better understanding.

Yo hablaba con mi esposa todos los días – I used to speak to my wife every day.

Trabajaba todos los domingos antes de casarme – I used to work every Sundays before getting married.

Notice the accent in "*hablábamos*". Make sure to remember it all the time and estress the pronunciation where the accent is.

Verbs ending in "Er / Ir". – Verbos en "Er / Ir".

Comer – Eat		Vivir - Live
Yo	com*ía*	viv*ía*
Tú	com*ías*	viv*ías*
Usted	com*ía*	viv*ía*
Él	com*ía*	viv*ía*
Ella	com*ía*	viv*ía*
Nosotros	com*íamos*	viv*íamos*
Ustedes	com*ían*	viv*ían*
Ellos (as)	com*ían*	viv*ían*

*Yo **comía** helado con mis compañeros de clase* – I used to eat ice cream with my class mates.

*Nosotros **comíamos** en el restaurante chino todos los domingos* – We used to eat at the Chinese restaurant every Sunday.

*Ellos **vivían** una vida miserable antes de conocer al Señor* – They used to live a poor life before meeting the Lord.

Remarks:

Make sure to use the personal pronouns when using "*Yo*" and "*Usted / Él / Ella*" to avoid misunderstandings and confusion.

Notice that in "*Er / Ir*" groups, all the conjugations have accent on "*í*".

Use of the imperfect tense– Uso del tiempo imperfecto.

Whenever you are describing mental and / or emotional states or desires in the past.

*Ella se **sentía** feliz con sus hijos* – She was happy with her children.

Queríamos** cambiar de trabajo, pero no **podíamos – We wanted to change Jobs, but we could not.

When speaking about time and dates in the past.

*Su aniversario **era** el 20 de mayo* – Her anniversary was on may the 20th.

Eran las 11:00 de la noche cuando llegaste – I was 11 pm when you got here.

When you are describing a scene or person in the past.

La ciudad era hermosa – The city was beautiful.

Nosotros teníamos 19 años cuando tú naciste – We were 19 years old when you were born.

Tu mama era delgada y tenía el pelo negro – Your mother was skinny and had black hair.

Recuerdo muy bien que hacía un calor terrible ese día – I remember very well, it was extremely hot that day.

When you referring to actions that set the stage for other actions. In this case, you will use the imperfect verb first and then interrupt it with a pretetite verb.

Yo estaba comiendo cuando tú llegaste – I was eating when you arrived.

Ella estaba cantando cuando el fuego comenzó – She was taking a shower when the fire started.

Nosotros estábamos saliendo cuando los hermanos de la iglesia llegaron – We were going out when the brothers of the church arrived.

When you are speaking about actions repeated habitually.

Jugábamos todas las noches – We used played every night.

Todos los fines de semana las chicas iban de compra – Every weekends ladies would go shopping.

Do not forget the Ask and Answers form.

¿Qué jugaban todas las noches? – **What did you use to play every nights?**

Jugábamos Dominó todas las noches – We used to play Dominó every nights.

¿Comías otra cosa con tus compañeros o era solo helado? – **Did you use to eat something else with your classmates or was it just ice crem?**

Si, algunas veces comíamos caramelos – Yes, sometimes

we used to eat Candy.

*No, siempre **comíamos** helado* – No, we used to eat ice cream all the time.

¿Por qué vivías en las calles? – Why did you use to live on the streets?

*Porque no **tenía** ni familia ni trabajo* – Because I did not have family or a job either.

¿Por qué tu hermano hablaba tanto? – Why did your brother use to talk too much?

*Porque él **era** hiperactivo* – Because he was hyperactive.

Attention to "ni – ni" when you want to use a double negative statement, you use "ni... ni".

*No quiero **ni** comer **ni** beber* – I don't want to eat nor to drink.

*Ella no trabajaba **ni** los lunes **ni** los martes* – She did not use to work Mondays nor Tuesdays.

Irregular verbs in Imperfect – Verbos irregulares en el Imperfecto.

*Remember, **ALL VERBS** are regular in the imperfect time with the exception of three "Ser / Ver / Ir".*

You migh say "more irregular verbs"… but guess what. There are only three irregular verbs in this time. No stem changes, no spelling changes.

	Ser – Be	Ver – See / Watch	Ir – Go
Yo	era	veía	iba
Tú	eras	veías	ibas
Usted	era	veía	iba
Él	era	veía	iba
Ella	era	veía	iba
Nosotros	éramos	veíamos	íbamos
Ustedes	eran	veían	iban
Ellos (as)	eran	veían	iban

*Cuando yo **era** joven, siempre **jugaba** con carritos* – when

I was Young, I used to pay with toy cars always.

*Cuando **veía** que mi papá se aproximaba **salía** corriendo* – When I used to see my father approaching, I used to run away.

*Cuando **íbamos** a la escuela, **peleábamos** mucho* – When we used to go to school, we used to fight a lot.

Remarks:

Notice the accent in "*éramos*", also the accents in all voices for "*ver*" and the only accent in "*íbamos*".

Some phrases used with the imperfect time – Algunas frases usadas en el tiempo imperfecto.

A veces - sometimes

Cada día - every day / each day

Cada año - every year / each year

De vez en cuando - once in a while

Frecuentemente - frequently

Generalmente – usually

Muchas veces - many times

Mucho - a lot / much / many

Por un rato - for a while

Siempre - always

Tantas veces - so many times

Todas las semanas - every week

Todos los días - everyday

Todo el tiempo - all the time

A Little bit more – Un poco más

Bebidas - Drinks

Chocolate caliente	Hot chocolate
Café	Coffee
Café con leche	Coffee with milk

Café negro	Black Coffee
Café descafeinado	Decaffeinated Coffee
Jugo de fruta	Fruit juice
Jugo de naranja	Orange juice
Jugo de manzana	Apple juice
Jugo de toronja	Grapefruit juice
Jugo de tomate	Tomato juice
Limonada	Lemonade
Leche fría	Cold Milk
Agua	Water
Té	Tea
Té con limón	Tea with lemon
Licuado	Smoothie
Gaseosa	Soft drink
Aperitivo	Aperitif
Cerveza	Beer
Coñac	Brandy
Ron	Rum
Vermú	Vermouth
Vino	Wine
Vodka	Vodka
Whisky	Whisky

Exercises - Ejercicios

1- Write sentences with the following beverages:

Café

_____

Limonada

_____

Jugo de tomáte

_____

Cerveza

_____

Leche fría

_____

2- How frequently do you do the following activities:
Comer

_____

Ir al cine

_____

Ir a la Iglesia

_____

Pagar las cuentas

_____

Vacacionar

_____

Cepillarte los dientes

_____

3- Describe the following mental and / or emotional states using the imperfect tense:
Ella (querer)

_____

Nosotros (sufrir)

_____

Yo (sentir)

_____

4- Describe a person in the past tense using the following characteristics: Pelo largo y negro, piel bronceada, rasgos armónicos, delgada y baja de estatura.

_____

_____

_____

_____

_____

Reading Comprehension

1- ¿Qué comimos ese día?

_____

2- ¿Cómo se prepara la Pepsup?

_____

3- ¿La cocina de Guinea Ecuatorial es una mezcla de qué dos tipos de cocina?

_____

4- ¿Qué bebimos durante la cena?

_____

Knowledge Base
Republic of Equatorial Guinea - República de Guinea Ecuatorial

Motto: Unidad, Paz, Justicia - Unity, Peace, Justice
Capital - Malabob
Largest city - Bata
Official languages - Spanish
National language - French, Portuguese.
Recognized regional languages – Fang, Bube, Combe, Pidgin, English, Annobonese
Demonym - Equatorial Guinean - Equatoguinean
Government - Dominant-party presidential republic
President - Teodoro Obiang Nguema Mbasogo
Population - 2015 estimate - 1,222,442
Currency - Central African CFA franc (XAF)
Calling code - +240
Bible Verse - Versículo Bíblico

Venid a mí todos los que estáis trabajados y cargados, que yo os haré descansar. Llevad mi yugo sobre vosotros, y aprended de mí, que soy manso y humilde de corazón; y hallaréis descanso para vuestras almas; porque mi yugo es fácil, y ligera mi carga. **Mateo 11:28-30**

Lesson 14

Huevos Rancheros – Ranchero's eggs

Estas vacaciones ***estaríamos volando*** hasta Acapulco, allí estaríamos por una semana. Llegamos al hotel muy tarde en la noche, sólo tuvimos tiempo de chequearnos, ir a nuestra habitación y dormir.

La mañana siguiente estaríamos despiertos bien temprano para así ***estar disfrutando*** de las hermosas playas a lo largo del día. Pero primero lo primero, mi esposa ha dicho: "***Estoy muriendo*** de hambre", así que corrimos al restaurante del hotel para desayunar antes de encaminarnos al mar.

Recuerdo que ***estábamos caminando*** hacia el restaurante cuando nos hemos encontrado con unos amigos mexicanos con quienes quedamos de acuerdo para pasear en su yate, nos acompañaron a desayunar. Estábamos sentados a la mesa y nos ***estarían trayendo*** el menú en un santiamén.

Parecía prometedor, ***estaban ofreciendo*** diversos manjares, muy internacionales todos ello. Había huevos con jamón, panquecas con queso y mermelada, tostadas con mantequilla y hasta yogur con miel. ***Estaba pensando*** qué pedir cuando uno de nuestros amigos, nos pidió que lo dejásemos en sus manos que quería que probásemos un rico desayuno mexicano, "huevos rancheros".

Con ingenuidad le pregunté a mi amigo, ¿no serán muy picantes verdad? Y él respondió con una sonrisa, claro que no, nada picantes. Le dije que estaba nervioso ya que le temía al picante. Él dijo que si se estaba en México y no se comía huevos rancheros al desayuno era como no haber venido. Así que estaría convencido y hemos aceptado comer lo que se nos ofrecía.

Cuando el mesero *estaba dirigiéndose* a nuestra mesa vimos con sorpresa unos llamativos platos con una base de tortilla, un pico de gallo sobre estas y encima lo que parecían unos inofensivos huevos fritos. Mi esposa y yo estábamos tan hambrientos que *estaríamos metiéndonos* el primer bocado de inmediato. Al unísono *estuvimos gritando* que necesitábamos agua y nuestros ojos se llenaron de lágrimas y se sonrojaron.

Nuestros amigos mexicanos *estaban riendo* sin parar y no paraban de repetir: "Pero si no son nada picantes". Allí *estábamos aprendiendo* nuestra primera lección de la gastronomía mexicana. Si un mexicano te dice que no pica nada, de seguro para ti será bastante picante, si dice que tan sólo pica un poco será realmente muy pero muy picante y si llegan a decirte que pica de verdad, será mejor que salgas corriendo porque son platos elaborados con tanto chile que *estarías* por horas *tratando* de aliviar el ardor de tu lengua y garganta.

La cocina mexicana es una delicia siempre y cuando se pida sin o con muy poquito chile, de otra manera *estarás sintiendo* como que tienes un incendio en la boca y que no lo puedes apagar. Para los mexicanos el chile es la base de sus salsas y condimentos, comienzan a comerlo desde niños y se acostumbran a este y cada vez piden más.

Son muchas las versiones que *estarían corriendo* de cómo los mexicanos comenzaron a hacer del picante una de sus tradiciones, pero yo estuve encantado con la que nos relató uno de nuestros amigos, ya que siempre he sido un romántico perdido. Nos contó que se hiso popular porque en muchos pueblos de México cuando un hombre iba a pedir la mano de una mujer a su casa, este *estaría siendo* puesto a prueba por parte de su familia política.

La familia de la novia *estaría* durante el día *preparando* un banquete para los novios y al llegar la noche la comida del novio sería muy especial, su plato estaría tan lleno de chiles que le sería casi imposible de resistir. Si el novio no botaba una lágrima durante o después de la comida se le consideraba digno y un excelente futuro esposo para la chica de la que *estaba pidiendo* la mano.

Cada vez que alguien me pregunta de nuestro viaje a México y especialmente de su gastronomía estaré diciendo que deberán estar muy pendientes, ya que su comida es siempre muy sabrosa pero también muy picosa.

Word List – Listado de palabras

Huevos Rancheros – Ranchero's Eggs.

Tiempo de chequearnos – Time to check us in.

La mañana siguiente - Next morning.

Hermosas playas – Beautiful beaches.

A lo largo del día – Throughout the day.

Pero primero lo primero – But first thing first.

Estoy muriendo de hambre – I am starving.

Antes de encaminarnos al mar – Before walking to the ocean.

Quedamos de acuerdo – We agreed.

Para pasear en su yate – To give a ride on their yacht.

En un santiamén – Right away.

Parecía prometedor – It looked promising.

Diversos manjares – Different delights.

Panquecas con queso – Pancakes with cheese.

Que lo dejásemos en sus manos – That we leave it on his hands.

Que probásemos – That we tried.

Con ingenuidad – Naively.

¿No serán muy picantes verdad? – They are not very spicy, aren't they?

Claro que no, nada picantes – Of course not, not spicy at

all.

Le temía al picante – I was afraid of spicy.

Era como no haber venido – It was as if we have never come.

Unos llamativos platos – A very appealing dishes.

Con una base de tortilla – With a tortilla base.

Un pico de gallo – With a rooster beak.

Y encima lo que parecían – And on top of that, what they look like.

Unos inofensivos huevos fritos – Harmless fried eggs.

Tan hambrientos – So hungry.

El primer bocado de inmediato – The first bite inmediately.

Al unísono – All at once.

Nuestros ojos se llenaron de lágrimas – Our eyes were full with tears.

Nuestros ojos se sonrojaron – Our eyes were redened.

Estaban riendo sin parar – They were laughing non-stopping.

Pero si no son nada picantes – But they are not spicy at all.

Gastronomía mexicana – Mexican gastronomy.

Bastante picante – Spicy enough.

Aliviar el ardor – Relieve the burn.

Es una delicia – It is a delight.

Siempre y cuando – As long as.

Muy poquito chile – Very little chile.

Un incendio en la boca – A fire in the mouth.

Y que no lo puedes apagar – And that you cannot light off.

Salsas y condimentos – Sauces and condiments.

Un romántico perdido – A romantic (A lost romantic).

Pedir la mano – Ask the hand in marriage.

Estaría siendo puesto a prueba – It would be put to test.

Familia política – Political family.

Preparando un banquete – Preparing a package.

Los novios – The grooms (Bride and groom).

Tan lleno de chiles – So full of chile.

Casi imposible de resistir – Almost impossible to resist.

No botaba una lágrima – Not shedding a tear.

Durante o después de la comida – While or after the food.

Se le consideraba digno - It is considered worthy.

Y un excelente futuro esposo – And an excellent future husband.

Estar muy pendientes – Be very aware.

Pero también muy picosa – But also very spicy.

Grammar Explanations – Notas gramaticales

Gerund in the main 5 tenses – El gerundio en los 5 tiempos principales.

We have seen so far the "*Present tense, the simple past, the future, the conditional, the perfect and imperfect tense*". Plus the gerund in the present tense only.

We will now learn how to use the gerund in all the times we have learned to so far. The structure is the same and the pattern as well. You just need to remember the conjugation of the verb "*Estar*" for each one of these different tenses.

Gerund in the present tense – El gerundio en el tiempo presente.

Yo	estoy	volando
Tú	estás	volando
Usted / Él / Ella	está	volando
Nosotros	estamos	volando
Ustedes / Ellos (as)	están	volando

El piloto **está volando** *el avión* – The pilot is flying the plane.

Los pájaros **están volando** *muy alto* – Birds are flying too high.

*El helicóptero **está volando** muy bajito* – The helicopter is flying too low.

Gerund in the simple past or Preterit form – El gerundio en el pasado simple o pretérito.

Yo	estuve	fumando
Tú	estuviste	fumando
Usted / Él / Ella	estuvo	fumando
Nosotros	estuvimos	fumando
Ustedes / Ellos (as)	estuvieron	fumando

*Ella **estuvo fumando** por dos días* – She was smoking for two days.

*Nosotros **estuvimos trabajando** por una semana sin parar* – We were working for a week non-stopping.

*Ustedes **estuvieron bebiendo** toda la noche* – You were drinking all night long.

If you remember the correct use of the imperfect, you will not have any issues at all. Remember, the simple past or Preterit is for actions that ended.

Gerund in the future tense – El gerundio en el tiempo futuro.

Yo	estaré	abordando
Tú	estarás	abordando
Usted / Él / Ella	estará	abordando
Nosotros	estaremos	abordando
Ustedes / Ellos (as)	estarán	abordando

*Usted **estará abordando** el avión a las 5 de la tarde de hoy* – You will be boarding the plane at 5 in the afternoon today.

***Estaremos reportando** desde la capital de Argentina los últimos acontecimientos* – We will be reporting from the capital of Argentina the latest events.

***Estaré esperando** por ti a las 8 pm esta noche* – I will be waiting for you at 8 pm tonight.

Gerund in the conditional tense – El gerundio en tiempo condicional.

Yo	estaría	cambiando
Tú	estarías	cambiando
Usted / Él / Ella	estaría	cambiando
Nosotros	estaríamos	cambiando
Ustedes / Ellos (as)	estarían	cambiando

Estaríamos cambiando el dinero ahora, pero lo perdimos – We would be cashing the money now, but we lost it.

Yo estaría besándote en estos momentos, pero me rompiste el corazón – I would be kissing you at this momento, but you broke my heart.

Ellos estarían viendo televisión, pero se les dañó – They would be watching TV, but it is broken.

Gerund in the imperfect tense – El gerundio en el tiempo imperfecto.

Yo	estaba	imaginando
Tú	estabas	imaginando
Usted / Él / Ella	estaba	imaginando
Nosotros	estábamos	imaginando
Ustedes / Ellos (as)	estaban	imaginando

Yo estaba imaginándome mi vida contigo – I was imagining my life with you.

Ella estaba cantando cuando llegó el pastor – She was singing when the pastor arrived.

Él estaba paseando cuando el carro lo chocó – He was going for a walk when the car hit him.

Ellas estaban tocando el piano al momento del terremoto – They were playing the piano at the moment of the earthquake.

Gerund in the perfect time – El gerundio en el tiempo perfecto.

Yo he	estado	suponiendo
Tú has	estado	suponiendo
Usted / Él / Ella ha	estado	suponiendo
Nosotros hemos	estado	suponiendo

Ustedes / Ellos (as) han estado suponiendo

He estado suponiendo que llegarías hoy, pero nunca me confirmaste. – I have been guessing that you would arrive today, but you never confirmed.

Ha estado lloviendo los últimos dos días – It has been raining these past two days.

Ha estado nevando mucho últimamente – It has been snowing a lot lately.

Ella ha estado necesitando una mano amiga, pero nunca estás presente – She has been needing a friendly hand, but you are never around.

As always, do not forget the Ask and Answers form.

¿Estás hablando conmigo? – are you talking to me?

Si, estoy hablando contigo. – Yes, I am talking to you.

No, no estoy hablando contigo. – No, I am not talking to you.

¿Estuviste fumando anoche? – were you smoking last night?

Si, estuve fumando anoche. – Yes, I was smoking last night.

No, no estuve fumando anoche. No, I was not smoking last night.

¿Estarás trabajando mañana? – Will you be working tomorrow?

Si, estaré trabajando mañana. – Yes, I will be working tomorrow.

No, no estaré trabajando mañana. – No, I will not be working tomorrow.

¿Estarían ustedes jugando béisbol ahora si tuvieran bate y pelota? – Would you be playing baseball now if you would have bat and ball?

Si, estaríamos jugando béisbol ahora si tuviéramos bate y

pelota – Yes, we would be playing baseball now if we would have bat and ball.

*No, no **estaríamos jugando** béisbol ahora si tuviéramos bate y pelota* – No, we would not been playing baseball now if we would have bat and ball.

¿Estabas imaginándote tu vida conmigo? – Were you imagining you life with me?

*Si, **estaba imaginándome** mi vida contigo.* – Yes, I was imagining my life with you.

*No, no **estaba imaginándome** mi vida contigo.* – No, I was not imagining my life with you.

¿Has estado imaginando cosas? – Have you been imagining things?

*Si, **he estado imaginando** cosas.* – Yes, I have been imagining things.

*No, no **he estado imaginando** cosas.* – No, I have not been imagining things.

Adverbs of quantity – Adverbios de cantidad.

You have seen them all around the lessons. Now, you have them all together with some remarks for a better learning experience.

Además   -   Additionally / Besides

Eres testarudo y además es imposible hablar contigo – You are stubborn and besides it it impossible to talk to you.

Además de Jazz ahora estudias piano – Additionally to Jazz, you study piano now.

Algo   -   Sightly / Somewhat

Don't confuse it when it is used as a pronoun meaning "something"

*Me siento **algo** emocionado hoy –* I feel somehow excited today.

*Te siento **algo** extraña. ¿Te pasa algo?* – I feel you slightly odd. Is there something wrong?

Apenas   -   Barely / Hardly

***Apenas** puedo comer* – I can barely eat.

***Apenas** te soporto* – I can hardly stand you.

Bastante   -   Enough / Quite a bit

*Eres **bastante** inteligente* – You are quite intelligent.

*Tengo **bastantes** problemas en mi vida, no necesito los tuyos* – I have enough problems in my life, I don't need yours.

*Todavía tengo **bastante** familia allá* - I still have quite a bit of family there.

Casi   -   Almost

***Casi** te rompo la cara* – I almost break your face.

***Casi** me matas del susto* – You almost frighten me to death.

*Estoy **casi** seguro que ella está en algo raro* – I am almost sure that she is in something strange.

Demasiado   -   Too much

*Creo que soy **demasiado** sexy, siempre me lo dicen* – I think I am too sexy, they always tell me.

*Eres **demasiado** importante para mí* – You are too important for me.

Más   -   More

*Nadie te ama **más** que yo* – Nobody loves you more than me.

*Te quiero **más** que a nada en el mundo* – I love you more than anything in the world.

Medio   -   **Half**

La batería esta media muerta – The battery is half-dead.

La puerta de la nevera esta media abierta – The door of the refrigerator is half-open.

Como que estoy medio muerto – It looks like I am half-dead (tired).

Menos   -   **Less**

Eres menos social que tu hermano – You are less social than your brother.

Estamos menos cansados que ayer – We are less tired than yesterday.

Mucho   - Many / Much / Very / A lot

Tenemos mucho trabajo – We have a lot of work.

Hay mucho que hacer – There is much to do.

Muy   -   **Very**

Tú eres muy loca – You are very crazy.

Los muchachos están muy sucios – The boys are very dirty.

Poco   -   **Few**

It can be used as an adjective or a noun. It normally means "*few*".

Él trabaja poco pero gana mucho – He study a little but he earns much.

Tu hermana es una chica poco educada – Your sister is a Little uneducated girl.

Sólo   -   **Only**

If there is no chance of confusing it with *solo* the adjective, no need for the accent.

Yo sólo quería hablarte – I only wanted to talk to you.

Ella sólo come arroz chino – She only eats Chinese rice.

Tan / Tanto   -   So / As / So much

Tanto when it is used as an adverb, it is shortened to "T*an*" when coming before an adjective, adverb or a phrase functioning as an adverb or adjective.

*¿Por qué hablas **tan** rápido el inglés?* – Why do you speak English so fast?

*Trabajaba **tanto** que me dolían las piernas* – I used to work so much that my legs used to hurt.

Other useful expressions – Otras expresiones útiles.

Un kilo de	a kilo of
Un litro de	a liter of
Un plato de	a plate of
Un trozo de	a piece of
Un vaso de	a glass of
Una botella de	a bottle of
Una cucharadita de	a teaspoon of
Una docena de	a dozen
Una libra de	a pound of
Una pizca de	a pinch of
Una taza de	a cup of

A little bit more – Un poco más

Desayunos / Postres y Más –   Breakfast / Desserts and More

Huevos	Eggs
Huevos Duro	Hard Boiled Eggs
Huevos Tibios	Soft Boiled Eggs
Huevos Revueltos	Scrambled Eggs
Huevos Fritos	Fried Eggs
Tocino	Bacon

Jamón	Ham
Frijoles	Beans
Queso	Cheese
Pan	Bread
Pan tostado	Toast
Jalea / mermelada	Jam
Mantequilla	Butter
Miel	Honey
Yogur	Yogurt
Arroz con leche	Rice pudding
Buñuelos	Fritters
Flan	Custard
Galletas	Cookies
Helado	Ice cream
Pastel / Torta	Cake / Pie
Al horno / Horneado	Baked
Al carbón	Barbequed
Frito	Fried
A la parrilla / Asado	Grilled
En escabeche	Marinated
Hervido	Boiled
Crudo	Raw
Ahumado	Smoked
Estofado	Stewed
Poco hecho	Rare
Término medio	Medium
Bien hecho / Bien cocido	Well-done

Exercises - Ejercicios

1- Change the verb to its gerund in the present tense:

Yo __nadar__ todas las mañanas.

Luis ____preparar___ la cena para su novia.

Ellos __correr____ para llegar más de prisa.

Ustedes ___comprar__ un auto de lujo.

2- Write sentences using the gerund in the simple past form with the following verbs:

Cocinar

_____

Caminar

_____

Viajar

_____

Comenzar

_____

Terminar

_____

3- Write down a four lines paragraph explaining what you will be doing tomorrow, using the gerund in the future tense:

4- Write down a four lines paragraph explaining what you would do if you won the lottery, using the verbs in gerund in the conditional tense:

5- Fill in the blanks using these verbs in gerund in the imperfect tense: imaginar, comprar, sacar.

Yo _____ cuánto iría a gastar cuando

_____ tantas cosas en la boutique de

la esquina. Yo _____ cuentas a ver si podría pagarlo.

6- Change the tense of the verbs using the gerund in the perfect time.

Tú _____creer_____ en su amor por mucho tiempo.

Camila _____beber_____ demasiado en los últimos tiempos.

Ellos _____bañar_____ en la piscina.

7- Determine how often you do the following activities, using adverbs of quantity.

Cepillar el cabello _____

Bailar salsa. _____

Comer cangrejo _____

8- Describe what you had for breakfast this morning:

_____

_____

_____

_____

Reading Comprehension

1- ¿Cuánto tiempo duraría nuestro viaje?

_____

2- ¿Con quiénes nos encontramos cuando íbamos al restaurante?

_____

3- ¿Qué pedimos para desayunar?

_____

Knowledge Base
United Mexican States - Estados Unidos Mexicanos
Capital and largest city - Mexico City
National language - Spanish
Demonym - Mexican
Government - Federal presidential constitutional republic
President - Enrique Peña Nieto
Population - 2015 estimate - 119,530,753

Currency - Peso (MXN)

Calling code - +52

Spanish is the de facto official language of the Mexican federal government.

Bible Verse - Versículo Bíblico

Jehová es mi luz y mi salvación; ¿de quién temeré? Jehová es la fortaleza de mi vida; ¿de quién he de atemorizarme? **Salmos 27:1**

Lesson 15

¡*Qué Blusa tan Hermosa!* - What a beautiful blouse.

Para mañana *habré visitado* un taller panameño donde se elaboran las increíbles molas. Al llegar me encontraré de entrada con los más hermosos colores, que van desde azules hasta rojos. Pienso que me impresionarán que muchos de ellos sean de tonos frutales, color naranja, mandarina, cereza, frambuesa, fresa, melón, durazno y muchos más.

Al llegar *habré visto* a un grupo de mujeres de la etnia indígena Kuna haciendo un trabajo minucioso. Una de ellas se me *habrá acercado* para explicarme cuál será el proceso a seguir para lograr una pieza tan hermosa como la que yo *habré adquirido.*

Habrá comenzado por explicarme que se trata de un arte tradicional de su etnia, que se elaboran tanto en Colombia como en Panamá y que se ha convertido en un arte popular del que se precia su pueblo.

Nos *habremos acercado* hasta la primera estación y comenzará su explicación. Aquí *habrán escogido* el diseño con el que trabajarán, algunos de los diseños *habrán sido* muy sencillos y basados en figuras geométricas, mientras que otras *habrán lucido* intrincados diseños inspirados en la naturaleza.

Es aquí donde se *habrán seleccionado* los colores que se *habrán utilizado* en la confección de la mola. Estos colores *habrán sido* sólo dos o podrán llegar a ser hasta siete.

Luego *habrán cosido* juntas cuantas capas de telas vaya a tener la mola que se *habrá elaborado.* Y después de esto comenzará el arduo trabajo del cortado. Usualmente se *habrá cortado* en la primera capa la parte más grande del diseño y luego de las capas más internas se *habrán entresacado* los detalles más pequeños.

Ahora se *habrá dado* el momento de coser alrededor de cada uno de los cortes que se *habrán elaborado*, estas costuras *habrán sido* hechas a mano con diminutas agujas que *habrán conseguido* como resultado una costura muy fina y casi imperceptible.

Después de que cada costura se terminé *habrá sido* supervisada la mola por la jefa del taller quien *habrá aceptado* que esta pasé al sector de confección o la *habrá rechazado* para que se le hagan las correcciones necesarias. Al llegar al taller de confección las modistas *habrán decidido* en qué pieza *habrán plasmado* la mola terminada, estas *habrán sido* desde un sencillo tapiz decorativo hasta en un elaboradísimo vestido de novia.

Al acercarme hasta la caja *habré pagado* por la blusa que compraré para mi hija, mi aprecio por esta joya *habrá sido* inconmensurable después de ver en persona la cantidad de trabajo y dedicación que toma la creación de cada pieza.

Word List – Listado de palabras
¡Qué Blusa tan Hermosa! – What a beautiful blouse.
Un taller – A workshop.
Las increíbles molas – The incredible moles (blouses).
De entrada – From starting.
De tonos frutales – Fruits tones (colors).
De la etnia indígena Kuna – From the Kuna Indian ethnic Group.
Un trabajo minucioso – A meticulous work.
Una pieza tan hermosa – Such a beautiful piece.
Un arte tradicional – A traditional art.
De su etnia – From her ethnic Group.

Tanto en Colombia como en Panamá – In Colombian as well as in Panama.

Un arte popular – A popular art.

Del que se precia su pueblo – From what her people are proud.

La primera estación – The first station.

Y comenzó su explicación – And she started her explanation.

Muy sencillos - Very simple.

Basados en figuras geométricas – Based on geometric shapes.

Intrincados diseños - Intrincated design (complicated design).

Inspirados en la naturaleza. – Inspired in nature.

La confección de la mola – The confection of mole (blouse).

Capas de telas – Every layer.

Las capas más internas – The most inner layers.

Los detalles más pequeños – The smallest details.

Hechas a mano – Hand made.

Con diminutas agujas – With tiny needles.

Una costura muy fina – A very thin seam.

Y casi imperceptible. – And almost imperceptible.

La jefa del taller – The boss of the workshop.

Las correcciones necesarias – The necessary corrections.

Las modistas – The dressmakers (couturier).

La mola terminada – The finish mole.

Un tapiz decorativo – A decoration tapestry.

Un vestido de novia – A bride's dress.

Mi aprecio por esta joya – My appreciation for the jewel.

Incommensurable – Fantastic.

Grammar Explanations – Notas gramaticales

We have been speaking throughtout the units about the

importance of Spanish accents. Let us see the phonetic stress and ccent marks in Spanish.

Remember that Spanish words have only one phonetic stress. The stress is marked with a written accent (´).

Acute words – Palabras Agudas

You will notice that "*Agudas*" words have the stress in the last syllable with a written accent on it only if the last letter ends in "**N**", "**S**", or vowel.

El Japonés es un idioma difícil – Japanese is a difficult language.

¿Cuándo hablarás español? – When Will you speak Spanish?

Interesante conversación – Interest conversation.

Me gustaría ver el menú – I'd like to see the menú.

Syllable separations
Ja-po-nés
Ha-bla-rás
Con-ver-sa-ción
Me-nú

Grave words – Palabras Graves

You Will notice that "*Graves*" words have the stress on the next to last syllable with an accent on it, if the last letter is any consonant, except "**N**" or "**S**".

Me siento débil hoy – I feel weak today.

No estás siendo útil – You are not being useful.

El lápiz es azul – The pencil is blue.

Syllable separations
Dé-bil
Ú-til
Lá-piz

Proparoxytone words – Palabras Esdrújulas

You will notice that "*Esdrújulas*" words have the tress two syllables before the last one and they need an accent on it regardless of the last letter.

Me gusta esta cámara – I like this camera.

Tengo un dolor en el estómago – I have a pain in the stomach.

La lámpara está apagada – The lamp is off.

El pronóstico del tiempo no es bueno para hoy – Weather forecast is not good for today.

Syllable separations

Cá-ma-ra

Es-tó-ma-go

Lám-pa-ra

Pro-nós-ti-co

Sobreesdrújulas words – Palabras Sobresdrújulas

You will notice that "*Sobresdrújulas*" words have the stress three syllables before the last "*fourth-last syllable*" and they need an accent on it regardless of the last letter.

No hay dinero para compras, entiéndelo, no podrás comprar nada. – There no money for shopping, understand it, you will not be able to purchase anything.

Difícilmente podrás hablar con ella. – you could hardly speak to her.

El frasco está cerrado, ábremelo por favor. – The bottle is closed, open it for me, please.

Está interesante tu cuento, cuéntamelo de nuevo. – Your story is interesting, tell it to me again.

Syllable separations

En-tién-de-lo

Di-fí-cil-men-te

Á-bre-me-lo

Cuen-ta-me-lo

Perfect Future - Futuro perfecto

Since we are experts already with the auxiliary *"Haber"* and its conjugation, in addition to mastering all different times we have learned, let us move on to our next set. The perfect future is form conjugating the auxiliaty *"Haber"* in its future tense plus the past participle of the next verb. It is equivalent to *"Will have"* in English.

Futuro Haber Pasado Participio Hablar.

Yo	habré	hablado
Tú	habrás	hablado
Usted	habrá	hablado
Él	habrá	hablado
Ella	habrá	hablado
Nosotros	habremos	hablado
Ustedes	habrán	hablado
Ellos (as)	habrán	hablado

Para cuando llegues mañana, yo habré hablado con ella. – By the time you get here tomorrow, I will have spoken with her.

Habremos terminado el libro antes del verano – We will have finished the book before summer.

Ella habrá terminado el español antes de salir de la universidad – She will have finished Spanish before getting out of the university.

Nosotros habremos lavado la ropa en la mañana – We will have washed the clothes in the morning.

Héctor habrá salido para la iglesia a las 7:00 pm – Hector will have gone out to church by 7 pm.

Remarks:

Remember, you will always need to use the personal pronoun when using *"Usted / Él / Ella"* and *"Ustedes / Ellos (as)"*, because they might confused the listener.

When using the future perfect you are describing what a

person "*will have*" been doing at some point in the future, something that has not happened yet but is expected to before another action. It can also indicate probability of what "*might have*" or "*probably have*" happened.

Notice that "*Haber*" is irregular in the perfect future tense.

Do not forget Ask and Answers form.

¿Habrá ella terminado el español antes de salir de la Universidad? – Will she have finished Spanish before getting out of the university?

Si, ella **habrá terminado** *el español.* – Yes, she will have finished Spanish.

No, ella no **habrá terminado** *el español.* – No, she will not have finished Spanish.

¿Habrás hablado con ella para cuando llegue mañana? – Will you have spoken to her by the time I arrive tomorrow?

Si, **habré hablado** *con ella.* – Yes, I will have spoken to her.

No, no **habré hablado** *con ella.* – No, I will not have spoken to her.

A Little bit more – Un poco más

Profesiones – Professions

Electricista	electrician
Abogado	lawyer
Actor / actriz	actor / actress
Albañil	mason
Arquitecto	architect
Autor	author
Banquero	banker
Barbero	barber
Bibliotecario	librarian
Bombero	firefighter

Camarero	waiter / server
Cantante	singer
Carnicero	butcher
Carpintero	carpenter
Cartero	postman
Científico	scientist
Cirujano	surgeon
Cliente	customer
Cocinero	cook
Comerciante	businessman
Contador	accountant
Criado	servant
Cura	priest
Dentista	dentist
Editor	Editor
Empleado	employee
Enfermero	nurse
Escritor	writer
Estudiante	student
Farmacéutico	pharmacist
Fotógrafo	photographer
Funcionario/ oficia	civil servant
Ingeniero	engineer
Jardinero	gardener
Joyero	jeweler
Juez	judge
Librero	bookseller
Maestro	teacher
Mecánico	mechanic
Mecanógrafo	typist
Médico / doctor	doctor
Modelo	model
Músico	musician
Obrero	worker

Óptico	optician
Panadero	baker
Peluquero	hair stylist
Periodista	journalist
Pescador	fisherman
Piloto	pilot
Pintor	painter
Policía	policeman
Plomero	plumber
Profesor	professor / teacher
Programador	computer programmer
Químico	pharmacist (chemist)
Relojero	watchmaker
Sastre	tailor
Secretaria	secretary
Soldado	soldier
Vendedor	salesman
Zapatero	shoemaker
Pescados y Mariscos –	**Fish and Seafood**
Almejas	Clams
Anchoas	Anchovies
Anguila	Eel
Arenque	Herring
Atún	Tuna
Bacalao	Cod
Calamares	Squid
Camarones	Shrimp
Cangrejo	Crab
Langosta	Lobster
Langostino	Crayfish
Mero	Bass
Ostras	Oysters
Pulpo	Octopus
Salmón	Salmon

Sardinas	Sardines
Trucha	Trout
Frutas	**Fruits**
Albaricoque	Apricot
Arándano	Blueberry
Banano	Banana
Caimito	Star Apple
Cereza	Cherry
Ciruela	Plum
Ciruela seca	Prune
Coco	Coconut
Durazno	Peach
Frambuesa	Raspberry
Granada	Pomegranate
Granadilla / Maracuyá	Passion Fruit
Guanábana	Soursop
Guayaba	Guava
Higos	Figs
Lima	Lime
Limón	Lemon
Mamey / Zapote	Mamey / Sapote
Mandarina	Mandarin
Mango	Mango
Manzana	Apple
Melón	Melon
Mora	Blackberry
Naranja	Orange
Níspero	Loquat
Papaya / Lechosa	Papaya
Pasas	Raisins
Pera	Pear
Piña / Ananá	Pineapple
Pitahaya	Dragon Fruit
Plátano	Plantain

Sandia	Watermelon
Tamarindo	Tamarind
Toronja	Grapefruit
Uva	Grape

Exercises - Ejercicios

1- Write three acute, three grave, three proparoxytone and three sobresdrújulas words.

2- Decide if the following words are acute, graves, paroxytone or sobresdrújulas:

Canción _____

Ajá _____

Cuéntamelo_____

Panamá _____

Antepenúltima _____

Teléfono _____

3- Write down the perfect future for the following verbs according to the person on each line.
Yo, cocinar

Él, viajar

Nosotros, vaciar

Ellos, practicar

Usted, reconocer

4-   Determine what profession does each of the following sentences refer to?

Cura y Alivia las enfermedades.

Repara goteos y problemas de tuberías

Enseña en la escuela.

Trabaja con madera y elabora muebles.

Vuela aviones y helicópteros.

Apresa a los delincuentes.

Apaga incendios.

_____

Corta el cabello.

_____

5- Write down which are your three favorite fruits and your three least favorite ones.

Favorite_____

Least favorite_____

6- Write a five lines recipe which main ingredients are fish and seafood.

Knowledge Base
Republic of Panama - República de Panamá
Motto: Pro Mundi Beneficio - For the Benefit of the World
Capital and largest city - Panama City
Official language - Spanish
Demonym - Panamanian
Government - Unitary presidential constitutional republic

President - Juan Carlos Varela
Vice President - Isabel Saint Malo
Population - 2015 estimate - 3,929,141
Currency - Balboa (PAB) - United States dollar (USD)
Calling code - +507
Bible Verse - Versículo Bíblico

El Señor no retarda su promesa, según algunos la tienen por tardanza, sino que es paciente para con nosotros, no queriendo que ninguno perezca, sino que todos procedan al arrepentimiento. **2 Pedro 3:9**

Lesson 16 🔒

Decorando mi Apartamento - Decorating my apartment.

Después de cinco años *me* he graduado en psicología, y nada más graduarme he conseguido un trabajo maravilloso, así que *me* independizaré y conseguiré mi primer apartamento. La compañía para la que he comenzado a trabajar *me* ha enviado por una semana a Paraguay a un congreso de psicología y psiquiatría.

Me hacía mucha ilusión visitar este país cuya artesanía es famosa a nivel mundial, además la oportunidad me caía como anillo al dedo ya que habría de mudarme a mi nuevo apartamento muy pronto. El fin de semana he tenido la oportunidad de hacer la ruta de la artesanía, como me *habría gustado* tener mucho dinero, de haber sido así *habría comprado* tantas cosas que *habría tenido* que pagar una cuota por exceso de equipaje.

Son tantas las cosas maravillosas que vi allí que no *habría comprado* una sola cosa de cada sitio que visité sino tantas como *habrían sido* necesarias para que mi nuevo apartamento pareciera una sala de exhibición.

En Areguá compré un cántaro hecho a mano, que habría de colgar en la cocina, pero de haber tenido dinero *habría adquirido* muchas piezas de la cerámica y la alfarería que allá fabrican los artesanos y que son los pulmones artísticos de estos dos pueblos. En esta ciudad ofrecen además de cantaros, imágenes de animales, alcancías y hermosos pesebres.

Cuando visité Atyrá, descubrí que su fuerte era la talabartería, oí decir que sus artesanos hacen magia con el cuero, aquí adquirí un porta servilletas para la mesa del comedor, pero si hubiera tenido un presupuesto mayor *habría comprado* para mi uso personal billetera, llavero, portafolio, correa. La creatividad de estos artesanos no tiene límite y sus piezas *habrían sido* dignas de usar.

Al llegar a Carapeguá que es el distrito más poblado del departamento de Paraguarí, allí se dedican a los textiles, compre un sobrecama de un material llamado poyvi que nace en sus tierras, de habérmelo podido permitir, *habría traído* a casa una hamaca del mismo material y un mantel de otro producto autóctono de esas tierras, llamado encajeyú.

De Caacupé me he hecho de una hermosa silla tallada para mi escritorio. Pero *habría quedado* prendado de bares, mesas y camas que *habrían sido* una gran adquisición para mi nuevo apartamento. En Itauguá están a la venta laboriosas obras de tejido y de allí me traje un hermoso mantel, pero de haber podido *habría traído* regalos a manos llenas para mi madre y mis dos hermanas, les *habría comprado* camisas, faldas y bellos vestidos tejidos.

Al arribar a Limpio compré una cesta de palma de karanday. Me *habría encantado* comprar también una cartera y una sombrilla del mismo material para mi novia. En Luque, conseguí la más exquisita orfebrería, allí compré pequeños detalles para mis hermanas, aros para ambas, a una de oro y a la otra de plata. Me *habría encantado* tener suficiente dinero, pues *habría invertido* en algunas de sus hermosas piezas de filigrana que aunque muy costosas, valen lo que cuestan por el minucioso trabajo que el artesano *habría invertido* en elaborarlas.

Por último en la ruta de la artesanía visité Piribebuy donde fabrican los más hermosos ponchos y me regalé uno, me *habría gustado* comenzar por allí pues de esa forma no *habría pasado* tanto frío como pasé en el recorrido.

La próxima vez que visite Paraguay iré bien abrigado y con suficiente dinero en los bolsillos para traer todo lo que desee y no estar pensando en lo que *habría* hecho, *habría comparado* o *habría traído*.

Word List – Listado de palabras

Decorando mi Apartamento – Decorating my apartment.

Un trabajo maravilloso – A wonderful job.

Un congreso de psicología y psiquiatría – A Psychology and Psychiatric congress.

Cuya artesanía es famosa – Who's crafts is famous.

A nivel mundial – Wordwide level.

Me caía como anillo al dedo – It fit me perfectly.

Muy pronto. – Very soon.

La ruta de la artesanía – Crafts Itinerary.

Pagar una cuota – Pay a fee

Por exceso de equipaje – Luggage overweight excess

Un cántaro hecho a mano – A hand made jug.

La cerámica y la alfarería – The ceramic and pottery.

Los pulmones artísticos – The artistic lungs. *This is an expression to indicate that they are the main source or creators for this work.*

Imágenes de animales – Animal images (shapes).

Alcancías y hermosos pesebres – Money boxes and cribs.

Que su fuerte era la talabartería – That their strong was the saddlery (Leather goods shop).

Hacen magia con el cuero – They make magic with leather.

Un presupuesto mayor – A major Budget.

No tiene límite – Has no limit.

Dignas de usar – Worth to use.

El distrito más poblado – A more populated district.

Se dedican a los textiles – They dedícate to textiles.

Un sobrecama de un material – A bedspread of a material.

Llamado poyvi – Called Poyvi.

Que nace en sus tierras – That is born in their lands.

Una hamaca del mismo material – A hammock of the same material.

Otro producto autóctono – A native product.

Una hermosa silla tallada – A beautiful carved chair.

Laboriosas obras de tejido – Hard working fabirck work.

Regalos a manos llenas – Full hands gifts.

Una cesta de palma – A palm basket.

La más exquisita orfebrería – The most exquisit gold articles.

Aros para ambas – Gold for both.

Piezas de filigrana – Filigree Works.

Valen lo que cuestan – They are worth their value.

Los más hermosos ponchos – The most beautiful cloth. *A Poncho is a piece of cloth in different colors with a hole in the middle to put in the head and wear it.*

Grammar Explanations – Notas gramaticales

Conditional Perfect – Condicional Perfecto.

When using the "*Conditional Perfect*" you are expressing probability or supposition in the past. It is formed with the conjugation of the verb "*Haber*" in conditional plus the past participle of the verb. It is equivalent to the English "*Would have*". The conditional perfect describes an action in the past that "*would have*" happened but did not due to some other event.

Condicional Haber   Pasado participio Hablar.

Yo	habría	hablado
Tú	habrías	hablado
Usted	habría	hablado

Él	habría	hablado
Ella	habría	hablado
Nosotros	habríamos	hablado
Ustedes	habrían	hablado
Ellos (as)	habrían	hablado

*Ella **habría respondido** la pregunta, pero la interrumpiste.* – She would have answered the question, but you interrupted her.

***Habríamos leído** tu libro, pero no lo compramos* – We would have read your book, but we did not buy it.

***Habría podido** comprarte el carro, pero gastaste el dinero.* – I could have bought you the car, but you spent the money.

*Usted **habría comido** antes de salir, pero no lo hizo.-* You would have eaten before leaving, but you did not do it.

If clauses in the conditional perfect – Si en el condicional perfecto.

When using the Conditional Perfect, the If clause comes to action and it is used to express something that would have happened, often in conditional sentences.

*Si yo **hubiera sabido** del problema, **habría ido** contigo.* - If I had known about the problem, I would have gone with you.

*Si la **hubiera visto, habría dicho** algo.* – If I had seen her, I would have said something.

*Si **hubieras venido**, te **habrías encontrado** con Papá.* - If you had come, you would have found Dad.

Remarks:

Remember, you will always need to use the personal pronoun when using "*Usted / Él / Ella*" and "*Ustedes / Ellos (as)*", because they might confused the listener.

Notice that when using If clause in the Conditional perfect, the first part is in the "***Subjuntive mode or Pretérito***

Pluscuanperfeto" which we will see later one and the second part of the sentence is using the conditional perfect.

Do not forget the Ask Answers form:

¿Habrías comido antes de salir? – Would you would have eaten before leaving?

Si, si habría comido. – Yes, I would have eaten.

No, no habría comido. – No, I would not have eaten.

¿Habrías podido comprar el carro? - Would you have been able to buy the car?

Si, habría podido comprar el carro. – Yes, I would have been able to buy the car.

No, no habría podido comprar el carro. – No, I would not have been able to buy the car.

¿Habrías ido a la fiesta si yo la hubiera organizado? - Would you have gone to the party if I had planned it?

Si, habría ido a la fiesta si tú la *hubieras organizado.* – Yes, I would have done to the party if you had planned it.

No, no habría ido a la fiesta. – No, I would not have gone to the party.

Direct Object Pronouns – Complemento Directo.

Direct Object pronoun is the person, animal or thing upon the action of the verb falls. It follows the verb and does not take a preposition. The only preposition that you may find is "*A – To*". The "*Complemento Directo*" does not have to agree with gender and number with the verb. Many times it answers the question "*¿Qué - What?*" or "*¿Quién - Who?*"

Me	Me
Te	You
Lo / la	You (polite) Him / Her / It
Nos	Us
Los / las	You (plural) / Them

El hombre ve a la mujer – The man watches the woman.

Él ve la mujer – He sees the woman.

Él la ve – He sees her.
Whom does he see? – The woman.
La chica lee la Biblia – The girl reads the Bible.
La chica la lee – The girl reads it.
La lee. – She reads it.
What does she read? – The Bible.
El chico mira los juguetes – The boy watches the toys.
El chico los mira. – The boy watches them.
Los mira – He watches them.
What does he watch? – The toys.

Remarks:

You can substitute them by the pronouns "*Lo(s) - La(s)*", depending on the gener and number.

Fui a ver a la mujer – I went to see the woman.
Fui a verla. – I went to see her.
Me comí la manzana – I ate the apple.
Me la comí. – I ate it.
Me bebí las cervezas – I drank the beers.
Me las bebí. – I drank them.
Leí los libros – I read the books.
Los leí. – I read them.

Indirect Object Pronouns – Complemento Indirecto.

The Indirect Oject Pronoun is the person, animal or thing who receives directly or indirectly the benefit or damage of the action. It may be accompanied by the prepositions "*A – To*" and "*Para – For*".

Me	Me
Te	You
Le	You (polite) Him / Her / It
Nos	Us
Les	You (plural) / Them

Pay close attention, it might look like the direct object,

but note the difference in the 3rd person singular "*You (polite) Him / Her / It*" and plural "*You (plural) / Them*". They are placed **BEFORE** a conjugated verb and **AFTER** an infinitive verb. They are not rule by gender. They can respond to "¿*A quién – To whom*?" or "¿*Para quién – For whom*?"

Compré ropa *para* Yeiris – I bought clothes for Yeiris.

¿*Para quién* compré *la* ropa? *Para* Yeiris. – Whom I boug the clothes for? For Yeiris.

Mis padres me regalaron un automóvil – My parents gave me a car.

Me van a regalar un automóvil – They are going to give me a car.

Van a regalarme un automóvil – They are going to give me a car.

La chica *le* da el lápiz al chico – The girl gives the pencil to the boy.

¿*A quién?* – *Al chico* – To whom? To the boy.

Le gusta el chico a la chica - *A la chica le gusta el chico* – The girl likes the boy.

Verbs that function like "Gustar" – Verbos que trabajan como "Gustar".

Encantar la comida china – Love Chinese food.

Les encanta la comida China – They love Chinese food.

Fascinar la música clásica – Fascinate by classic music.

Me fascina la música clásica – I am fascinated by classif music.

Aburrir de soledad – Get bored by loneliness.

Nos aburrimos de la soledad – We get bored by loneliness.

Hacer pensar en ti – Make me think of you.

Las canciones **me** hacen pensar en ti – Songs make me think of you.

Interesar los idiomas – Interest in languages.

Les interesan los idiomas – You have interest in languages.

Estimular tu presencia – Estimulate by your presence.

Me estimula tu presencia – Your presense estimulates me.

Deprimir con tus palabras – Feel drepress with someone's words.

Le deprimen tus palabras – She feels depressed with your words.

Molestar con tus chistes – Get upset with someone's jokes.

Le molestan tus chistes – They are displeased with your jokes.

A little bit more – Un poco más

Materias Universitarias – University Subjects

Ciencias naturales	natural science
Derecho	law
Álgebra	algebra
Arquitectura	architecture
Arte	art
Astronomía	astronomy
Biología	biology
Botánica	botany
Ciencia	science
Ciencia terrestre	earth science
Ciencias físicas	physical science
Ciencias políticas	political science
Comercio	business
Contabilidad	accounting
Dibujo	drawing
Economía	economics
Educación física	physical education
Enseñanza religiosa	religious education

Filosofía	philosophy
Física	physics
Geografía	geography
Geometría	geometry
Historia	history
Informática	computing (IT)
Ingeniería	engineering
Lenguas modernas	modern languages
Lingüística	linguistics
Literatura	literature
Matemática	mathematics
Medicina	medicine
Música	music
Pintura	painting
Psicología	psychology
Química	chemistry
Sociología	sociology
Tecnología	technology
Zoología	zoology
Vegetales / Verduras –	**Vegetables**
Aguacate	Avocado
Ajo	Garlic
Alcachofas	Artichokes
Alcaparras	Capers
Guisantes	Peas
Apio	Celery
Arroz	Rice
Berenjena	Egg plant
Brócoli	Broccoli
Maní	Peanut
Calabaza	Pumpkin
Cebolla	Onion
Cebollitas	Green onions
Champiñones	Mushrooms

Coliflor	Cauliflower
*Gandules	Green beans
Espinaca	Spinach
Frijoles / Habichuelas	Beans
Garbanzos	Chickpeas
Haba	Fava Bean
Lechuga	Lettuce
Lentejas	Lentils
Maíz	Corn
Papa	Potato
Pepinillos	Pickles
Pepino	Cucumber
Puerro	Leek
Rábano	Radish
Remolacha	Beet
Repollo	Cabbage
Tomate	Tomato
Yuca	Cassava
Zanahoria	Carrot

Popular speaking you will hear "guandules"

Exercises - Ejercicios

1- Write a paragraph, five lines long, that describes what you would do if you go bankrupt, using the conditional perfect tense.

2- Fill in the blanks using the conditional perfect:

Yo ____(saltar)_____ si hubiese sabido que lo pisaría.

Helena ____(estudiar)_____ más si hubiese sabido que el examen estaba tan difícil.

Nosotros _____(beber)____ menos si hubiésemos sabido que nos embriagaríamos.

Ellos no _____(comprar)____ si hubiesen sabido que lo conseguirían más barato en otro lugar.

Sarita y Sofía _____(conducir)_____ más lentamente si hubiesen sabido que chocarían esa noche.

3- Use the corresponding direct object pronouns:

Yo _____ he comprador un collar de perlas.

Jaime _____ dijo a su madre acerca del accidente.

Nosotros _____ fuimos temprano de la fiesta.

Ellos _____ entregaron las maletas.

Tú _____ quedaste en casa el sábado.

4- Write four sentences using the following subjects:
Astronomía

_____

Arquitectura

_____

Pintura

_____

Zoología

_____

5- Create a five-line salad recipe using the following vegetables: avocados, artichokes, carrots, cucumbers, green beans and lettuce.

_____

_____

_____

_____

_____

Reading Comprehension

1- ¿Qué compré en la primera ciudad que visité?

_____

2- ¿Qué habría comprado en Atyrá de haber tenido más dinero?

_____

3- ¿Qué les compré a mis hermanas?

_____

4- ¿Cuántas ciudades visité?

_____

5- ¿Qué pienso hacer cuando vuelva a Paraguay?

_____

Knowledge Base
Republic of Paraguay - República del Paraguay
Motto: Paz y justicia - Peace and justice
Capital and largest city - Asunción
Official languages - Spanish - Guaraní
Demonym - Paraguayan
Government - Unitary presidential constitutional republic
President - Horacio Cartes
Vice President - Juan Afara
Population - 2015 estimate - 6,783,272[
Currency - Guaraní (PYG)
Calling code - +595
Bible Verse - Versículo Bíblico

Y me ha dicho: Bástate mi gracia; porque mi poder se perfecciona en la debilidad. Por tanto, de buena gana me gloriaré más bien en mis debilidades, para que repose sobre mí el poder de Cristo. **2 Corintios 12:9**

Lesson 17

Las Fiestas de la Marinera - Marinera's Parties.

Había vuelto a mis orígenes, debía recordarme a *mí misma* de dónde venía, *había ido* a visitar a mi familia después de muchos años, decidí hacerlo a finales de enero. Y sé que lo *había hecho* con doble intención pues quería disfrutar de la Marinera, una festividad celebrada a lo largo y ancho del Perú todos los años en esa época.

Habían pasado cinco años desde mi último viaje y pude ver cuánto *había cambiado* mi país, nuevas grandes edificaciones, gran cantidad de autos y un ritmo de vida más acelerado que el que recordaba.

De la Marinera el principal atractivo es el Concurso Nacional de Marinera al que asisten todos los peruanos y del que participan mujeres y hombres de todas las edades, quienes bailan al son de trompetas, baterías, platillos y tubas.

Me *había recordado* de los trajes que llevan para concursar, ya que se trata de nuestros trajes típicos. Las damas usan largos vestidos llenos de vuelos, que son finamente elaborados muchas veces por *ellas mismas*. Debajo del vestido llevan una blusa bordada y los motivos de esta *habían traído* a mi mente imágenes de todos los rincones del país. Ya que los motivos de cada blusa son alegorías de dichas imágenes.

Recuerdo que los hombres *habían lucido* una faja sobre la cintura del pantalón, sus camisas siempre son claras y sobre esta lucen el tradicional poncho y por supuesto sobre sus cabezas nunca pueden faltar los infaltables sombreros de paja.

Ambos, tanto la dama como el caballero, llevan en las manos pañuelos que rememoran un poco la época colonial durante la cual todos *habían portado* pañuelos como parte de su atuendo.

Este baile como tantos otros *había buscado* emular el cortejo, donde el hombre persigue a la dama en cuestión esperando que esta responda a sus halagos y galantería. Los pasos del baile son marcados por el caballero y la mujer le sigue como diciendo sí a su petición de cortejarla.

A lo largo de estos días de fiesta *había podido* ver los sorprendentes caballos de paso fino que se pasean a lo largo de las calles y con ellos carros alegóricos que hacen largas caravanas, en las que múltiples parejas danzan incansablemente, convirtiéndose *ellos mismos* tiovivos multicolores.

Las festividades de la Marinera son de tanta importancia para nuestro pueblo que el estado ha decidido declarar tanto el baile de la marinera como el caballo de paso peruano, como patrimonio cultural de la nación.

No hay peruano que se quede en casa en estos días, pues la música siempre *había contagiado* a todos desde siempre, son días felices en los que se comparte en familia y con ello revivimos año a año parte de nuestra riqueza popular.

Word List – Listado de palabras
Las Fiestas de la Marinera – Marinera's Parties.
Mis orígenes – My origins (background).
Después de muchos años – After many years.
Con doble intención – With double intention.
A lo largo y ancho – Far and wide *(meaning from all over)*.
El principal atractivo – The maina attraction.
De todas las edades – From every ages.
Al son de trompetas – At the sound of trompets.

Tarolas, platillos – Earn drums, Cymbals.

Trajes típicos – Typical costumes.

Vestidos llenos de vuelos – Dresses filled with hemming *(Edge of the dress, typical dresses have very long edge or border).*

De todos los rincones – From every corner.

Alegorías de dichas imágenes – Alluding to such images.

Los infaltables sombreros de paja – The unmissing Straw hats.

La época colonial – Colonial time (Epoch).

Emular el cortejo – Emulate the courtship (Encourage flirting).

La dama en cuestión – The lady in question.

Halagos y galantería – Flattery and gallantry.

Los pasos del baile – The steps of the dance.

Son marcados por el caballero – Are set by the gentleman. *(when dancing the man leads the dance and the woman follows his steps).*

Caballos de paso fino – Fine step horses.

Tiovivos multicolores – Multicolor carousel.

Patrimonio cultural de la nación – Cultural Heritage of the nation.

Grammar Explanations – Notas gramaticales

Past Perfect – Pluscuamperfecto.

When you are referring to an action in the past that occurred before another action in the past, you use the "Past Perfect". It is formed by the imperfect of the verb "Haber" plus the past participle of the verb. It is equivalent to "Had been" in English.

Imperfecto Haber		Pasado participio Hablar
Yo	había	hablado
Tú	habías	hablado

Usted	había	hablado
Él	había	hablado
Ella	había	hablado
Nosotros	habíamos	hablado
Ustedes	habían	hablado
Ellos (as)	habían	hablado

Él había bebido mucho cuando su hermana llegó – He had drank very much when his sister arrived.

Yo ya había vuelto cuando ustedes llamaron – I had already returned when you called.

Ya había visto a mi hermana – I had already seen my sister.

Nunca había escuchado esa historia antes de ahora – I had never heard that story before now.

Nos habríamos marchado cuando al avión despegó – We had been gone when the plan took off.

Ya había salido cuando tú llamaste – I had already left when you called.

Remarks:

Remember, you will always need to use the personal pronoun when using "*Usted / Él / Ella*" and "*Ustedes / Ellos (as)*", because they might confused the listener.

Do not forget the Ask and Answers form.

¿Había bebido él mucho cuando su hermana llegó? – Had he drank a lot when his sister arrived?

Si, él había bebido mucho. – Yes, he had drunk a lot.

No, él no había bebido mucho. – No, he had not drank a lot.

¿Habías vuelto ya cuando nosotros llamamos? – Had you already returned when I called?

Si, ya había vuelto. – Yes, I had already returned.

No, aún no había vuelto. – No, I had not yet returned.

¿Ya habías visto a mi hermana? – Had you already seen

my sister?

Si, ya **había visto** *a tu hermana.* – Yes, I had already seen your sister.

No, no **había visto** *a tu hermana aun.* - No, I had not yet seen your sister.

Tonic Personal Pronouns – Pronombres Tónicos Personales

When using them, they come behind a preposition that is not "*Con- With*".

Personal	Tonics	Tonics Reflexive
Yo	Mí	Mí "mismo (a)" - **myself**
Tú	Ti	Ti "mismo (a)"
Él	Él	Sí "mismo"
Ella	Ella	Sí "misma"
Ello	Ello	Sí "mismo"
Usted	Usted	Sí "mismo (a)"

Uno - *One* -		Sí "mismo" – *One self.*
Nosotros	Nosotros	Nosotros "mismos"
Nosotras	Nosotras	Nosotras "mismas"
Ustedes	Ustedes	Sí "mismos"
Ellos	Ellos	Sí "mismos"
Ellas	Ellas	Sí "mismas"
Unos - *Ones*	-	Sí "mismo" – *Ones selves.*

Referring to different people. – Refiriéndonse a distintas personas.

Estoy enamorado **de ella** – I am in love with her.

¿Qué voy a hacer **sin ti***?* – What am I going to do with you?

Brindamos por **usted.** – Cheers for you.

¿Estás hablando **de mí***?* – Are you talking about me?

Referring to the same person – Refiriéndose a la misma

persona.

You can use "Mismo (a)" giving more emphasis to the statement.

Ella no está segura **de sí misma** – She is not sure of herself.

Puedes valerte **por ti mismo.** Estoy orgulloso. – You can stand for yourself. I am proud.

Cada uno piensa **en sí mismo** – Everyone thinks for himself.

No hablo **de mí mismo**, hablo **de ti misma** – I am not speaking about myself, I am speaking about yourself.

When using the preposition "Con – With" – Cuando usamos la preposición "Con – With".

Personal Tonics	Tonics Reflexive
Conmigo	Conmigo "mismo (a)" **With myself**
Contigo	Contigo "mismo (a)"
Con él	Consigo "mismo"
Con ella	Consigo "mismo"
Con usted	Consigo "mismo (a)"
Con nosotros	Con nosotros "mismos"
Con nosotras	Con nosotras "mismas"
Con ustedes	Consigo "mismos (as)"
Con ellos	Consigo "mismos"
Con ellas	Consigo "mismas"

Referring to different people. – Refiriéndonse a distintas personas.

Baila **conmigo** *antes que se acabe la canción* – Dance with me before the song ends.

Estoy muy contento **contigo.** *Has hecho un muy buen trabajo* – I am very happy with you. You have done an excellent job.

No he hablado **con él** *hoy* – I have not spoken with him today.

Referring to the same person – Refiriéndose a la misma persona.

Estoy defraudado **conmigo** – I am disappointed with me.

Estoy defraudado **conmigo mismo** – I am disappointed with myself.

Ella lleva la llave da la casa **consigo misma** – She carries the house key with herself.

A little bit more – Un poco más

Lugares –	**Places**
Acera	sidewalk
Ayuntamiento	town hall
Calle	street
Castillo	castle
Cementerio	cemetery
Cine	cinema / Movie
Ciudad	town
Consulado	consulate
Cruce / peatonal	crosswalk
Escuela	School
Garaje	garage
Hospital	hospital
Hotel	hotel
Mercado	market
Ministerio	ministry
Monumento	monument
Muelle	pier
Museo	museum
Palacio	palace
Patio	courtyard
Plaza	square

Pueblo	village
Puerto	port
Restaurant	restaurant
Semáforo	traffic light
Supermercado	grocery store
Teatro	Theater
Tienda	store
Torre	tower
Universidad	University
Acera	pavement
Aeropuerto	airport
Banco	bank
Banco	bench
Bar	bar
Biblioteca	library
Cabaña	hut
Carnicería	butchery
Carretera / vía	road (highway)
Casa	house
Catedral	cathedral
Comisaría	police station
Edificio	building
Embajada	embassy
Esquina	corner
Estadio	stadium
Fábrica	factory
Farmacia	pharmacy
Fuente	fountain
Granero	barn
Granja	farm
Iglesia	church
Librería	bookstore
Panadería	bakery
Posada	inn

Prisión / Cárcel	prison
Puente	Bridge
Senda	path
Suburbio	suburb
Tintorería	dry cleaner's
Carne –	**Meat**
Carne de res	Beef
Cordero	Lamb
Cerdo	Pork
Ternera	Veal
Bistec	Beefsteak
Carne molida	Ground beef
Cochinillo	Suckling pig
Costillas	Ribs
Chuleta	Pork chop
Hígado	Liver
Jamón	Ham
Lengua	Tongue
Lomo	Steak
Lomo de cerdo	Pork fillet
Longanizas	Sausages
Patas de cerdo	Pig's feet
Pierna de cordero	Leg of lamb
Cola de buey	Oxtail
Riñones	Kidneys
Salchichas	Sausages
Tocino	Bacon
Tripas	Tripe
Codorniz	Quail
Conejo	Rabbit
Faisán	Pheasant
Ganso	Goose
Pato	Duck
Pavo	Turkey

Pollo	Chicken
Ala	Wing
Pechuga	Breast
Muslo	Thigh
Pierna	Leg
Venado	Venison

Exercises - Ejercicios

1- Write three sentences using the past perfect tense:

_____

_____

_____

2- Make these sentences into questions:

Yo había hablado con tu mamá antes de invitarte a salir.

_____

Ana había estado corriendo en el parque antes de encontrarnos.

_____

Los chicos de mi vecina habían roto la bolsa de la basura.

_____

Nosotros habíamos llegado temprano a la fiesta.

_____

Tú te habías casado cuando comenzaste a trabajar.

_____

3- Write down three sentences using the tonics reflexives.

_____

_____

_____

4   Use the appropriate tonic reflexive.

Yo iré con _____tú_____ a la playa el fin de semana.

Nosotras hicimos un acuerdo entre _____nosotros_____.

Miguel y Juan hicieron una reunión entre ____ellos____.

4-   Draw a mall with these places:
Un cine frente al mercado.
Tiendas alrededor de la plaza.
Una farmacia al lado de una panadería.
Una carnicería frente a la biblioteca.

Knowledge Base

Republic of Peru - República del Perú

Motto: Firme y feliz por la unión - Firm and Happy for the Union

Capital and largest city - Lima

Official languages – Spanish, Quechua, Aymara

Demonym - Peruvian

Government - Unitary semi-presidential constitutional republic

President - Pedro Pablo Kuczynski

Population - 2015 estimate - 31,151,643

Currency - Nuevo sol (PEN)

Calling code - +51

Quechua, Aymara and other indigenous languages are co-official in the areas where they predominate.

Bible Verse - Versículo Bíblico

No mirando nosotros las cosas que se ven, sino las que no se ven; pues las cosas que se ven son temporales, pero las que no se ven son eternas. **2 Corintios 4:18**

Lesson 18

Cocina Boricua - Puerto Rican's gastronomy

Teresa: *mira* Valentina, ya llegan las vacaciones y aún no hemos decidido a donde viajaremos, traje alguna literatura interesante sobre Puerto Rico, *lee* y *di* qué te parece.

Valentina: *no hables* tan alto, me duele un oído; *decide* tú, como siempre escoges bien. *Anda* rápido y *haz* las reservaciones.

Teresa: leeré en voz baja, *oye*, la base de la cocina criolla puertorriqueña es una mezcla de las cocinas española, africana y taina, ve, es taina por ser el nombre de los indígenas, quienes cultivaban: yuca, batata, yautía y maíz; *hablemos* ahora de lo que incorporaron los españoles: cebolla, ajo, cilantro, berenjena, garbanzos, coco y bebidas como el ron; veamos como de África se adquirió su estilo y los plátanos.

Valentina: *no insistas* tanto en la comida.

Teresa: Hasta que no degustemos la comida típica, sentimos que no conocemos totalmente el lugar.

Valentina: tienes razón, *sigamos*.

Teresa: la auténtica comida criolla boricua se basa en plátanos, cerdo, mariscos y frituras que se acostumbran a servir con arroz y frijoles. Los vegetarianos pasaran momentos difíciles con su comida en Puerto Rico. Nosotras *comamos* y *bebamos* lo que queramos, no somos vegetarianas.

Valentina: se me hace agua la boca, en estas vacaciones no *nos limitamos*, no importa si engordamos, después rebajamos.

Teresa: ¿Qué tal si obviamos las órdenes de mamá? ¡*No coman* ni *beban* tanto!

Valentina: lo aprobamos. No pensemos nada, solo hagámoslo.

Teresa: en cada comida sugiramos un plato diferente cada una, de este fabuloso menú, y *compartámoslos* luego, *leámoslo* para que sepamos cuando nos pidan que ordenemos. Para picar antes de las comidas: salen tostones de plátanos fritos y machacados, empanadillas, bacalaítos, sorullos elaborados con harina de maíz y queso, alcapurrias, piononos; sopas, no es raro que pongan la sopa nacional de Puerto Rico, y que la hagan de arroz con pollo o con langosta, gambas u otros mariscos.

Valentina: ¿Qué habrá de carne para que comamos?

Teresa: según este menú espero que pongan ternera, el cerdo nunca falta y lo servirán como chicharrón, chuletas grandes y jugosas fritas o asadas a la parrilla y lechón asado. Todos acompañados de arroz con habichuelas o un sofrito de frijoles.

Valentina: es bueno tener este súper menú, *seamos* inteligentes y *averigüemos* cuales son los mejores platos.

Teresa: fantástico, *toma* nota no nos las perderemos. Las especialidades son el mofongo, puré de plátanos verdes fritos, rellenos con mariscos, carne frita de cerdo o salmorejo de jueyes, con una salsa de ajo y tomate; *comámonos* una ensalada de pulpo, camarones o langosta con ron servida en un coco; también comeremos una serenata de viandas con bacalao. Exijamos que el pescado y los mariscos estén frescos.

Valentina: ¿Terminaste? *Levantémonos.*

Teresa: *no te levantes*, aquí hablan de un sofrito básico, *oye*, es una mezcla de hiervas y vegetales triturados, utilizan 4 cebollas, 3 cabezas de ajo, 12 ajíes dulces sin semillas, una cucharada de sal, un cuarto de aceite de achote, 20 hojas de recado, 2 pimientos verdes sin semillas y 25 ramitas de cilantro que es el sabor predominante; *agítese* y *mézclese* antes de usarse, si gusta puede freírlo o usarlo crudo pero siempre *guárdese* tapado en el refrigerador; *úselo* en arroces, carnes pescado y pollo.

Valentina: *habla* sobre los postres por favor.

Teresa: vamos a ver los postres tradicionales son: la papaya verde o dulce de lechosa, cascos de guayaba con queso blanco, pudín de pan, flan de vainilla o de coco o de queso, sorbetes de fruta, biscochos de 3 leches, el budín del pueblo de la Aguada y los brazos gitanos de Mayagüez.

Valentina: ¿Terminamos? *Bañémonos* y *vámonos* a dormir.

Teresa: espera, faltan las bebidas, Puerto Rico es productor de ron, no es extraño que sepan preparar riquísimas bebidas con jugos de frutas y ron, la reina de las bebidas es la piña colada, para los pequeños prepararan bebidas sin alcohol. Bueno ¡A preparar el viaje!

Valentina: por ahora ¡*A bañarnos* y *a dormir*!

Teresa: 15 días después. *Camina* rápido Valentina, *chequeemos* los pasaportes y el equipaje. Llegaremos en pocas horas a Puerto Rico. Chao mamá, cuídate.

Valentina: *abordemos* el avión, me siento feliz ¿Quién nos recogerá en el aeropuerto?

Aeromoza: *abróchense* los cinturones.

Teresa: es seguro que vengan a buscarnos del hotel The Rits-Carlton San Juan.

Valentina: si, *mira* nos están esperando.

Teresa: vamos directo al hotel, ahora por *favor lleve* las maletas a recepción. *Tome* los tickets tenemos reservación para dos, por una semana.

Recepcionista: Todo correcto, *tengan* 2 llaves electrónicas y se les entregará el equipaje en la habitación.

Teresa y Valentina: muchas gracias.

Recepcionista: *Pasen* unas inolvidables vacaciones.

Teresa: *Pongámonos* los trajes de baño, esta noche cenaremos aquí. Mañana *despertémonos* temprano para salir con la guía.

Valentina: *No me mires* así.

Teresa: *No deberías usar* el traje de baño nuevo de mamá.

Valentina: No se lo digas a mamá.

Teresa: Bien vamos a nadar.

Valentina: Tengo hambre ¿Podemos subir a cambiarnos de ropa para ir a cenar?

Teresa: Si podemos.

Valentina: Ya estoy lista.

Teresa: Ese debe ser el restaurant *¡A comer!*

Mesonero: Buenas noches señoritas ¿Van a cenar?

Teresa: Buenas noches, *recomiéndenos* algo que sea ligero.

Mesonero: ¿Qué tal una pasta con camarones y salmón? De postre cheesecake de calabaza y piensen ¿Qué prefieren tomar?

Valentina: *Vamos* a tomar "Piña Colada".

Mesonero: *Tengan* su cena señoritas, permítanme hablarles de la "Piña Colada": es una bebida dulce, se prepara con ron, crema de coco y zumo de piña bien madura, acompañada con una rodaja de piña. La "Piña Colada" es originaria de Puerto Rico, consiguieron declararla bebida nacional en 1978. Muchos se abrogan la invención de la misma, entre ellos Ricardo García empleado del Caribean Hilton aquí en San Juan. Comienza a ser afamada gracias a la canción "Escape" de Rupert Holmes, desde entonces conocida como "The Piña Colada Song". Es bueno que sepamos que desde entonces se conoce y se bebe en todo el mundo. Que tengan buenas noches señoritas y buen provecho.

Word List – Listado de palabras

Cocina Boricua – Puerto Rican's gastronomy *(Boricua is the common name for Puerto Rican, more like a Street name)*.

Alguna literatura interesante – Some interesting Reading (Literature).

Qué te parece – What you think *(Parecer means look like, but we also use it to ask someone opinion about something in its reflexive form)*.

Es una mezcla – It is a mixture (mix).

La auténtica comida – The authentic good.

Se me hace agua la boca – My mouth is watering.

No importa si engordamos – It doesn't matter if we get fat.

Después rebajamos – We bring it down later *(meaning bring down the pounds earned by excessive eating)*.

¡No coman ni beban tanto! – Don't eat and don't drink too much.

Para picar – To snack *(Picar means chop, cut, but in regular speech we use it to mean eat something or snack)*.

Como chicharrón – Like Pork rind *(this is very famous in latin countries)*.

Plátanos fritos y machacados – Fried and Smashed banana.

Arroz con habichuelas – Rice and beans *(This is the regular and daily dish for most latin countries)*.

Averigüemos cuales son los mejores platos – Let us find out which one are the best dishes. *(The two dots over the U indicates that you must pronounce the U)*.

El mofongo – The mofongo *(this is a very delicate and special dish prepare with Friend banana, then smash it and accompanied with meat and sauce. An exquisit dish in latin America)*.

Aquí hablan de un sofrito básico – They speak here about

a basic fried dish.

El sabor predominante – The dominant flavor.

Chao mamá, cuídate – By Mom, take care. *(Chao comes from the Italian word Ciao and we use it in its pronounced form in most latin countries to say goodbye).*

Llaves electrónicas – Electronic keys.

No me mires así. – Don't look at me like that.

Ya estoy lista. – I am ready already.

¿Van a cenar? – Are you going to have dinner?

Zumo de piña – Pineapple juice. *(Zumo is a synonym for Jugo in some latin countries).*

Grammar Explanations – Notas gramaticales

The imperative mood – El modo imperativo.

Since the imperative is not a time or tense, but a mood, I am giving you full version below. When using the imperative you are giving commands or orders.

There are four forms in the imperative mood corresponding to the personal pronouns "*Tú / Usted / Nosotros / Ustedes*".

Regular verbs ending in "Ar". – Verbos regulares en "Ar".

Tú form. – Forma Tú.

Habla claro. *No te entiendo.* – Speak clear.

No hables alto. – Do not speak loud.

Camina rápido – Walk fast.

No camines tan rápido – Do not walk so fast.

In the *Tú* form, just add "*A*" to the stem in affirmative sentence and "*ES*" in negative sentence.

Usted form. – Forma Usted.

Hable claro. – *Speak clear, please.*

No hable alto. – *Don't speak loud, please.*

In the **Usted** form, just add "*E*" to the stem in both affirmative and negative sentences.

Nosotros form. – Forma Nosotros.

Hablemos ahora. – *Let's speak now.*

No hablemos ahora. – *Let's not speak now.*

In the *Nosotros* form, just add *"EMOS"* to the stem in both affirmative and negative sentences.

Ustedes form. – Forma Ustedes.

Hablen afuera. – *Speak outside.*

No hablen dentro. – *Don't speak inside.*

In the *Ustedes* form, just add *"EN"* to the stem in both affirmative and negative sentences.

Remarks:

Remember, you do not need to use the personal pronouns when using the imperative form, because this is a direct command, which means that you are speaking directly to the person you are commanding or odering.

You have the *"Tú"* and *"Usted"* form, because as you already know, we address people depending on who they are *(family members, friends, or respect, politeness, etc).*

The *"Nosotros form"* correspond to the English *"Let's"*, therefore, most of the time it works as a suggestion.

When you add the word *"Por favor – Please"* to the command, it soften the command and it shows a little bit of a *"Plead"* to the person. I always recommend to use *"Por favor"* at the end of the command, unless you are angry and you want to make sure the person understands your command or order without softening it.

Habla claro, por favor. – Speak clear, please.

Hable bajo, por favor. – Speak low, please.

Hablemos ahora, por favor. – Let's speak now, please.

Hablen afuera, por favor. – Speak outside, please.

Regular verbs ending in "Er / Ir". – Verbos regulares en "Er / Ir".

Tú form. – Forma Tú.

Beb*e*

Bebe jugo. – Drink juice.

No beb*as*

No bebas jugo. – Don't drink juice.

Abr*e*

Abre la puerta ahora. – Open the door now.

No abr*as*

No abras la puerta a nadie. – Don't open the door to noone.

In the *Tú* form, just add *"E"* to the stem in affirmative sentences and *"AS"* in negative sentences.

Usted form. – Forma Usted.

Beba

Beba agua. – Drink water.

No beb*a*

No beba agua. – Don't drink water.

Abr*a*

Abra la boca. – Open the mouth.

No abr*a*

No abra la boca. – Don't open the mouth.

In the *Usted* form, just add *"A"* to the stem in both affirmative and negative sentences.

Nosotros form. – Forma Nosotros.

Beb*amos*

Bebamos jugo de china. – Let's drink orange juice.

No beb*amos*

No bebamos jugo de china. – Let's not drink orange juice.

Abr*amos*

Abramos los ojos. – Let's open the eyes.

No abr*amos*

No abramos los ojos. – Let's not open the eyes.

In the **Nosotros** form, just add **"AMOS"** to the stem in both affirmative and negative sentences.

Ustedes form. – Forma Ustedes.

Beban

Beb**an** jugo de limón. – Drink lemon juice.

No beb**an**

No beban jugo de limón. – Don't drink lemon juice.

Abr**an**

Abran la Biblia. – Open the Bible.

No abr**an**

No abran la Biblia. – Don't open the Bible.

In the **Ustedes** form, just add **"AN"** to the stem in both affirmative and negative sentences.

Verbs with vowel change – Verbos con cambios de vocal.

As we have learned in the present, there are regular verbs that change their vowel stem when conjugated. To get the imperative for "*Tú / Usted / Ustedes*" just use the conjugation of the first person singular "*I-Yo*".

Pensar – Think.

Piensa

piense

pensemos

piensen

No pienses

Piensa bien en lo estás diciendo – Think well on what you are saying.

No pienses nada, solo hazlo – Don't think anything, just do it.

Empezar – Start / Begin

Empieza

Empiece

Empecemos

Empiecen

No empieces

Empiecen *a trabajar ahora* – Start to work now.

No empieces *con tus estupideces* – Don't start with your nonesenses.

Volar – Fly

Vuela

vuele

volemos

vuelen

No vueles

Vuela *el avión en estos momentos* – Fly the plane at this moment.

No vueles *el avión, es una orden* – Don't fly the plane, it is an order.

Soñar – Dream

Sueña

sueñe

soñemos

sueñen

No sueñes

Sueña *conmigo esta noche* – Dream with me tonight.

No sueñes *disparates* – Don't dream nonenseses.

Querer – Want

Quiere

quiera

queramos

quieran

No quieras

Quieran *algo en sus vidas* – Want something in your lives.

No quieran *nada, ustedes se lo pierden* – Don't want anything, it is your loss.

Volver – Return

Vuelve

vuelva

volvamos

vuelvan

No vuelvas

Vuelve *aquí mismo ahora* – Get back here right now.

No vuelvan *nunca jamás* – Don't ever come back.

Conocer – To meet

Conoce

conozca

conozcamos

conozcan

No conozcas

Conozcamos *los invitados* – Let's meet the guests.

No conozcamos *a ningún hombre* – Let's not meet any man.

Dormir – Sleep

Duerme

duerma

durmamos

duerman

No duermas

Duerman *ahora mismo* – Sleep right now.

No duermas *ahora* – Don't sleep now.

Conducir – Drive

Conduce

conduzca

conduzcamos

conduzcan

No conduzcas

Conduce *despacio* – Drive slow.

No conduzcas *tan rápido* – Don't drive so fast.

Reír – Laugh / Smile

Ríe

ría

riamos

rían

No rías

Ríamos *con ella de sus malos chistes* – Let's laugh with he ron her back jokes.

No rías *tanto que me molesta* – Don't laugh so much, it bothers me.

Sugerir – Suggest

Sugiere

sugiera

sugiramos

sugieran

No sugieras

Sugiera usted *un buen lugar para cenar* – Suggest a nice place to dine.

No sugieras *nada, siempre metes la pata* – Don't suggest anything, you always mess it up.

Vestir – Dress

Viste

vista

vistamos

vistan

No vistas

Vistamos *al novio* – Let's dress the groom.

No vistas *a la novia* – Don't dress the bride.

Conseguir – Get / Obtain

Consigue

consiga

consigamos

consigan

No consigas

Consigue *la información inmediatamente* – Get the information inmediately.

No consigas *nada, ella es muy mala* – Don't get anything, she is very bad.

Construir – Build / Construct

Construye
construya
construyamos
construyan
No construyas

Construyamos *el proyecto como profesionales* – Let's build the Project as professionals.

No construyas *nada bueno* – Don't build anything good.

Irregular verbs in the imperative – Verbos irregulares en el imperativo.

Remember, to make the negative, you just need to add "No" to the affirmative for "*Usted / Nosotros / Ustedes*". Only "*Tú*" changes. You will only see the negative for "*Tú*". You just need to use the imperative form for "*Usted*" and add "*S*" to get the negative for "*Tú*".

Ir – Go

Ve
vaya
vamos
vayan
No vayas

Vamos *a caminar* – Let's walk.

No vayan *al cine* – Don't go to the movies.

Saber – Know

Sabe
Sepa
sepamos
sepan
No sepas

Sepamos *muy bien lo que hacemos* – Let's know very well what we do.

No sepas *nada cuando te pregunten* – *Don't know*

anything when they ask you.

Ser – Be

Sé

sea

seamos

sean

No seas

Sé inteligente muchacho – Be intelligent boy.

No seas así – Don't be like that.

Tener – Have

Ten

tenga

tengamos

tengan

No tengas

Ten fe, no desmayes – Have Faith, don't get discourage.

No tengan misericordia con ese criminal – Don't be merciful with that criminal.

Venir – Come

Ven

venga

vengamos

vengan

No vengas

Ven conmigo ahora mismo – Come with me right now.

No vengas con cuentos chinos – Don't come with stories.

Poner – Put

Pon

ponga

pongamos

pongan

No pongas

Pongamos las cartas sobre la mesa – Let's put he cards on the table (Let's be honest).

No pongas el vaso en la cocina – Don't put the glass on the kitchen.

Salir – Go out

Sal

salga

salgamos

salgan

No salgas

Sal de mi casa y nunca regreses – Get out of my house and never come back.

No salgas a la calle de noche – Don't go out on the streets at night.

Hacer – Do / Make

Haz

haga

hagamos

hagan

No hagas

Haz algo rápido o ella morirá – Don't something quick or she'll die.

No hagas nada, total nunca haces nada. – Don't do anything, anyways. You never do nothing.

Decir – Say / Tell

Di

diga

digamos

digan

No digas

Di la verdad o te voy a dar una paliza – Tell the truth or I will whip your ass.

No digas mentiras. Ya basta – Don't lie. It's enough.

Oír – Listen / Hear

Oye

oiga

oigamos
oigan
No oigas
Oigan *bien antes de hablar* – Listen well before speaking.
No oigas *nada* – Don't hear anything.

Imperative with reflexive verbs – Imperativo con verbos reflexivos.

When using reflexive pronouns or indirect or direct object pronouns, they are attached directly to the verb and are spell in word word. Watch for the accents! Do not forget them.

Remember, "*Tú – te / Usted – se / Nosotros – nos / Ustedes – se*".

Levantarse – Get up

Levántate	**No te levantes*
levántese	*no se levante*
levantémonos	*no nos levantemos*
levántense	*no se levanten*

Levántate *de la cama ahora* – Get up from the bed now.
No te levantes *ahora* – Don't get up now.
*There is no accent in the negative statement.

Acostarse – Go to bed / Lie down

Acuéstate	*No te acuestes*
acuéstese	*no se acueste*
acostémonos	*no nos acostemos*
acuéstense	*No se acuesten*

Acuéstate *en el sofá* – Lie down on the sofá.
No te acuestes *en mi cama* – Don't sleep on my bed.
*There is no accent in the negative statement.

Bañarse – Take a bath / Shower.

Báñate	*No te bañes*
báñese	*no se bañe*
bañémonos	*no nos bañemos*

báñense   *no se bañen*

Bañémonos *en la piscina* – Let's take a plunge in the swimming pool.

No se bañen *en la bañera* – Don't take a bath in the bathtub.

Irse – Go away / Leave

Vete   **No te vayas*
váyase   *no se vaya*
vámonos   *no nos vámonos*
váyanse   *no se vayan*

Vete *de mi casa* – Go away (Leave) of my house.

No se vaya *por favor, no me deje sola* – Don't leave please, don't leave me alone.

*There is no accent in the negative statement. No nos vámonos".

Dormirse – Fall asleep / Sleep

Duérmete   **No te duermas*
duérmase   *no se duerma*
durmámonos   *no nos durmamos*
duérmanse   *no se duerman*

Duérmete *en la cama* – Sleep on the bed.

No te duermas *tarde* – Don't sleep late.

* There is no accent in negative statement.

Ponerse – Put on

Ponte   **No te pongas*
póngase   *no se ponga*
pongámonos   *no nos pongamos*
pónganse   *no se pongan*

Ponte *los zapatos* – Put on the shoes.

No pongas *la mano* – Don't touch anything.

* There is no accent in negative statement.

Vestirse – Get dressed

Vístete   **No te vistas*
vístase   *no se vista*

vistámonos   *no nos vistamos*
vístanse   *no se vistan*
Vístete *pronto* – Get dressed quickly.
No te vistas. *No vas* – Don't get dressed. You are not going.
There is no accent in negative statement.

Remarks:

As you can see, in the affirmative the reflexive pronouns become part of the imperative verb. However, in the negative you please the reflexive pronouns between the negation "No" and the reflevixe verb "Levántes". **No + te + levántes.**

Notice that when using "Nos" the original conjugation of the verb loses the "S". *Levántemos – nos = Levántemonos.*

Reflexive with Object Pronouns – El reflexivo con pronombres complementarios.
Le doy el lápiz a Pedro– Give me the pencil to Pedro.
Dáselo – Give it to him.
No se lo des – Don't give it to him.
Te doy el lápiz – I give you the pencil.
Dame el lápiz – Give me the pencil.
Dámelo – Give it to me.
Les doy el lápiz a ellos. – I give them pencil to them.
Dáselos – Give it to them.
No se lo des – Don't give it to them.
¿Puedo comerme toda la comida?
Si, **cómetela** – Yes, eat it.
No, **no te la comas.** – No, don't it.

Uses of the imperative – Usos del imperativo.
To demand or ask for something.
Abra *la puerta, por favor.* – Open the door, please.

Ponte en la mesa – Get on the table.
No me mires así – Don't like at me like that.
No se lo digas a mamá – Don't tell it to Mom.
Cállate – Shut up.

To give advise or counseling.
Vete despacio – Go slow.
Come un poco más – Eat a little bit more.

To give instructions.
Agítese antes de usarse – Shake before using it.
Pónganse los cinturones – Put on the seatbelts.
A plus the infinitive.
! A trabajar! – To work – Let's work
! A comer! To eat – Let's eat
! A descansar! To rest – Let's rest
! A callarse! To be quite – Let's be quiet.

In public signs, change the imperative by the infinitive.
No fumar en la casa – No smoking in the house.
No cruzar la calle – No crossing the Street.

To soften the imperative using "Poder" plus infinitive.
¿Puedes traerme agua, por favor? – Can you bring me water, please?
Si, puedo. – Yes, I can.
No, no puedo. No, I cannot.
¿Podrías traerme agua, por favor? – Could you bring me water, please?
Si, podría. – Yes, I could.
No, no podría. – No, I couldn't.
To soften the imperative using "Importar" plus infinitive.
¿Te importa traerme agua, por favor? – Do you mind to bring me water, please?

Si, me importa. – Yes, I mind.

No, no me importa. – No, I do not mind.

¿Te importaría traerme agua, por favor? – Would you mind bringing me water, please?

Si, me importaría. – Yes, I would mind.

No, no me importaría. – No, I would not mind.

A little bit more – Un poco más

Hiervas y Especias - Herbs & Spices

Ají	Pepper
Ajo	Garlic
Albahaca	Basil
Anís	Aniseed
Azafrán	Saffron
Canela	Cinnamon
Cilantro / Culantro	Coriander
Clavos	Cloves
Hierba Buena	Mint
Mostaza	Mustard
Nuez moscada	Nutmeg
Orégano	Oregano
Perejil	Parsley
Pimienta Negra	Black pepper
Romero	Rosemary
Sal	Salt
Tomillo	Thyme
Vainilla	Vanilla
Vinagre	Vinegar

Exercises - Ejercicios

1   Write one sentence with the verb "Hablar", using the "Tú" form and the imperative mode.

2   Write one sentence with the verb "Nadar", using the "Usted" form and the imperative form

3   Write one sentence with the verb "Abrir", using the "Nosotros" form and the imperative mode.

4   Write one sentence with the verb "Comer", using the "Ustedes" form and the imperative mode.

5   Write five sentences using: "Ve, vaya, vamos, vayan, no vayan", in the imperative mode.

_____

_____

_____

_____

_____

6   Write four sentences using: ·Péinate, peinese, peinémonos, péinense", in the imperative mode.

_____

_____

_____

Uses of the imperative:

7   Write two sentences demanding or asking for something

_____

_____

_____

8   Write two sentences giving advising or counseling

_____

_____

9   Write two sentences giving instructions

_____

_____

10 Soften the imperative mode using the verb: "Poder". Write one question, one affirmative answer, and in} negative answer

_____

_____

_____

_____

_____

Reading Comprehension:

Fill in the blanks, write or answer the following questions:

1- La base de la cocina puertorriqueña es una

_____de las cocinas _____

_____   _____ _____

2- Sentimos que no_____ totalmente el

lugar hasta que _____ _____ _____

_____   _____

3- ¿Cuáles fueron las ordenes de mamá?_____

_____ _____ _____ _____

4- ¿Qué habrá de carne para que

comamos?_____

5- ¿Cuáles son las especialidades?

_____

6- Escribe cuales son los ingredientes del sofrito

básico_____

7- ¿A qué hotel llegaron las dos hermanas?

_____

8- ¿Qué recomendó el mesonero para la cena?

_____

9- ¿Cuáles son los ingredientes de la Piña

Colada?_____

10- ¿Cuántos y cuáles son los nombres de la canción que canta Rupert Holmes?

_____

Knowledge Base
Commonwealth of Puerto Rico - Estado Libre Asociado de Puerto Rico
Motto: Ioannes est nomen eius - John is his name.
Capital and largest city - San Juan
Official languages - Spanish - English
Demonym - Puerto Rican (Boricua)
Government – Commonwealth - Republican Form.
President - Barack Obama
Governor - Alejandro García Padilla
Population - 2015 estimate - 3,474,182
Currency - United States dollar ($) (USD)
Calling code - +1-787, +1-939
Bible Verse - Versículo Bíblico
Deléitate asimismo en Jehová, Y él te concederá las peticiones de tu corazón. Encomienda a Jehová tu camino, Y confía en él; y él hará. **Salmos 37:4-5**

Lesson 19 🔒

Al Son del Merengue - At the rhythm of Merengue.

Que yo haya nacido en la tierra del ritmo contagioso del merengue es una bendición. Que haya sido criado al son de la tambora, la güira, el acordeón y la guitarra hacen *que lleve* la música por dentro y la alegría a flor de piel.

Los más famosos merengueros del planeta han salido de mi tierra y que esto haya sucedido no es casualidad, no sólo llevamos el merengue en la sangre sino que también es un símbolo nacional *que nos hace* orgullosos de un género musical que se baila en el mundo entero.

Si tienes la oportunidad de pisar esta hermosa isla anclada en el Caribe, *que no se te ocurra* perderte una noche de merengue y visitar nuestros clubes y shows nocturnos donde te encontrarás con la crema y nata de la música de por estas tierras.

Si vienes a Santo Domingo *que no sea* por menos de diez días, para *que puedas* disfrutar de los mejores clubes de baile de la ciudad. Tendrás que empezar por el CDEEE donde en ocasiones podrás encontrarte con cantantes de la talla del gran Wilfrido Vargas.

La noche siguiente es obligación que asistas a The Big Drink, un club de baile famoso que muchas veces ha presentado a Sergio Vargas cantando su famosa canción "Qué te has Creído". Tendrás que bailar al ritmo de "El Torito" de Héctor Acosta *que se presenta* muchas veces en La Discoteca.

Otra imperdible es el Homero Karaoke House donde podrás escuchar al siempre famoso Rubby Pérez con canciones que no podrás dejar de bailar, como su conocidísima "Tonto Corazón". Si es que todavía quieres más pásate a bailar "Sin Dios no Hay Nada" de Fernando Villalona, por Glama S.R.L., canción que no sólo es una canción sabrosa de bailar sino una loa a Nuestro Señor.

Ahora lo que no te perdonarías a ti mismo sería el no escuchar a mi favorito de todos los tiempos Juan Luis Guerra quien no sólo es cantante sino autor, productor, arreglista, músico y compositor y te deleita con letras maravillosas salpicadas de la alegría del merengue.

El merengue dominicano ha sido considerado como uno de los grandes géneros musicales bailables que distinguen el gentilicio latinoamericano es orgullo de mi tierra. Muchos de nuestros cantantes han puesto en alto el nombre de la República Dominicana. A pesar de que es cierto que no hay discoteca en Latinoamérica donde no se escuchen sus contagiosos acordes, como dominicano autóctono puedo decirles que no hay como disfrutarlos desde la tierra que les vio nacer, la República Dominicana.

Word List – Listado de palabras

Al Son del Merengue – At the rhythm of Merengue.

Ritmo contagioso - Contagious rhythm.

Que lleve la música por dentro – That carries the music inside.

La alegría a flor de piel. – Happiness on the skin *(an expression to say that happiness is shown everywhere, by just looking at the person).*

Símbolo nacional – National icon *(Símbolo means symbol, but in this context is an icon).*

Esta hermosa isla – This beautiful island.

Anclada en el Caribe – Anchored in the Caribbean.

La crema y nata – The pure society *(this is an expression to indicate that these people are the best of the society, the best of the best).*

Cantantes de la talla – Singers of the size of. *(The word talla means size, but in this sense is leveling other singers with the best ones).*

Una loa a Nuestro Señor – A praise to our Lord.

Salpicadas de la alegría – Splashed of happiness.

El gentilicio latinoamericano – Latinoamerical demonym.

Contagiosos acordes – Contagious musical notes.

Grammar Explanations – Notas gramaticales

Present Subjunctive – Presente Subjuntivo.

The subjunctive is not a tense; it is a mood, expressed in the present, past and future. We will start by dealing with the present subjunctive, which deals with situations of doubt, desire and emotion. You already know most of the conjugations, verb changes in vowels and irregular verbs in the *"Yo - I"* form of the indicative. The most helpful and important information about the *"Subjuntivo"* is that it often occurs in subordinate clauses that begin with *"QUE"*.

Start with the conjugation of the verb in indicative in the *"Yo-I"* form, drop the *"O"* and then add the corresponding ending for the subjunctive.

Regular verbs in "Ar" – Verbos regulares en "Ar".

Yo hablo – Let us remove the *"O"* and we have *"Habl"*, now we can add the subjunctive endings.

Hablar – Speak / Talk

Que yo habl*e*

Que tú habl*es*

Que usted habl*e*

Que él habl*e*

Que ella habl*e*

Que nosotros habl*emos*

Que ustedes habl*en*

Que ellos (as) habl*en*

*Es probable **que** hablemos* – It is probably that we talk.

*Es bueno **que** estudies* - It is good that you study.

*Es mejor **que** me esperes* – It is best that you wait for me.

*Es raro **que** nades tan temprano* – It is strange that you swim so early.

Remarks:

Have you noticed several pattern in the above sentences? I definitely hope so, because as you can see, it is easier than what people think.

All the sentenes have "***QUE***" before the verb with the subjunctive endings. That is the most important thinig for you to remember. That is the reason why, I put the verbs with the particle "***QUE***" in the conjugation.

The beginning of each sentences is also another way to identify and use the subjunctive properly.

Personal pronouns are not an obligation, unless if the meaning is confusing, make sure to use the personal pronoun.

Regular verbs in "Er / Ir" – Verbos regulares en "Er / Ir".

Both groups have the same conjugation, so, it will be easy for you. Remember that the same rules previously learned apply to all subjunctive cases and time.

Yo como – Let us remove the "***O***" and we have "***Com***", now we can add the subjunctive endings.

Comer - Eat

Que yo com*a*

Que tú com*as*

Que él com*a*

Que usted com*a*

Que ella com*a*

Que nosotros com*amos*

Que ustedes com*an*

Que ellos (as) com*an*

*Es importante **que** comas* – It is important that you eat.

*Dudo **que** él coma berenjena* – I doubt that he eats eggplant.

*Es malo **que** ella coma tan tarde* – It is bad that she eats so late.

*Espero **que** ustedes com**an** camarones* – I hope that you eat shrimps.

Vivir - Live

Que yo viv*a*

Que tú viv*as*

Que usted viv*a*

Que él viv*a*

Que ella viv*a*

Que nosotros viv*amos*

Que ustedes viv*an*

Que ellos (as) viv*an*

*Es posible **que** vivas un poco más* – It is possible that you love a little longer.

*Ojalá **que** no vivas bien* – I pray (hopefully) that you don't live well.

*Yo quiero **que** vivas como yo viví* – I want that you live the way I lived.

Remarks:

As already mentioned, verbs in "*Er*" and "*Ir*" have the same conjugation.

The present subjunctive is used for both present and future tenses where the subjunctive mood is called for.

*No creo **que** venga* - I don't believe he'll come.

Irregular verbs in the subjunctive – Verbos irregulares en el Subjuntivo.

There are only six irregular verbs in the subjunctive as follows:

*Dar - Give	**Estar - Be**
Que yo *dé*	Que yo *esté*
Que tú *des*	Que tú *estés*
Que usted *dé*	Que usted *esté*
Que él **dé**	Que él *esté*
Que ella *dé*	Que ella *esté*
Que nosotros *demos*	Que nosotros *estemos*
Que ustedes *den*	Que ustedes *estén*
Que ellos (as) *den*	Que ellos (as) *estén*

Esperas **que** *yo* **te dé** *mi dinero* – You expect that I give you my money.

Es increíble **que** *ella* **te dé** *problemas* – It is incredible that she gives you problems.

Es imperativo **que no les demos** *complicaciones* – It is imperative that we don't give them complications.

Es una lástima **que** *ella* **no esté** *contigo* – It is a pity that she is not with you.

Ellos quieren **que** *nosotros* **estemos** *atentos* – They want that we be active.

Es necesario **que estén** *en casa para las 10 pm* – It is necessary that you be home by 10 pm.

Pay close attention to the accent in "*Dé*" which makes the difference between the subjunctive and "*De – of*". Unless if it is attached to the end "*Deme - Give me*", then the accent is omitted.

*Haber - Have	**Ir - Go**
Que yo *haya*	Que yo *vaya*
Que tú *hayas*	Que tú *vayas*
Que usted *haya*	Que usted *vaya*
Que él *haya*	Que él *vaya*
Que ella *haya*	Que ella *vaya*
Que nosotros *hayamos*	Que nosotros *vayamos*

Que ustedes *hayan*   Que ustedes *vayan*

Que ellos (as) *hayan*   Que ellos (as) *vayan*

Dudo que ella haya trabajado con ellos – I doubt that she has worked with them.

Es importante que vayamos a la escuela – It is important that we go to school.

Es lamentable que él no vaya a la iglesia – It is regretful that he doen'st go to church.

Es urgente que vayas a casa – It is urgent that you go home.

"Haber" is used for another time, as we will see in our next lesson.

Saber - Know   **Ser - Be**

Que yo *sepa*   Que yo *sea*

Que tú *sepas*   Que tú *seas*

Que usted *sepa*   Que usted *sea*

Que él *sepa*   Que él *sea*

Que ella *sepa*   Que ella *sea*

Que nosotros *sepamos*   Que nosotros *seamos*

Que ustedes *sepan*   Que ustedes *sean*

Que ellos (as) *sepan*   Que ellos (as) *sean*

Es importante que sepas que hacer – It is important that you know what to do.

No creo que él sepa la verdad – I don't think that he knows the truth.

Ella quiere que sepamos las instrucciones – She wants that we know the instructions.

Es obligatorio que seas amable con ella – It is an obligation that you be nice with her.

Es malo que no seas profesional – It is bad that you are not a professional.

Es mejor que seamos sinceros – It is better that we be honest.

Verbs that change stems in subjunctives – Verbos que cambian en el subjuntivo.

If you have mastered the present indicative conjugation, you will have not issues at all. You already know how to conjugate these verbs with the vowel change. *Remember, they are regular verbs and they just change vowels.*

Yo conozco – Let us remove the "*O*" and we have "*Conozc*", now we can add the subjunctive endings.

Conocer – Know / Meet	Tener / Have
Que yo conoz**ca**	Que yo teng**a**
Que tú conoz**cas**	Que tú teng**as**
Que usted conoz**ca**	Que usted teng**a**
Que él conoz**ca**	Que él teng**a**
Que ella conoz**ca**	Que ella teng**a**
Que nosotros conoz**camos**	Que nosotros teng**amos**
Que ustedes conoz**can**	Que ustedes teng**an**
Que ellos (as) conoz**can**	Que ellos (as) teng**an**

Ella no cree **que yo conozca** *a su esposo* – She doesn't think that I know her husband.

Ellos quieren **que yo conozca** *a su mama* – They want that I meet their mother.

Es urgente **que yo la conozca** – It is urgent that I meet her.

Es imperativo **que tengamos** *dinero* – It is imperative that we have money.

No es obligatorio **que** *siempre* **tangas** *la razón* – It is not an obligation that you always have to be right.

No creo **que ella tenga** *dinero* – I don't think that she has money.

Salir – Go out
Que yo salg**a**
Que tú salg**as**
Que usted salg**a**
Que él salg**a**

Que ella salg*a*
Que nosotros salg*amos*
Que ustedes salg*an*
Que ellos (as) salg*an*

*Es mejor **que no salgas** hoy* – It is better that you don't go out today.

*Es urgente **que salgan** de la casa* – It is urgent that you go out of the house.

*Ellas quieren **que salgamos** mañana* – They want that we go out to morrow with them.

Remarks:

Did you notice? It is the same regular conjugation for *"Ar / Er / Ir" verb*, just remember the rule of using the conjugation for "*Yo-I*" in the present indicative and you will be fine.

Verbs in "Ar / Er" stem change – Verbos en "AR / Er" con cambio de vocal.

When dealing with *"Ar / Er"* stem-changing verbs, the formula is the same with the exception that there is no stem change in the "*nosotros*" form.

Yo pienso – Let us remove the "*O*" and we have "*Piens*", now we can add the subjunctive endings. No stem change in the "*Nosotros*" form.

Pensar - Think

Que yo piense
Que tú pienses
Que usted piense
Que él piense
Que ella piense
Que nosotros *PENSEMOS*
Que ustedes piensen
Que ellos (as) piensen

*Es necesario **que pienses** lo mejor de mí* – It is necessary that you think the best of me.

*Es importante **que no pienses** nada mal de nosotros* – It is important that you don't think nothing bad about us.

Yo pierdo – Let us remove the "*O*" and we have "*Pierd*", now we can add the subjunctive endings. No stem change in the "*Nosotros*" form.

Perder - Lose

Que yo pierda

Que tú pierdas

Que usted pierda

Que él pierda

Que ella pierda

Que nosotros ***PERDAMOS***

Que ustedes pierdan

Que ellos (as) pierdan

*Es importante **que no pierdas** la fe en Dios* – It is important that you don't lose faith in God.

*Siempre te amaré, a menos **que pierdas** el dinero* – I will always love you, unless you lose the money.

Yo quiero – Let us remove the "*O*" and we have "*Quier*", now we can add the subjunctive endings. No stem change in the "*Nosotros*" form.

Querer - Want

Que yo quiera

Que tú quieras

Que usted quiera

Que él quiera

Que ella quiera

Que nosotros ***QUERAMOS***

Que ustedes quieran

Que ellos (as) quieran

*Es importante **que quieras** decirme la verdad* – It is important that you want to tell me the truth.

*Espero **que ella quiera** casarse conmigo* – I hope that she wants to marry me.

Yo vuelvo – Let us remove the "**O**" and we have "**Vuelv**", now we can add the subjunctive endings. No stem change in the "**Nosotros**" form.

Volver – Come back / Return

Que yo vuela

Que tú vuelvas

Que usted vuelva

Que él vuelva

Que ella vuelva

Que nosotros **VOLVAMOS**

Que ustedes vuelvan

Que ellos (as) vuelvan

*Espero **que** nunca **más volvamos** a vernos* – I hope that we don't see each other ever again.

*Deseo **que** nunca **vuelvas** a hablarme* – I wish that you never talk to me again.

Yo vuelo – Let us remove the "**O**" and we have "**Vuel**", now we can add the subjunctive endings. No stem change in the "**Nosotros**" form.

Volar - fly

Que yo vuele

Que tú vueles

Que usted vuele

Que él vuele

Que ella vuele

Que nosotros **VOLEMOS**

Que ustedes vuelen

Que ellos (as) vuelen

*Ojalá **que no vuele** el avión* – I wish that the plane doesn't fly.

*Es urgente **que él vuele** el helicóptero* – It is urgent that he flies the helicopter.

Yo cuento – Let us remove the "*O*" and we have "*Cuent*", now we can add the subjunctive endings.

Contar – Tell / Count

Que yo cuente

Que tú cuentes

Que usted cuente

Que él cuente

Que ella cuente

Que nosotros *CONTEMOS*

Que ustedes cuenten

Que ellos (as) cuenten

Es posible **que él cuente** *una nueva historia* – It is possible that he tells a new story.

Es probable **que ella cuente** *el dinero hoy* – It is probably that she counts the money today.

Verbs in "Ir" stem change – Verbos en "Ir" con cambio de vocal.

When dealing with "*Ir*" stem-changing verbs, the formula is the same with the exception in the "*nosotros*" form. See rules below:

Verbs with "UE" stem change in indicative change to "U" in subjunctive for "Nosotros" form.

Yo duermo – Let us remove the "*O*" and we have "*Duerm*", now we can add the subjunctive endings.

Dormir - Sleep

Que yo duerma

Que tú duermas

Que usted duerma

Que él duerma

Que ella duerma

Que nosotros *DURMAMOS*

Que ustedes duerman

Que ellos (as) duerman

*Es imposible **que durmamos** tranquilos* – It is impossible that we sleep quietly.

*Es recomendable **que te duermas** ahora* – It is recommendable that you sleep now.

Verbs with "IE" stem change in indicative change to "I" in subjunctive for "Nosotros" form.

Yo siento – Let us remove the "*O*" and we have "*Sient*", now we can add the subjunctive endings.

Sentir - Feel

Que yo sienta

Que tú sientas

Que usted sienta

Que él sienta

Que ella sienta

Que nosotros *SINTAMOS*

Que ustedes sientan

Que ellos (as) sientan

*Es posible **que ella sienta** algo por ti* – It is possible that she feels something for you.

*Es estupendo **que nos sintamos** a gusto* – It is great that we feel fine.

Verbs with "E" stem change in indicative change to "I" in subjunctive for all conjugations.

Yo pido – Let us remove the "*O*" and we have "*Pid*", now we can add the subjunctive endings.

Pedir - Ask

Que yo pida

Que tú pidas

Que usted pida

Que él pida

Que ella pida

Que nosotros pidamos

Que ustedes pidan

Que ellos (as) pidan

*Es curioso **que pidas** ayuda* – It is curious that you ask for Help.

*Es esencial **que pidamos** ayuda si queremos sobrevivir* – It is essential that we ask for help if we want to survive.

Verbs ending in "Zar" change the"Z"to "C".

Yo empiezo – Let us remove the "*O*" and we have "*Empiez*", *now let us change the 'Z' to 'C', we have "Empiec"* now we can add the subjunctive endings.

Empezar – Start / Begin

Que yo empiece

Que tú empieces

Que usted empiece

Que él empiece

Que ella empiece

Que nosotros empecemos

Que ustedes empiecen

Que ellos (as) empiecen

*Es vergonzoso **que no empieces** a trabajar* – It is a shame that you don't start to work.

*Es una lástima **que no empiecen** a comer* – It is a pity that you don't start to eat.

Verbs ending in "Ger / Gir" change the"G" to "J".

Yo escojo – Let us remove the "*O*" and we have "*Escoj*", now we can add the subjunctive endings.

Escoger – Chose / Select

Que yo escoja

Que tú escojas

Que usted escoja

Que él escoja

Que ella escoja

Que nosotros escojamos

Que ustedes escojan

Que ellos (as) escojan

Hasta **que escojas** *entre nosotros* – Until you chose among us.

Sin **que escojamos** *ninguna solución* – Without chosing any solution.

Elegir – Elect / Select

Que yo elija

Que tú elijas

Que usted elija

Que él elija

Que ella elija

Que nosotros elijamos

Que ustedes elijan

Que ellos (as) elijan

Mientras **que elijamos** *al nuevo presidente* – While we elect the new president.

Hasta **que elijas** *tu sustituto* – Until you select your substitute.

Verbs ending in "Car" change the"C" to "Qu".

Yo busco – Let us remove the "*O*" and we have "*Busc*", let's change the "*C*" to "*Qu*" and we get "*Busqu*", now we can add the subjunctive endings.

Buscar – Search / Find

Que yo busque

Que tú busques

Que usted busque

Que él busque

Que ella busque

Que nosotros busquemos

Que ustedes busquen

Que ellos (as) busquen

*Mientras **que busques** la verdad, yo estaré bien* – As long as you search for the truth, I will be fine.

*Ellos quieren **que yo busque** el tesoro perdido* – They want that I search for the lost treasure.

Verbs ending in "Gar" change the"G" to "Gu".

Yo pago – Let us remove the "*O*" and we have "*Pag*", Let's change the "*G*" to "*Gu*" and we have "*Pagu*", now we can add the subjunctive endings.

Pagar - Pay
Que yo pague
Que tú pagues
Que usted pague
Que él pague
Que ella pague
Que nosotros paguemos
Que ustedes paguen
Que ellos (as) paguen

*Ella quiere **que yo pague** sus deudas* – She wants that I pay her debts.

*Es importante **que paguemos** la universidad* – It is important that we pay the university.

Expressions to use with the subjunctive – Expresiones para usar en el Subjuntivo.

Remember, any phrase with the "*ES*" plus "*ADJECTIVE*" plus "*QUE*" can be an expression indicating the subjunctive as long as it does not state any truth.

Dudar que	to doubt that
Es agradable que	it is nice that
Es bueno que	it's good that
Es curioso que	it is curious that
Es dudoso que	it is doubtful that
Es esencial que	it is essential that

Es estupendo que	it is great that
Es extraño que	it is strange that
Es importante que	it's important that
Es increíble que	it is incredible that
Es malo que	it's bad that
Es mejor que	it's better that
Es necesario que	it's necessary that
Es posible que	it's possible that
Es probable que	it's likely that
Es raro que	it's strange that
Es recomendable que	It is recommended that
Es una lástima que	it is a pity that
Es urgente que	it is urgent that
Es vergonzoso que	it is a disgrace / It is a shame that
Esperar que	to hope / wish that
Hasta que	until
Mientras que	meanwhile / while
Ojalá que	hopefully
Sin que	without

A little bit more – Un poco más

Casa – House

Alarma	Alarm
Cama	Bed
Cubrecama	Bed spread
Despertador	Alarm Clock
Gavetero	Chest of drawers
Reloj	Clock
Closet	Closet
Lámpara	Lamp
Cuadro / Pintura	Painting
Fotografía / Foto	Photograph / Photo
Almohada	Pillow

Sabanas	Sheets
Mesa de noche	Night Table
Loción para después del afeitado	Aftershave lotion
Bañera	Bathtub
Loción / Colonia	Cologne
Peine	Comb
Grifo / Llave	Faucet
Cepillo	Hairbrush
Cortador de uñas	Nail clipper
Perfume	Perfume
Máquina de afeitar	Razor (electric)
Champú	Shampoo
Crema de afeitar	Shaving cream
Ducha	Shower
Lavamanos	Sink
Jabón	Soap
Inodoro	Toilet
Papel de baño	Toilet paper
Cepillo de dientes	Toothbrush
Pasta de dientes	Toothpaste
Toalla	Towel
Toallita	Washcloth
Vela	Candle
Silla	Chair
Armario	Cabinet
Sacacorchos	Corkscrew
Taza	Cup
Tenedor	Fork
Cuchara	Spoon
Cuchillo	Knife
Plato	Plate
Porcelana	Porcelain
Mesa	Table
Mantel	Table cloth

Copa	Wine glass / Cup
Licuadora	Blender
Taza	Bowl
Cafetera	Coffee Maker / Coffee Pot
Plato	Dish
Lavaplatos	Dishwasher
Refrigerador	Fridge / Refrigerator
Vaso	Glass
Gabinetes de Cocina	Kitchen Cupboards
Microonda	Microwave
Servilleta	Napkin
Horno	Oven
Lavadero	Sink
Estufa	Stove
Tostador	Toaster
Sillón	Armchair
Cenicero	Ashtray
Flores	Flowers
Mecedora	Rocking chair
Sofá	Sofa
Mesita	Small table
Teléfono	Telephone
Televisión	Television
Jarrón	Vase
Contestador automático	Answering machine
Tarjeta de negocios	Business card
Computadora	Computer
Escritorio	Desk
Borrador	Eraser
Fax	Fax
Conexión de Internet	Internet connection
Teclado	Keyboard
Ratón	Mouse
Lapicero	Pen

Lápiz	Pencil
Sacapuntas	Pencil sharpener
Impresora	Printer
Regla	Ruler
Escáner	Scanner
Grapadora	Stapler

Exercises - Ejercicios

1- Write down three sentences using the present subjunctive mood.

_____

_____

_____

2- Use the appropriate present subjunctive mood in the following spaces:

Ellos no quieren que ustedes _____(hablar)_____.

María tiene que _____comer_____ todo antes de salir.

Nosotros deseamos que ellos _____empezar_____ a estudiar.

Tú esperas que nosotros _____saber_____ todo.

3- Write sentences that end with the following phrases:

_____ que yo escoja.

_____ que ella busque.

_____ que ellos paguen.

4- Write sentences starting with the following phrases:
Dudo que

_____

Es extraño que

_____

Es curioso que

_____

Es necesario que

_____

Es recommendable que

_____

5- Describe your bedroom using the following words:
gavetero, cama, cubrecama, lámpara, closet y almohadas.

_____

_____

_____

_____

_____

_____

Reading Comprehension

1- ¿Por qué considera que ser dominicano es una bendición?

_____

2- ¿Qué clubes se mencionan en la lectura?

_____

3- ¿Quién canta "Sin Dios no Hay Nada"?

_____

4- ¿Cuál es mi cantante favorito?

_____

Knowledge Base
Dominican Republic - República Dominicana
Motto: Dios, Patria, Libertad - God, Homeland, Freedom.
Capital and largest city - Santo Domingo
Official language - Spanish
Demonym - Dominican
Government - Unitary presidential republic
President - Danilo Medina
Vice President - Margarita Cedeño de Fernández
Population - 2016 estimate - 10,075,045
Currency - Peso (DOP)
Calling code - +1-809, +1-829, +1-849
Bible Verse - Versículo Bíblico
Fíate de Jehová de todo tu corazón, Y no te apoyes en tu propia prudencia. Reconócelo en todos tus caminos, Y él enderezará tus veredas. **Proverbios 3:5-6**

Lesson 20 🔒

Entre Melfahs y D'aaras - Between Melfahs and D'aaras

Me habría encantado que tú *hubieras venido* conmigo a esta aventura desértica, que *hubieses conocido* a los Saharauis, la gente del desierto, que tú los *escuchases* decir que han habitado la región de Sahara Occidental por más de mil años. Te habrías maravillado, de oírlos hablar, son gente orgullosa y fuerte, que les *hubieses oído* hablar de su rico mestizaje y de su forma de vida. Que tú *hubieses tenido* la oportunidad de ver que a pesar de su condición de refugiados son defensores de su milenaria cultura y sobre todo que tú *hablases* con ellos de tu pasión por el diseño textil ya que su vestimenta para ellos es parte de su resistencia cultural.

Habría sido un sueño que tu *hubieras podido* ver de primera mano la riqueza de los colores y los diseños que engalanan tanto a hombres como a mujeres. Que te *hubiesen contado* lo que a mí, que los trajes tradicionales son las *melfahs y los d'aara*, las primeras usadas por las mujeres y los segundos por los hombres. Los Saharauis te habrían dicho que esas prendas de vestir no sólo cubren su desnudez, sino que también les ayuda a proclamar su cultura.

Me habría fascinado verte interactuar con ellos y *que te dijeran* como cada melfah está compuesta por cuatro metros de tela, *que hubieras visto* a sus mujeres ponérsela sobre su ropa de diario. Se hacen un nudo en cada hombro y van envolviendo la tela alrededor del cuerpo y con el extremo exterior se cubren el pelo. Estas mujeres son musulmanas así que deben traer el cabello cubierto y lo hacen con gran gracia haciendo uso de sus melfahs. Pero además esta vestimenta tiene también una utilidad práctica ya que les protege de la arena y los vientos del desierto.

Habría sido increíble *que compartieses* con ellos la forma en que tú tiñes tus telas y fijas sus colores ya que la forma en que ellos manejan el color es totalmente distinto al tuyo. Por ejemplo, uno de sus colores predilectos es el azul añil y las mujeres casadas tienen derecho a usarlo. Tiñen sus melfahs de este hermoso color pero no usan fijador, así que con cada postura la tela va destiñendo y ese añil de la melfah se transfiere a la piel de quien la viste aportándole un tono grisáceo a su piel.

También te habría encantado escuchar a las mujeres decirte cómo confeccionan los d'aara de los hombres, *que te hubiesen mostrado* uno de estos trajes hermosos y muy frescos, totalmente apropiados para los rigores del desierto. Estos van desde el blanco pasando por diversos tonos de azul hasta el azul oscuro. Estos trajes son muy anchos, se elaboran con siete metros de tela, tienen aperturas en sus lados y costuras por debajo.

Habría sido toda una experiencia para ti *que te permitiesen* tocar estas finas telas de algodón *que parecieran* frágiles debido a su transparencia pero que sin embargo son de gran fortaleza pues resisten los rigores del ambiente y el trajín diario de quienes las usan.

He decidido que el mejor regalo para ti será una muestra de cada uno de estos trajes para que los conozcas de primera mano y *que no pensases* en lo arrepentida que estarías por el resto de tu vida al haberte quedado a asistir a un taller de tinte de textiles en vez de acompañarme a vivenciar de primera mano este arte milenario.

Word List – Listado de palabras

Entre Melfahs y D'aaras – Between Melfahs and D'aaras

Aventura desértica – Dessert adventure.

La gente del desierto – People of the dessert

Rico mestizaje – Rich mixture *(referring to skins and race)*.

Forma de vida – Way of life.

Condición de refugiados – Refugee's condition.

Milenaria cultura – Millenary culture.

Cubren su desnudez – Cover their nakedness

Proclamar su cultura – Proclaim their culture.

Un nudo en cada hombro – a knot on each shoulder.

Estas mujeres son musulmanas – These women are muslims.

Utilidad práctica – Practical utility *(Easy to wear)*.

Protege de la arena – Protect them from the sand.

Los vientos del desierto. – Winds of the dessert.

Pero no usan fijador – But they don't use colors *(in other words, their colors are natural)*.

Un tono grisáceo a su piel – A grey tone on their skin.

Los rigores del desierto – The chores of the dessert.

El trajín diario – The daily hardship or chores.

Vivenciar de primera mano – To live first hand *(Experience on first hand)*.

Este arte milenario. – This millenary art.

Grammar Explanations – Notas gramaticales

Imperfect Subjunctive – Subjuntivo Imperfecto.

Whenever you want to express uncertainty about the past, you use the Imperfect Subjunctive. The good thing is that all the verbs (*whether they are regular, irregular, stem-changing, or spelling-changing verbs*) are conjugated the same way for all groups of verbs "*Ar-Er-Ir*".

Just take the third person plural "*Ellos*" conjugation from the Preterit or simple past "*Ellos hablaron – They talked*". Then drop the "*Ron*" ending and you will have "*Habla*". Now you are ready to add the Imperfect Subjunctive endings.

Hablar – Speak

Que yo habla*ra*

Que tú habla*ras*

Que usted habla*ra*

Que él habla*ra*

Que ella habla*ra*

Que nosotros habl*áramos*

Que ustedes habla*ran*

Que ellos (as) habla*ran*

Ellos querían **que yo hablara** *inglés* – They wanted that I spoke English.

Él nos recomendó **que nosotros estudiáramos** *español* – He recommended that we studied Spanish.

Yo querría **que ella comiera** *más arroz* – I would wanted that she ate more rice.

Ellos habían querido **que nosotros trabajáramos** *hasta tarde* – They would have wanted that we worked until late.

Remarks:

The vowel preceding the "*Nosotros*" ending is always accented "*Habláramos*".

As you can see it does not matter if the main clause is in the past tense "the Preterit, the Imperfect or the Conditional", you will always end with "Que" plus the Imperfect Subjunctive.

Alternate Imperfect Subjunctive – Subjuntivo imperfecto alterno.

You have an alternate version of the Imperfect Subjunctive "Se", which is more used in formal conversation and in writing.

Hablar – Speak

Que yo habla*se*

Que tú habla*ses*

Que usted habla*se*

Que él habla*se*

Que ella habla*se*

Que nosotros hablá*semos*

Que ustedes habla*sen*

Que ellos (as) habla*sen*

Ellos querían **que yo hablase** *inglés* – They wanted that I spoke English.

Él nos recomendó **que nosotros estudiásemos** *español* – He recommended that we studied Spanish.

Yo querría **que ella comiese** *más arroz* – I would wanted that she ate more rice.

Ellos habían querido **que nosotros trabajásemos** *hasta tarde* – They would have wanted that we worked until late.

Make sure you practice this tense very well and select the style you like the most.

Perfect Subjunctive – Subjuntivo Perfecto

The Perfect Subjunctive is used when the dependent clause is in the past. It is formed with the Present Subjunctive conjugation of "Haber" plus the past participle of the verb.

Que yo haya hablado

Que tú hayas hablado

Que usted haya hablado

Que él haya hablado

Que ella haya hablado

Que nosotros hayamos hablado

Que ustedes hayan hablado

Que ellos (as) hayan hablado

When doubting something.

Dudo que ella haya venido – I doubt that she has come.

When having a possible non-reality.

Necesito una historia que haya tenido malas críticas – I am looking for a story that has gotten bad reviews.

When using expressions of emotions

Me sorprende que hayas trabajado hoy – I am surpsed that you have worked today.

When expressing a wish

Espero que hayas dormido – I wish that you have slept.

When expressing a negation

No es verdad que hayamos dicho eso – It is not truth that we have said that.

The Pluperfect Subjunctive – Subjuntivo Pluscuamperfecto

When using the Pluperfect Subjunctive, you are referring to an action that has been completed before the action of the main verb. It is formed by combining the *"Imperfect Subjunctive"* of *"Haber"* with the past participle of the main verb. Remember, there are two sets of conjugations *"Ra"* and *"Se"*.

Set with "Ra" and "Se" endings.

Que yo hubie*ra* hablado

Que yo hubie*se* hablado

Que tú hubie*ras* hablado

Que tú hubie*ses* hablado

Que usted hubie*ra* hablado

Que usted hubie*se* hablado

Que él hubie*ra* hablado

Que él hubie*se* hablado

Que ella hubie*ra* hablado

Que ella hubie*se* hablado

Que nosotros hubié*ramos* hablado

Que nosotros hubié*semos* hablado
Que ustedes hubie*ran* hablado
Que ustedes hubie*sen* hablado
Que ellos (as) hubie*ran* hablado
Que ellos (as) hubie*sen* hablado

*Me alegraba mucho **que todos hubieran pasado** el examen.* - I was very happy that everyone had passed the exam.

*Ellos no creían **que nosotros hubiéramos comprado** cinco carros.* - They didn't believe that we had bought five cars.

When doubting something.

*Dudo **que ella hubiera venido*** – I doubt that she had come.

When having a possible non-reality.

*Necesito una historia **que hubiera tenido** malas críticas* – I am looking for a story that had gotten bad reviews.

When using expressions of emetions

*Me sorprende **que hubieras trabajado** hoy* – I am surpsed that you had worked today.

When expressing a wish

*Espero **que hubieras dormido*** – I wish that you had slept.

When expressing a negation

*No es verdad **que hubiéramos dicho** eso* – It is not truth that we had said that.

When using "***Ojalá que***" expressing a desire that something in the past had happened differently.

*Ojalá **que hubiéramos podido** verlo* – If only we could have seen it.

Ojalá ***que hubieras llegado*** a tiempo. - If only you had arrived on time.

Diminutives – Diminutivo

The diminutive is a suffix that can be added to nouns, adjectives, adverbs, and names, expressing the idea of emotions such as affection, irony, humor, pity, and ridicule. Remember, the must match gender and number.

The two common diminutives groups are:

Ito	cito	ecito
Illo	cillo	ecillo

Most of the words ending in vowels with the exception of the vowel "E", you just drop final vowel and add "Ito" or "Illo".

Mesita – Little table.

Hermanito – Little brother.

Muchachita – Little girl.

Niñito – little boy.

Words that end in "E, N, R" with more than one syllable and / or with stressed vowels. **Cito – Cillo.**

Jovencita – Young lady.

Pobrecito – Poor little thing

Papacito – Daddy.

Actorcito – Third rate actor.

Mamacita – Momy.

Amorcito – little love.

Words ending in consontat and with one syllable. **Ecito – Ecillo.**

Panecillo	roll
Florecita	little flower
Piececito	Little foot.

Spell change in the diminutive. They are similar to vowel stem change. These are irrigulars and there are many exceptions.

Chiquita – Chiquilla	Little girl.
Pedacito - pedacillo	Little piece.

These are just general rules, pay close attention, because you will find many others.

Augmentatives – Aumentativos

The augmentative is a suffix that can be added to nouns, adjectives, adverbs, and names, expressing the idea of emotions such as affection, irony, humor, pity, and ridicule. Remember, it must match gender and number.

Masculine	Feminine
Ón	ona
*Azo	aza
Ote	ota
Acho	acha

Grandón – grandote – very big
Hombrón – hombrote – Big / strong man.
Favorzote – huge favor
Solterón - Single
Ricachón – filthy rich.
*Mujerón – big / strong woman (beautiful woman).

Please note that feminine nouns generally take the suffix on and become masculine. (Mujer – mujerón).

Special attention to the "Azo" ending. It indicates a blow or strike when using it.

Pelotazo – Be hit with the ball.
Puñetazo – punch with the fist.
Cabezazo – head butt – Big hit with the head.
Codazo – Jab with the elbow.
Martillazo – Blow with the hammer.
Balazo - shot with a bullet.

Sometimes the augmentative form new words with their own meanings.

Llorón – Cry baby
Cordón – Shoelace
Cinturón – Belt
Humazo – Cloud of smoke

Pay close attention, since you will find many others in your Spanish speaking experience.

A Little bit more – Un poco más

Servicios y Establecimientos – Services and Stores.

Alcohol	Alcohol
Algodón	Cotton ball
Aspirinas	Aspirin
El almacén	Department store
El banco	Bank
El centro comercial	Shopping mall / shopping centre
El dentista	Dentist
El hospital	Hospital
El mercado	Market
El oculista	Optician
El salón de belleza	Beauty salon
El supermercado	Supermarket
El veterinario	Veterinarian
El zapatero	Shoemaker
Gasa	Gauze
Gotas nasales	Nose drops
Gotas para los oídos	Ear drops
La agencia de viajes	Travel agency
La barbería	Barber
La biblioteca	Library
La carnicería	Butcher
La comisaria	Police station
La farmacia	Drug store / Pharmacy
La ferretería	Hardware store
La floristería / La florería	Florist
La gallería de arte	Art gallery
La joyería	Jewellery store

La juguetería	Toy store
La lavandería	Laundry
La lechería	Dairy
La librería / La papelería	Bookstore / Stationary store
La licorera	Liquor store
La panadería	Bakery (Breads)
La pastelería	Bakery (Pastries, Cakes and Pies)
La peluquería	Hairdresser
La pescadería	Fishmonger
La sastrería	Tailor's
La tienda de antigüedades	Antique store
La tienda de deportes	Sporting goods store
La tienda de fotografía	Camera store
La tintorería	Dry cleaner
La zapatería	Shoe store
Pastillas para la tos	Cough drops
Tampones	Tampons
Toallas sanitarias	Sanitary napkins
Un condón	Condom
Un desinfectante	Disinfectant
Un laxante	Laxative
Un repelente para insectos	Insect repellent
Un somnífero	Sleeping pills
Un termómetro	Thermometer
Una crema antiséptica	Antiseptic cream
Una Curita	Band-aid
Una venda	Tensor bandage
Unos anticonceptivos	Contraceptives
Unos supositorios	Suppositories
Vitaminas	Vitamins
Yodo	Iodine

Exercises - Ejercicios

1   Write two questions and two answers using the

imperfect subjunctive, using "comiera" and "cocinase".

_____

_____

_____

_____

2   Write two questions and two answers using the
    perfect subjunctive, using "paseado" and "despertado".

_____

_____

_____

_____

3- Write down two questions and two answers using the
    pluperfect subjunctive, using "hubiera caminado" and
    "hubiese viajado".

_____

_____

_____

_____

-

4- Express a doubt using "hubieran ido".

_____

_____

5- Express an emotion using "hubieras amado".

_____

_____

_____

6- Express a wish using "hubieramos oído".

_____

_____

_____

7- Write a paragraph using ten words from the services and stores' list.

_____

_____

_____

_____

_____

Teach Yourself Spanish

Reading Comprehension

1- ¿Cómo se llaman los trajes típicos?

_____

2- ¿Qué colores usan los hombres?

_____

3- ¿Qué propósitos cumplen estas vestimentas?

_____

4- ¿Qué efecto tiene en la piel de las mujeres el color azul añil?

_____

_____

Knowledge Base
Western Sahara - Sahara Occidental
Capital - Laayoune
Population - 586,000
Languages - Moroccan Arabic, Spanish, Berber, Hassaniya Arabic
Bible Verse - Versículo Bíblico
Todo lo puedo en Cristo que me fortalece. **Filipenses 4:13**

Lesson 21

Mateando – Drinking Mate

A ambos lados del Río de la Plata nos encontramos con dos hermosos países, Uruguay y Argentina, si hay algo que los una más que su idioma es el compartir la famosa hierba mate con la que preparan una especie de té a toda hora y en todo lugar. He tenido el privilegio de visitar ambos países y conocer de primera mano las semejanzas y diferencias que esta costumbre tiene entre estas gentes. Si tuviera la oportunidad de volver a visitarlos lo haría sin pensarlo dos veces.

Aprendí que *si deseas* preparar esta popular bebida debes contar con el mate que es el recipiente de preparación, este puede ser de cerámica o porcelana, pero los más usados son metálicos ya que mantienen mejor la temperatura del agua; se debe tener una perilla, que es una especie de pitillo o cuchara por la que se absorbe la bebida, esta es cilíndrica en el extremo que se introduce en la bebida y chata en el que se pone en la boca, de esta forma los trozos de planta no pasan hasta la boca del que disfruta del té; se requiere de agua muy caliente y de la hierba mate. *Si pudieras* estar presente en ese momento sentirías el aroma que esta bebida despide, es indescriptible, entre dulce y amargo.

A pesar de que en ambos países se disfruta de esta hierba por igual, existen ciertas diferencias que pude observar en su preparación. En Argentina el mate tiene la boca reducida ya que los argentinos creen que si la boca es de pequeño diámetro el té permanece caliente por más tiempo. Por otra parte ellos usan tanto las hojas como los tallos de la planta de hierba mate, dicen que estos últimos poseen un alto grado nutricional y que *si se desechan* se perdería parte primordial de la planta. A la hora de prepararlo usan un solo mate para todo el grupo que se reúne a tomarlo y una de las personas es el cebador. *Si tuvieran* más de uno guardarían el resto y seguirían usando uno solo de ellos. *Si eres* el cebador te corresponde preparar el té y pasarlo alrededor del grupo para que todos sorban de la misma perilla, *si desean* seguir bebiendo y se ha terminado, será el cebador quien haga la nueva preparación dejando siempre parte de la hierba usada en la preparación anterior debajo de la hierba que pone para la nueva preparación.

En Uruguay vi elementos distintos, si un grupo se reúne a matear, cada cual tendrá consigo su propio mate y sólo comparten el momento, dicen que *si lo hacen* así será más higiénico. La hierba mate que usan sólo contiene las hojas considerando que los tallos son desecho que sólo disminuyen el sabor. El mate es de boca ancha para que quepan mayor cantidad de hojas y el sabor sea más fuerte. La diferencia más notoria respecto a argentina es que los uruguayos hacen uso de un termo para mantener el agua caliente a lo largo del día y *si lo desean* poder disfrutar de la bebida a *cualquier* hora del día o la noche, no es raro verles con un termo bajo el brazo, lo que los hace estar preparados para matear en cualquier momento.

Si hubiera tenido dinero suficiente hubiera comprado los implementos necesarios en ambos países para poder preparar un rico mate al llegar a casa. *Si lo hubiera* hecho hubiera invitado a toda mi familia a disfrutarlo. *Si lo hubiera hecho* ellos hubieran sentido que les había traído una parte de esas hermosas culturas.

Si hay algo cierto es que en ambos países el matear se considera más que un evento social y la hierba mate más que una bebida, es parte enraizada de su cultura y lo consideran casi una religión. *Si vienes* a visitar estos países disfrutarás de un sabroso mate. *Si no lo* haces sentirás que te has perdido de gran parte de su cultura.

Word List – Listado de palabras

Mateando – Drinking mate

Hierba mate – Mate herb

Las semejanzas y diferencias – Likeness and differences

Una perilla – Drinking knob

Absorbe la bebida – Absorbs the drink

El aroma que esta bebida emana – The fragance that is emanates

Los tallos de la planta - The stalks of the plant.

Un alto grado nutricional – a high nutritional degree

Para que todos sorban – for everyone to slurp.

Los implementos necesarios – the needed implements.

Un evento social - a social event.

Es parte enraizada – it is a rooted part.

Casi una religión – almost a religion

Grammar Explanations – Notas gramaticales

If clauses – Sí condicional.

When using *"Sí Condicional"*, you are expressing what could happen if some condition is met. Notice the accent in *"Sí".*

If clause in the present tense – Sí Condicional en el presente.

Sí corres rápido, te *caes.* – If you run fast, you fall.

Sí no comes, te enfermas – If you don't eat, you get sick.

Puedes sanarte *sí tomas* tus medicamentos – You can get well if you take your meds.

Sí comes, debes beber – If you eat, you should drink.

Remarks:

As you can see, you have the present in the first part of the sentences (**first clause**) and the present in the second part of the sentence (**second clause**). Of course, you can always switch the order.

If clause with the present and future – Sí Condicional con el presente y futuro.

You need the "Present tense" for your "If clause", and the "Future tense" for your main clause.

Sí vienes mañana, iremos a pescar – If you come tomorrow, we will going fishing.

Sí llueve esta noche, no iré a la iglesia – If it rains tonight, I will not go to church.

No iré a la escuela mañana, sí llueve – I will not go to school tomorrow, if it rains.

Sí hay huelga, no trabajaré el lunes – If there is strike; I will not work on Monday.

Remarks:

As you can see, the *"if clause"* is always in present, while the other part of the sentence is in future. You can always switch the order of the sentences.

If clause with Imperfect subjunctive and conditional – Sí com el Subjuntivo imperfecto y el condicional.

Remember that the Imperfect subjunctive has two sets *"Ra"* and *"Se".* It is a good idea for you to master both of them first and then stick to the set you like the most to use *"Ra"* or *"Se".* I personally like better the *"Se"* set. Of course, do not forget about the conditional. The *"if clause"* is used for unreal or hypothetical situations.

Sí pudiera trabajar, te compraría un carro – If I could work, I would buy you a car.

Sí fuera tú, aprendería español – If I were you, I would learn Spanish.

Estudiaría inglés, sí tuviera la posibilidad – I would study English, if I had the chance.

Sí tuviera visa, viajaría a Japón – If I had visa, I would travel to Japan.

Sí pudiera, sería rico – If I could, I would be rich.

If clause with Past perfect subjunctive – **Sí condicional con el Pasado perfecto subjuntivo.**

Sí hubiera tenido más dinero, hubiera comprado otro carro. – If I had had more money, I would have bought another car.

Sí hubieses estudiado cuando joven, hubieses sido rico – If you had had studied when young, you would have been rich.

Remarks:

You can mix the "*if clause*", if you wish. Once you master the above rules, you can play around and practice with your friends.

Sí hubiera tenido más dinero, habría comprado otro carro. – If I had had more money, I would have bought another car.

The suffix "Quiera" – **El sufijo "Quiera".**

These words are the English equivalent for "**Ever**". These are the most common ones. This suffix comes from the verb "**Querer**".

Wherever - Dondequiera

Donde quiera que voy, encuentro un amigo – Wherever I go, I find a friend.

Dondequiera is sometimes shortened to "Doquiera".

To wherever - adondequiera

Ella va a dondequiera que la envio – She goes wherever I send her to.

In whatever way / however - comoquiera

Comoquiera que sea, gracias por tu ayuda – Whatever way, thanks for your help.

Comoquiera is often spelled as "como quiera"

Whichever / any - cualquiera

Cualquiera que estudie este libro, va a aprender español – Anyone who studies this book will learn Spanish.

Sometimes used in plural as "cualesquiera"

Whoever / whomever, anyone – quienquiera.

Quienquiera que seas, no me interesa – Whoever you, I am not interested.

Sometimes used in plural as "quienesquiera"

Whenever – cuandoquiera

Puedes visitarme cuandoquiera – You can visit me whenever.

Remarks:

When used as a singular adjective, it is shortened to "Quier".

Cualquier hombre - whichever man

Cualquier mujer – Whichever woman

Cualquier problema – Whichever problema.

Be careful if you ever use "cualquiera" with as an adjective for a woman or a man. It is very offensive.

Eres una cualquiera – You are a promiscuous girl or woman (You are trash – nothing).

Eres un cualquiera - You are a promiscuous boy or man (You are trash – nothing).

A Little bit more – Un poco más

Animales – Animals

Alce	Moose
Ardilla	Squirrel
Ballena	Whale
Buey	Ox
Búfalo	Buffalo
Caballo	Horse
Cabra	Goat
Camello	Camel
Canguro	Kangaroo
Castór	Beaver
Cebra	Zebra
Cerdo	Pig
Chimpancé	Chimpanzee
Chita	Cheetah
Conejo	Rabbit
Delfín	Dolphin
Elefante	Elephant
Foca	Seal
Gato	Cat
Gorila	Gorilla
Hiena	Hyena
Hipopótamo	Hippopotamus
Jirafa	Giraffe
Koala	Koala
León	Lion
Leopardo	Leopard
Lince	Lynx
Lobo	Wolf
Manatí	Manatee
Mandril	Baboon
Marsopa	Porpoise
Zorrillo	Skunk
Mono	Monkey
Morsa	Walrus

Murciélago	Bat
Nutria	Otter
Orca	Orca
Oso	Bear
Oso perezoso	Sloth
Oveja	Sheep
Panda	Panda
Perro	Dog
Puercoespín	Porcupine
Puma	Cougar
Rata	Rat
Ratón	Mouse
Rinoceronte	Rhinoceros
Tigre	Tiger
Toro	Bull
Vaca	Cow
Venado	Deer
Zorro	Fox

Exercises - Ejercicios

1- Using the if clause in the present tense write down a five lines paragraph.

_____

_____

_____

_____

_____

_____

2- Write two sentences using the present tense for the if clause and the future tense for the main clause.

_____

_____

3- Write two sentences with the if clause with imperfect subjunctive and conditional.

_____

_____

4- Write down a paragraph using the past perfect subjunctive, beginning with:
Si hubiera Ganado la loteria yo hubiera

_____

_____

_____

_____

5- Using the animals from the animals' list group them in one of the following groups:

Salvajes:_____

_____

_____

Marinos:_____

_____

_____

Granja:_____

_____

_____

Domésticos:_____

_____

_____

Reading Comprehension

1- ¿En qué países se matea?

_____

2- ¿En qué país se usa el tallo de la planta?

_____

3- ¿Cómo es la bombilla?

_____

4- ¿En qué se diferencia el mate de Uruguay al de Argentina?

_____

5- ¿Para qué sirve el termo?

_____

Knowledge Base
Oriental Republic of Uruguay - República Oriental del Uruguay
Motto: Libertad o Muerte - Freedom or Death.
Capital and largest city - Montevideo
Official language - Spanish
Demonym - Uruguayan
Government - Unitary presidential constitutional republic
President - Tabaré Vázquez
Vice President - Raúl Sendic
Population - 2016 estimate - 3,427,000
Currency - Uruguayan peso (UYU)
Calling code - +598
Bible Verse - Versículo Bíblico
Con Cristo estoy juntamente crucificado, y ya no vivo yo, más vive Cristo en mí; y lo que ahora vivo en la carne, lo vivo en la fe del Hijo de Dios, el cual me amó y se entregó a sí mismo por mí. **Gálatas 2:20**

Lesson 22

El Libertador – The liberator

Simón Bolívar nació en una de las familias más acaudaladas, en Caracas Venezuela, el 24 de julio de 1.783. Quedó huérfano de niño y fueron sus familiares quienes se ocuparon de su formación. Siendo aún pequeño apenas *hubo visto* una oportunidad, abrió todas las jaulas de su casa, para dejar los pájaros, palomas, canarios y papagayos *que volaren* en libertad.

Su familia, apenas siendo un joven lo *hubieron enviado* a viajar por todo el mundo y tuvo la oportunidad de conocer e intimar con grandes figuras de la época no importando las teorías, pensamientos o ideologías que practicaban; esto permitía *que él aprendiere*, se formare y estuviere listo para el momento de comenzar lo que serían las luchas de su vida, por su patria. Tan pronto como él *hubo estado* en Roma, visito el Monte Sacro donde pronunció: *"Juro por el Dios de mis padres. Juro por mi patria, juro por mi honor, que no daré tranquilidad a mi alma, ni descanso a mi brazo, hasta no ver rotas las cadenas que oprimen a mi pueblo por voluntad de los poderosos".*

Tan pronto Simón Bolívar se sintió capacitado, *hubo regresado* a la América donde él *hubo cumplido* su juramento del Monte Sacro. Bolívar *hubo ejercido* el liderazgo de la empresa política más grandiosa *que hubo conocido* la humanidad. Así que en su empeño *hubo liberado* 5 naciones: *Venezuela, Colombia, Ecuador, Perú y Bolivia*; es posible *que él hubiera liberado* toda la América que aún *hubo estado* bajo el dominio de potencias de más allá del mar. Tan pronto como una aniquilante hemoptisis relacionada con tuberculosis lo *hubo diezmado,* quedó impedido para terminar su campaña libertadora, así que su ilusión de formar repúblicas sólidas mediante la construcción de un estado fuerte y democrático no se *hubo cumplido.*

Una vez que existe un gran legado de pensamientos que Simón Bolívar *hubo plasmado en* sus citas, cartas, discursos, manifiestos, proclamas y documentos, es factible que él se hubiese referido a una situación específica en muchos casos, pero la gran mayoría de sus ideas es indiscutible que estuvieren vigentes y que fueren aplicables a situaciones presentes; sin temor a equivocarnos afirmamos que ellas también hubieran tenido vigencia en los tiempos por venir.

Dado que la obra del Libertador es muy extensa solo nos hemos permitido transcribir, palabras más, palabras menos, algunos de sus pensamientos, confiando que sea suficiente para que ustedes evalúen la clase de ser del que *hubimos hablado.*

"*Me vería como un hombre indigno, si yo hubiere sido capaz de asegurar lo que no estoy cierto de cumplir*".

"*Los beneficios que se hacen hoy se reciben mañana, porque Dios hubiere premiado la virtud en este mundo*".

"*La declaración de la República de Venezuela, hubo sido el acta más gloriosa, más heroica, más digna de un pueblo digno*".

"*El que lo abandona todo por ser útil a su país, no pierde nada, y hubo ganado cuanto le consagra*"

"*La ingratitud es el crimen más grande que hubieran podido los hombres atreverse a cometer*"

"*No siempre lo justo hubo sido lo conveniente, ni lo útil, lo justo*".

"*Tengamos una conducta recta y dejemos al tiempo que hubiere hecho prodigios*".

"*Yo hube proclamado la libertad absoluta de los esclavos*".

"*Un soldado feliz que no hubiere adquirido ningún derecho para mandar su patria. No es el árbitro de las leyes ni del gobierno. Él defendiere su libertad*".

"*El arte de vencer se aprende después que hubieron perdido en las derrotas*".

"Un pueblo ignorante, hubiere sido el instrumento de su propia destrucción".

"*En cuanto el clarín de la patria hubo llamado, el llanto de la madre calla*".

"*Maldito el soldado que hubiere apuntado su arma contra su propio pueblo*".

"*Bajo la dictadura ¿Quién hubiere hablado de libertad?*".

"*Contra los canallas pueden usarse las armas que usaren ellos mismos*".

"*Cuando hubo pensado en criticar los defectos de los demás, hubiere corregido primero los suyos, que nadie es perfecto en esta tierra*".

"*Amo la libertad de América más que mi gloria propia, y para conseguirla no hube ahorrado sacrificios*".

"*El destino del Ejercito es guarnecer la frontera. ¡Dios nos preserve de que volviere sus armas contra los ciudadanos!*".

"*La continuación de la autoridad en un mismo individuo frecuentemente hubo sido el termino de los gobiernos democráticos*".

"*La suerte de Venezuela no me hubiera podido ser indiferente, ni aún después de muerto*".

"*Todos los pueblos del mundo que hubieron lidiado por la libertad, hubieron exterminado al fin a sus tiranos*".

"*Hube sido víctima de mis perseguidores, que me condujeren a las puertas de la tumba, yo los perdono*".

"*Los asesinos, los ingratos, los maldicientes y los traidores, hubieron rebosado la medida de mi sufrimiento*".

"*Es mi voluntad, que después de mi fallecimiento, mis*

restos mortales se depositaren en Caracas, Venezuela, en mi país natal".

"*Si mi muerte contribuyere para que cesen los partidos y que se consolidare la unión, yo hubiere bajado tranquilo al sepulcro*".

En medio de delirios el 17 de diciembre de 1.830, Simón Bolívar *hubo muerto*, en Santa Marta, Colombia, sólo, exiliado y defenestrado de los territorios *que hubo liberado*. Después *que hubo invertido* su fortuna en la liberación de América, *él hubo muerto en la más extrema pobreza*.

Así que, ustedes *hubieron podido* descubrir en esta muestra de sus pensamientos, de quien *hubimos hablado*; él no *hubo dejado* hijos, pero no hay duda que el ideario que él nos legare, sigue vigente e inequívocamente ese ideario *hubiere seguido* vigente en los tiempos por venir.

En estos 186 años desde su muerte se hubieron alternado gobiernos democráticos y regímenes dictatoriales. Hoy están viviendo en Venezuela una hora menguada, la peor época de la vida republicana. Ellos han soportado una feroz hambruna, falta de medicinas, represión inhumana, inseguridad creciente, el régimen hubo desconocido los demás poderes, traficado con drogas, violado los derechos humanos, asignado el salario mínimo menor de América, mantenido la inflación en 600%. El Secretario General de la OEA. Hubo calificado al régimen como el más corrupto del Continente. Los verdaderos ciudadanos hubieron sentido pena ajena, se hubieron avergonzado. No es por esto por lo que Simón Bolívar se hubo ofrendado. Hoy la lucha del régimen no hubo sido contra el Imperio español, sino contra sus propios connacionales.

Aun cuando el Libertador no hubo dejado descendencia, su única hermana *Juana Nepomucena Bolívar y Palacios*, si procreó y en la sexta generación hubo nacido *Leopoldo Eduardo López Mendosa*, joven de 45 años, quien al igual que su glorioso antepasado, hubo luchado por su libertad y democracia con coraje, pasión y valentía, porque lo *hubo llevado* en su sangre, luego que él fuere un brillante venezolano, cuenta con cantidad de reconocimientos, premios, condecoraciones y títulos. Aun cuando sus actividades son pacíficas el régimen *hubo temido* de su existencia. Al ser Leopoldo un líder de la oposición, el régimen presume que él los *hubiere defenestrado.* Así que el régimen lo hubo puesto preso en una cárcel militar en una celda de 2 por 2 metros en las peores condiciones; Aun cuando ellos *hubieron esgrimido* sus causas infundadas, la verdadera razón de su encierro es: *pensar diferente.* Leopoldo hubo sido dueño de gran valor, perseverancia y un prolífico verbo, él dijere: "*Prefiero decirle a mis dos hijos por qué estoy preso, que tener que explicarles por qué no tienen país*".

De tal palo, tal astilla. Hubieren sido dos estilos, dos épocas, dos líderes que tuvieren la misma sangre, los mismos genes y que hubieren dado un solo grito: "*Libertad*".

Nota de autor; Los datos históricos son citados de: www.literato.es/pensamientos_de_simon_bolivar

https://es.wikipedia.org/wiki/Simón_Bolívar

www.venezuelatuya.com/biografias/bolivar.htm

Word List – Listado palabras

Las familias más acaudaladas – The richiest families.

De su formación – Of his formation (*In this case, means his growing process and education*)

Todas las jaulas – All the cages.

Intimar con grandes figuras – Share with great people (*Intimar means intimate, but in this case, is used to express sharing and acquaintence*)

Pensamientos o ideologías – Thoughts or ideologies.

Una aniquilante hemoptisis – A killing hemoptisis.

Tuberculosis lo hubo diezmado – Tuberculosis lowered him down (*Diezmar means tithe, but we use it in literal writings to express how someone has been lowered or his strength decrease-abate*)

Los tiempos por venir – Times to come.

Defenestrado de los territorios – Defenestrated from the territories.

El ideario que él nos legare – The ideals he left us as legacy.

Una hora menguada – A decrease time (*meaning a time of recession*)

Una feroz hambruna – A fierce famine.

Grammar Explanations – Notas gramaticales

This lesson will slightly show you some old fashion and obsolete tenses in Spanish, that you will likely see it in literary and legal contexts.

Preterit Perfect – Pretérito Anterior

The "Pretérito Anterior" is used when referring to an action in the past that occurred just before another action in the past. It is hardly use in spoken Spanish. You can mostly find it almost exclusively in formal writing such as literature. It can only be used after expressions like "*Apenas, cuando, después de que, tan pronto como, así que, en cuanto, luego que, no bien, una vez que*" that mean "*when*" or "*as soon as.*" *Its non-literary equivalents are the Preterit and pluperfect.*

Yo	hube	hablado
Tú	hubiste	hablado
Usted	hubo	hablado
Él	hubo	hablado
Ella	hubo	hablado
Nosotros	hubimos	hablado
Ustedes	hubieron	hablado

Ellos (as)   hubieron   hablado

*Cuando **hubieron salido,** empezamos a llorar.* - When they had left, we began to cry.

*Después de que **hubimos comido,** fuimos a la tienda.* - After we ate, we went to the store.

*Apenas **hube terminado** cuando ella llegó.* - I had hardly finished when she arrived.

Remarks:

I have listed this time for your reference and learning experience. That way when you see it somewhere in writing or in some expressions you know how to use it. No need to worry about it.

Future Subjunctive – Subjuntivo Futuro.

The Future Subjuntvice describes hypothetical, future action. It is formed just as the Imperfect Subjunctive. Take the third person plural *"**Ellos**"* in its Preterit form *"**Hablaron**"*, drop the *"**Ron**"*, you will have *"**Habla**"* and then add the corresponding endings.

Que yo habla*re*

Que tú habla*res*

Que usted habla*re*

Que él habla*re*

Que ella habla*re*

Que nosotros hablá*remos*

Que ustedes habla*ren*

Que ellos (as) habla*ren*

*No creo **que hablare** el presidente* – I don't think that the president will speak.

*No creo **que comieren** los muchachos* – I don't think that the boys will eat.

Remarks:

As you can see, the *"**Yo**"* and *"**Usted / Él / Ella**"* form are identitical.

Remember the accent in the "*Nosotros*" form.

The future subjunctive endings are very similar to imperfect subjunctive endings. The only difference is where the imperfect subjunctive uses an **"A"** the future subjunctive uses an *"E"*.

Future Perfect Subjunctive – Subjuntivo Futuro Perfecto.

Future Perfect Subjunctive is rarely used in modern day Spanish. You will only see it in literature and legal documents. Of course, it is definitely a useful mood to be able to recognize. It is used to indicate actions that *"will have"* happened in the future at a certain point.

It is formed by combiding the Future Subjunctive of the verb "*Haber*" plus the part participle of the verb.

Que yo hubiere hablado

Que tú hubieres hablado

Que usted hubiere hablado

Que él hubiere hablado

Que nosotros hubiéremos hablado

Que ustedes hubieren hablado

Que ellos (as) hubieren hablado

Es posible que ellos **hubieren dormido** *por 5 días.* - It is possbile that they will have slept for 5 days.)

Tú hubieras dormido si **hubieres tenido** *la oportunidad.* - You would have slept if you had had the opportunity.

No creemos que **nosotros hubiéremos comprado** *un carro.* - We don't believe that we will have bought a car.

A Little bit more – Un poco más

Pájaros / Aves	–	Birds
Águila		Eagle
Avestruz		Ostrich
Buitre		Vulture

Canario	Canary
Cigüeña	Stork
Cisne	Swan
Colibrí	Hummingbird
Cuervo	Crow
Flamenco	Flamingo
Ganso	Goose
Gaviota	Seagull
Halcón	Hawk
Pájaro carpintero	Woodpecker
Paloma	Dove / Pigeon
Papagayo / Cotorra	Parrot
Pato	Duck
Pavo	Turkey
Pavo real	Peacock
Pelicano	Pelican
Pingüino	Penguin
Búho	Owl
Insectos –	**Insects**
Abeja	Bee
Araña	Spider
Avispa	Wasp
Chinche	Bedbugs
Ciempiés	Centipede
Cucaracha	Cockroach
Escarabajo	Beetle
Escorpión	Scorpion
Grillo	Cricket
Hormiga	Ant
Libélula	Dragonfly
Mantis	Praying Mantis
Mariposa	Butterfly
Mariposa nocturna	Moth
Mariquita / Tortolita	Lady Beetle (Lady Bug)

Milpiés	Millipede
Mosca	Housefly
Mosquito / Zancudo	Mosquito
Piojo	Lice / Louse
Saltamontes	Grasshopper
Termita	Termite

🔒 El desafío – The challenge

Como ya has terminado el curso de español, estoy completamente seguro que estás preparado para este desafío. Espero que hayas seguido mis instrucciones correctamente, de lo contrario serás vencido en este desafío.

¿De qué se trata el desafío? Es sencillo, quiero demostrarte que tienes la capacidad de poder hablar sobre cualquier tema en español. Aun no te sientes convencido de que tu nivel de español sea lo suficientemente bueno como para hablar libremente. *¿Por qué te sientes tan tímido aun? ¿Por qué no crees en tu nivel de aprendizaje?*

Ya has estudiado 22 lecciones en español, equivalente a 2 o más años universitarios. Has adquirido un amplio vocabulario, has dominado la gramática española. *¿Por qué aun no te sientes preparado?* Creo saber la razón por la cual aún te sientes tímido en tu hablar.

Creo que no seguiste mis instrucciones correctamente, una de las primeras cosas que te sugerí, fue que necesitabas buscar amigos nativos para poder hablar. De hecho, te dije desde el principio que *"La práctica hace al maestro"*. *¿Cómo puedes practicar sino tienes con quien hacerlo?*

Creo que es tiempo de tocar puertas sino tienes un grupo de amigos que sean nativos en el idioma español. Si ya lo tienes, es aún mejor. Esto quiere decir que estas súper preparado para cualquier situación en español.

Sino lo tienes, entonces, significa que aun te falta mejorar tu español y esta es la razón por la cual no te sientes preparado.

Aun estas a tiempo, *¿Has buscado en tu trabajo? ¿Has hablado con todos los que hablan español? ¿Y qué tal tus amigos y hermanos en tu comunidad?* O en la iglesia. *¿Sabías que la iglesia es el mejor lugar para hacer amigos? ¿Y a la vez para encontrar personas que hablen español? ¿Qué estás esperando?* Muévete y visita la iglesia más cercana, así podrás desarrollar tus habilidades en español. Puedes unirte a los programas en la comunidad de habla hispana. Esto te dará la oportunidad de experimentar directamente con otras personas que hablen español.

Está bien, no te voy a presionar más. Vamos a suponer que hiciste trampa en tus estudios y que no escuchaste mis instrucciones de aprender bien cada lección antes de pasar a la siguiente. Como podrás ver, este es el resultado de no seguir las instrucciones. Es tiempo de que te decidas si en verdad quieres aprender español bien o solo a hablar un poquito. *¿Cuál es tu decisión?* Bravo, inteligente decisión. Ya sabía que tomarías la decisión correcta de aprender bien el idioma español.

¿Qué tienes que hacer entonces? Aunque sientas que te sabes el contenido de las 22 lecciones, te recomiendo que comiences por la lección 1 una vez más. Pero esta vez, no harás trampa. Esta vez seguirás todas mis instrucciones. Al final de cada lección tomarás un poco de tu tiempo para practicarla con un nativo de habla español, porque ya tienes tus amigos para practicar.

Recuerda, no importa que no hables perfectamente, lo importante es que lo que sepas, puedes expresarlo. Aprender un idioma consta de 2 partes esenciales.

Primero, debes poder comunicar tus pensamientos e ideas; ósea, debes hablar y hacerte entender cuando estés hablando. Tus ideas deben estar claras para que la otra persona pueda entenderte bien.

Segundo, debes poder entender las palabras e ideas que la otra persona está comunicándote. No es necesario que entiendas el 100% de todas las palabras. Créeme que aun yo me encuentro en ocasiones que no entiendo todo. ¿Puedes tú entender a toda persona en Ingles, todas las palabras? No. A veces es difícil entender algunas personas. Pero tu objetivo es entender la idea general y poder responder a estas palabras adecuadamente.

En resumen,

Para hablar bien un idioma debes poder comunicarte eficazmente y entender efectivamente. Si logras estas dos partes, puedes decir que ya hablas español.

Por último, quiero recordarte que para poder hablar bien, debes aprender *a pensar en español*, no en inglés. Y la única forma de lograrlo es hablando, leyendo, escuchando música, viendo películas en español sin subtítulos todo el tiempo.

Para que comprendas la importancia de estudiar y adquirir conocimiento comparto contigo este pensamiento.

¿Puedes tú dar lo que no tienes? ¿Cómo podrías dar algo que no tienes? Exacto. Solo puedes dar de lo que tienes o posees. Me alegra que hayas entendido el concepto.

De la misma forma pasa con los idiomas *¿Cómo puedes hablar sino tienes ningún contenido en tu mente? ¿Cómo puedes obtener un buen contenido y vocabulario sino estudias? ¿Cómo puedes expresarte correctamente sino conoces la gramática?*

Este es un concepto bíblico que se aplica a todas las situaciones y a todas las áreas de nuestras vidas.

En conclusión,

A estudiar y a adquirir más conocimientos. No te limites a este libro nada más, ya lo has estudiado, ahora es tiempo de interactuar con las personas, leer otros libros, leer la Biblia, etc.

¿Qué crees si entonces hablamos del desafío? Buena idea.

Si no te habías dado cuenta, ya has pasado el desafío. *¿Has entendido bien el contenido de lo que hemos discutido más arriba?* **Este era el desafío, entender esta conversación y lo has logrado.**

¿Qué tanto has entendido? **Puedes enviarme un email o una nota con tus comentarios, diciéndome cuanto has entendido. Me gustaría saber cómo ha sido tu experiencia en tus estudios del idioma español.**

Espero que hayas entendido todo, porque el 98% del contenido ya lo hemos visto en estas 22 lecciones pasadas.

Estas podrían ser algunas palabras o frases nuevas.
Desafío – Challenge.
De lo contrario – On the contrary.
Que tienes la capacidad - That you have the skill.
Tu nivel de aprendizaje – Your learning level.
Un amplio vocabulario – A large vocabulary.
Has dominado – You have mastered.
Desarrollar tus habilidades – Develop your skills.
Los programas en la comunidad – Programs in the community.
Presionar – Put pressure.
Que hiciste trampa – That you cheated.
Un nativo de habla español – A Spanish native.
Comunicarte eficazmente – Communicate efficiently.
Entender efectivamente – Understand effectively.
El concepto – The concept.
Interactuar con las personas – Interact with people.

Bienvenido al mundo de habla hispana. Ya estás preparado para hablar y comunicarte en español.

Exercises - Ejercicios

1 Write 3 sentences using Preterit Perfect.

_____

_____

_____

2 Write 3 sentences using Future Subjunctive.

_____

_____

_____

3 Write 3 sentences using Future Perfect Subjunctive

_____

_____

_____

Questions, sentences and names
When is the Preterit Perfect used?

_____

_____

What describes the Future Subjunctive?

What is the Future Perfect Subjunctive used for?

Write a five expressions list that are used before the Preterit Perfect

---

Add the corresponding endings

Que yo habla_____

Que nosotros habla_____

Que tú habla_____

Que ustedes habla_____

Que usted habla_____

Que ellos (as) habla_____

Que él o ella habla_____

Fill in the blanks the Future Subjunctive of the verb "haber" with the Past Participle of the verb "cantar".

Que yo_____

Que nosotros_____

Que tú_____

Que ustedes_____

Que usted_____

Que ellos (as)_____

Que él o ella_____

Write 10 names of birds

_____

_____

_____

_____

Write 10 names of insects

_____

Knowledge Base
Bolivarian Republic of Venezuela - República Bolivariana de Venezuela
  Capital and largest city - Caracas
  Official language - Spanish
  Demonym - Venezuelan
  Government - Federal presidential republic
  President - Nicolás Maduro
  Vice President - Aristóbulo Istúriz
  Population - 2016 estimate census - 31.416 million
  Currency - Bolívar fuerte (VEF)
  Calling code - +58

The "Bolivarian Republic of Venezuela" has been the full official title since the adoption of the new Constitution of 1999, when the state was renamed in honor of Simón Bolívar. The Constitution also recognizes all indigenous languages spoken in the country.

  Bible Verse - Versículo Bíblico
  Y todo lo que hagáis, hacedlo de corazón, como para el Señor y no para los hombres. **Colosenses 3:23**

Conclusion

Thank you very much for selecting for your learning experience Teach Yourself Spanish By Yeral Ogando. Luckily, you've reached the end of the course, therefore, you are ready to speak Spanish with anyone.

I encourage you to continue practicing and speaking Spanish at all times, as I have already said Practice makes perfect. Visit my websites for more information.

Dios te bendiga y nos vemos la próxima vez.

Dr. Yeral Ogando
www.aprendeis.com

BONUS PAGE

Dear Reader,

You need to download the MP3 Audio files to follow this unique method gradually. Please visit our website at:
http://aprendeis.com/spanish-audio/
The username is "spanish"
The password is "spanish12016"

Just download the Zip File and you are ready to start your learning experience.

If you want to share your experience, comments or possible question, you may always reach me at info@aprendeis.com

Remember:
Reviews can be tough to come by these days, and you, the reader, have the power to make or break a book. If you have the time, share your review or comments with me.

Thank you so much for reading Teach Yourself Spanish and for spending time with me.

In gratitude,
Dr. Yeral E. Ogando

Verb List – Listado de verbos

Abandonar – abandon / leave
Abordar - board
Abrazar – hug
Abrir – open
Abrirse – open oneself
Abrochar - fasten / buckle
Abrogar – abrogate
Absorber - absorb
Aburrir – bore
Acabar – finish
Acelerar – speed / accelerate
Aceptar – accept
Acercar – get close / approach
Aclarar – clear
Acompañar – accompany
Aconsejar- advice / counsel
Acordar - agree
Acordarse – remember
Acostarse – lay down / go to bed
Acostumbrar – get used to
Acusar – accuse
Adornar – adorn / decorate
Adquirir – acquire / get
Afectar – affect
Afeitarse – shave oneself
Afirmar – affirm
Agitar – agitate / shake
Agradecer – thank
Agregar – add
Ahogar – drown
Ahorrar – save
Alegrarse - get happy
Aliviar – relieve / feel better
Almorzar –have lunch
Alquilar – rent
Alternar – alternate
Amar – love
Analizar – analyzet
Anclar – anchor
Andar – walk
Aniquilar – annihilate / kill
Anunciar – announce
Añadir – add
Añejar – age
Apagar – turn off
Apasionar – get passionate
Apetecer – like / want
Aplaudir – Applaud
Aportar – add
Apoyar – support
Aprobar - approve
Apuntar – aim
Arrancar – start / snatch
Arrepentirse – regret
Arribar – arrive
Asar – roast
Asegurar – assure

Asesinar – assassinate / kill   Asignar – assign
Asistir – assist / attend   Atacar – attack
Atemorizar – frighten   Aterrorizar – horrify
Atreverse – dare   Atribuir – attribute
Avergonzar – ashamed   Averiguar – find out
Avinagrar – sour   Ayudar – Help
Bailar – dance   Bajar – get down
Bañarse – take a bath   Basarse – base on
Bendecir – bless   Besar – Kiss
Bordar – embroider   Borrar – delete
Brindar – offer   Buscar – search / find
Caber – fit in   Calentar – warm up
Calificar – qualify   Cambiar – change
Caminar – walk   Cansar – get tired
Cantar – sing   Capacitar – capacitate / educate / form
Cargar – carry   Casarse – get married
Castigar – punish   Celebrar – celebrate
Cenar – have dinner   Cepillarse – brush oneself
Cerrar – close   Cerrarse – close oneself
Chequear – check in / verify   Chocar – hit / crash
Citar – cite   Clasificar – classify
Cobrar – collect / charge   Cocinar – cook
Colgar – hang up   Colocar – place
Colorear – color   Combinar – combine / match
Comenzar – start   Comer – eat
Cometer – commit   Compartir – share
Comprar – buy / purchase
Comprender – understand / comprehend
Concluir – conclude   Concursar – contest
Condenar – condemn   Conducir – conduct / drive / lead
Confeccionar – confectionate   Confesar – confess
Confiar – trust / confide   Confirmar – confirm
Confundir – confuse   Conjugar – conjugate
Conocer - meet / know   Conquistar – conquer

Consagrar – consecrate
Conseguir – get / obtain
Conservar - keep / preserve
Considerar - consider
Consolidar – consolidate
Constituir – constitute
Construir – construct / build
Contagiar – infect / spread
Contar – count / tell / say
Contentarse – hold oneself
Contestar – answer
Contribuir – contribute
Convencer – convince
Convenir – agree / convene
Convertirse – become
Corregir – correct
Correr – run
Corresponder – correspond
Corroer – eat away
Corromper – corrupt
Cortar – cut
Cortejar – court a person
Coser – sew
Costar – cost
Crear – create
Creer – believe
Criar – raise / bring up
Criticar – criticize
Cruzar – cross
Cubrir – cover
Cuidar – take care / protect
Cultivar – cultivate
Cumplir – fulfill / accomplish / proceed
Danzar – dance
Dañar – spoil / hurt
Dar – give
Deber – owe / should
Decaer – decay
Decidir – decide
Decir – say / tell
Declarar – declare
Decorar – decorate
Dedicar – dedicate
Defender – defend
Defenestrar - defenestrate
Defraudar – let down / disappoint
Degustar – taste
Dejar – leave
Deleitar – delight
Depositar – deposit
Deprimir – depress
Derrotar - defeat
Desayunar – have breakfast
Descansar – rest
Descender – descend
Desconocer – unknown
Descuidar – neglect
Desear – wish
Desechar – reject
Despedirse – farewell / say goodby
Despegar – take off
Despertarse – wake up
Desteñir – undyed / fade
Destituir – destitute
Destrozar – destroy / break
Destruir – destroy

Desvestirse – undress

Determinar – determine

Diezmar – tithe – lower down

Diluir – dilude / water

Dirigir – lead / conduct / direct

Discernir – discern

Discutir – argue / discuss

Diseñar – design

Disfrutar – enjoy

Disminuir – diminish / lessen

Distinguir – distinguish

Distraerse – distract

Distribuir – distribute

Divertirse – have fun

Doler – ache / pain / sore

Dormir - sleep

Dormirse – fall asleep

Ducharse – take a shower

Durar – last

Edificar – edify / build

Educar - educate

Ejercer – exercise / exert

Elaborar – elaborate

Emocionarse – get excited

Empacar – pack / make the luggage

Empaquetar – pack

Empeorar – get worse

Emular – emulate

Enamorarse – fall in love

Encaminar – route

Encantar – love /enchant

Encerrar – lock down / imprison

Encontrar – find

Enderezar – straighten

Enfermarse – get sick

Enfriar – get cold

Engalanar - be gallant / adorn

Engordar – gain weight / get fat

Enjuagar – cleanse / rinse

Enojarse – get angry

Enraizar – root

Ensartar - string

Enseñar – teach

Enterrar – burry

Entrar – get in

Entregar – deliver / surrender

Entreoír – half hear

Entresacar – select

Enviar – send

Envolver – wrap up

Equivocarse – get mistaken / be wrong

Escoger – choose / select

Escribir – write

Escuchar – listen

Esgrimir – wield

Esperar – wait / hope

Estacionar – park

Estar – be

Estimular – stimulate

Estudiar study

Exigir – demand

Exiliar – exile

Existir – exist

Explicar – explain

Exterminar – exterminate

Extrañar – miss

Fabricar – manufacture / make

Fallecer – die / decay

Faltar – misss / lack

Fascinar – fascinate

Favorecer – favor

Fermentar – ferment

Fiarse - trust

Firmar – sign

Flotar - float

Formar – form / educate

Fortalecer / strengthen

Freír - fry

Fumar - smoke

Gastar - spend

Germinar - germinate

Gloriarse – boast / glorify oneself

Gozar - enjoy

Graduarse - graduate

Gritar – scream

Guardar – save / keep

Guarnecer – garnish

Guiar - guide

Gustar - like

Haber – exist (there is /are)

Habitar – dwell / live

Hablar – speak / talk

Hacer – do / make

Hallar – find / locate

Herir – hurt / injure

Huir – runaway / flee

Imaginar – imagine

Impedir – prevent / impede

Importar - care

Impresionar - impress

Imprimir - print

Incluir - include

Incorporar – incorporate / embody

Independizar – wean / become independent

Influir - influence

Informar - inform

Insistir – insist

Inspirar - inspire

Interactuar – interact

Interesar - interest

Interrumpir – interrupt

Intervenir - intervene

Intimar – intimate / get acquainted

Introducir / introduce / put in

Intuir - sense

Invertir – invest / invert

Ir - go

Irse – go away

Jugar - play

Juntar – join / gather

Jurar - swear

Ladrar – bark

Lanzar - throw

Lavar – wash

Leer - read

Levantarse – get up

Liberar – set free

Libertar – free / set free

Lidiar - deal

Limitar – limit

Limpiarse – clean oneself

Llamar – call

Llegar - arrive

Llenar – fill

Llevar - take

Llover – rain

Lograr – achieve / accomplish

Lucir – shine

Maldecir - curse

Mandar – send / order

Manejar – handle / drive

Mantener – keep / support

Manufacturar - manufacture

Maquillar – make up

Maravillar - wonder

Marcar – mark / dial

Marchar – march / leave

Mejorar – improve / get better

Memorizar - memorize

Menguar – lessen

Mentir - lie

Meter – put in

Mezclar - mix

Mirarse – look

Mojar - wet

Molestar - bother

Montar – ride / climb

Morir - die

Mover - move

Mudarse – move house

Nacer - born

Nadar – swim

Necesitar - need

Negar - deny

Nevar - snow

Observer – observe / watch

Obstruir - obstruct

Obtener – get / obtain

Obviar - obviate

Ocuparse – take care of / get busy

Ocurrir – happen / occur

Ofrecer - offer

Ofrendar – an offering

Oler - smell

Olvidarse - forget

Operar - operate

Oprimir – oppress

Orar - pray

Ordenar – order / command

Organizar - organize

Pagar – pay

Parar - stop

Pararse – stand up

Partir – leave / depart

Pasar – pass / happen

Pasear – take a walk

Pecar – sin

Pedir - ask

Pegar – hit / stick

Peinar - comb

Perder – lose

Perdonar - forgive

Perecer – seem

Perfeccionar - perfectionate

Permitir - allow

Perseverar – persevere

Pesar – weight

Picar – chop / bite / sting / eat

Pintar – paint

Plasmar – capture / embody

Poner – put

Portar - carry

Practicar – practice

Preguntar – ask

Prender – turn on / light on

Preparar – prepare

Preservar – preserve

Probar – taste / try on

Proclamar – proclaim

Promocionar – promote

Proteger - protect

Provenir – come from / proceed

Quedarse – take off

Quitar - take

Rebajar – lower / reduce

Recaer – relapse

Recibir – receive

Recoger – pick up

Recomendar – recommend

Recordar – remember

Reducir – reduce

Regalar – give away

Relacionar – relate

Releer – read again

Rememorar – remembering / recall

Reposar – rest

Reservar – reserve

Responder – respond

Perseguir - persecute

Pertenecer - belong

Pescar - fish

Pigmentar - pigment

Pisar – step on

Poder – can / be able

Ponerse – put on

Poseer - possess

Preferir - prefer

Premiar - reward

Preocuparse - worry

Presenter – present / introduce

Presumir – show off

Proceder - proceed

Procrear - procreate

Propiciar - propitiate

Proveer – provide

Querer - want

Realizar – perform / carry out

Rebosar - overflow

Rechazar - reject

Recluir – imprison / seclude

Recolectar - gather

Reconocer - recognize

Recorrer – travel / walk

Refinar – refine / polish

Regresar – come back

Relatar - tell

Rellenar - refill

Requerir - require

Resistir - resist

Retardar - delay

Retirar – withdraw

Reunirse – meet / gather

Revivir - revive

Rezar - pray

Rodear – surround

Romper – break - crack

Roncar – snore

Saber - know

Sacar – take out

Salir – go out

Salpicar – splatter / sprinkle

Saludar – greet / salute

Salvar – save

Sanarse – get well / recover

Satisfacer – satisfy

Secarse – get dry

Seguir – follow

Seleccionar - select

Sembrar – seed / plant

Sentarse – sit down

Sentir – feel

Señalar – point at

Ser - be

Server - serve

Solicitar - apply

Sonar - sound

Sonreír – smile

Sonrojar - blush

Soñar – dream

Soportar – support / endure / bear

Sorber – sip / suck

Sorprender – surprise / catch

Subir – go up

Suceder - happen

Sugerir – suggest

Supervisar - supervise

Suponer - suppose / assume

Suspender – suspend / cancel

Sustituir – substitute

Tallar - shape

Tapar – cover

Temer - fear

Tener - have

Teñir – dye / tint

Terminar – finish / terminate

Tocar – touch / play

Tomar – take / drink

Torcer – twist/ distort

Toser - cough

Traer - bring

Traficar – traffic

Traicionar - betray

Transcriber – transcribe

Transferir - transfer

Trasladar – move / transfer

Triturar – triturate / crush

Tropezar – stumble

Usar - use

Utilizar – use / utilize

Vaciar –empty / vacant

Valer – worth

Valerse – stand up for oneself

Variar – change

Vencer - win

Vender – sell

Venir - come

Ver – see / watch

Vestirse / get dressed

Viajar – trave
Visitar – visit
Vivir – live
Volver – come back / return

Violar – violate / rape
Vivenciar - experience
Volar – fly / blow

Exercises' answers – Respuesta de los ejercicios

Lesson 1.

1- 27 letters.

2- It sounds like "j"

3- It sounds like "s"

4 Mi nombre es Pedro

5 Hola David.

6- Chico, Chica, Chocolate.

7 Carro, Perro.

Lesson 2.

1- When it ends in "Ar, Er, Ir".

2- Yo amo, tú amas, usted / él / ella ama, nosotros amamos, ustedes / ellos (as) aman.

3- Yo, tú, usted, él, ella.

4- Nosotros, ustedes, ellos (as).

5- También.- Tampoco

6- 123 Ciento veinte tres

538 quinientos treinta y ocho.

416 cuatrocientos diez y seis.

7 canto

canta

cantamos

cantan

8 camina

caminan

caminas

Lesson 3.

1 las, la, los, el.

2 unos, una, un, unos.

3   M, M, F, F.

4   Inviernos, reyes, domingos, comidas, televisiones

5   Domingo, lunes, martes.

6   invierno, verano, otoño.

7   Hoy es martes y estamos en otoño en el mes de octubre.

Lesson 4.

Mind Game – Juego mental answers:

1.   Quiero conocerte mejor

Te quiero conocer mejor.

2.   No quiero estudiar hoy, pero quiero beber jugo.

3.   ¿Puedes traer arroz y carne?

¿Puede usted traer arroz y carne?

4.   ¿Puedes darme agua?

¿Me puedes dar agua?

¿Puede usted darme agua?

¿Me puede usted dar agua?

5.   No puedo darte agua, pero puedo darte cerveza.

No te puedo dar agua, pero te puedo dar cerveza.

No puedo darle a usted agua, pero puedo darle a usted cerveza.

No le puedo dar agua, pero le puedo dar cerveza.

6.   Quiero dormir como un bebé mañana.

Mañana quiero dormir como un bebé.

7.   Ella quiere ir al cine, pero él no tiene dinero.

8.   Ellos quieren escribir un email, pero no tienen una computadora.

9.   Queremos estudiar español, pero no tenemos un profesor.

10. No entiendo español muy bien.

¿Puedes hablar inglés?

No comprendo español muy bien. ¿Puede usted hablar inglés?

Exercises – Ejercicios answers:

   1. Voy a comer en un restaurante.

Voy a vender mi carro hoy.

Voy a la iglesia con mi hermano.

Si, voy a ir a casa después del trabajo

2. como, comen, comen

corres, corre, corremos

3. duermen, dormimos, duerme.

4. Todos los fines de semana yo como en un restaurante.

Regreso a mi casa después del trabajo

Voy a la iglesia y me duermo bien.

5. De lunes a vierne s nosotros vemos televisión

De lunes a viernes nosotros trabajamos

De lunes a viernes nosotros estudiamos

Lesson 5.

1-   Estoy bien, gracias

Estoy muy bien.

Estoy mal

Estoy más o menos

2-   soy de… (República Dominicana)

3-   La nacionalidad de mi madre es… (Dominicana)

4-   Mi padre habla… (Español)

 5   Yo soy Marcos

Soy de Italia

Soy italiano y hablo italiano

6   Ella está Feliz

Ella está en la cocina

Ella está bien

7-

Italia	Italiano	Italiano
Francia	Francés	Francés
Japón	Japonés	Japonés

Brasil	Brasileño	Portugués
Turquía	Turco	Turco
Argentina	Argentino	Español

Lesson 6.

1   Quiero comer helado.

A ella le gustaría ir a la iglesia

Las llaves están en la mesa

Hago mi tarea con el libro

Voy a empezar hoy

Mis libros son los azules

Ese carro cuesta 100 pesos

Porque tú no estás conmigo

2   ¿Qué va s a hacer?

¿A dónde quiere ir él?

¿Dónde está la llave?

¿Cómo preparas la comida?

¿Cuándo vienes?

¿Cuál es tu carro?

¿Cuánto cuesta esta manzana?

¿Por qué están ellos alegres?

3   me

   le

   nos

   se

   te

   se

Lesson 7.

1   Yendo, jugando, haciendo, ensuciando, divirtiendo.

2   Me gusta... helado.

   Les gusta... frutas.

   Le gusta...vino.

   Le gusta...cerveza.

Les gusta…golf.
Nos gusta…cartas.

Lesson 8.

1 su
2 el
3 Mis… mis.
4 esos
5 Sus… a las10 en punto
6 Me gusta tu libro
7 Tú estás feliz.
8 Este carro es lindo
9 Esas chicas son lindas
10 Dos y treinta
   Dos y media
   Pasan treinta después de las dos
11 Cuatro y quince
   Cuatro y cuarto
   Pasan quince después de las cuatro
12 Son las cinco en punto
   Es la una y media

Lesson 9.

1 es el hermano de mi padre
el hijo de mi tío
la mama de mi abuela
el hijo de mi papa
la esposa de mi papa
el hermano de mi esposa
2 compraría muchas cosas
viajaría a Francia
no comería
no saldría a la calle
estaría muy feliz

3   más inteligente

más grande

tan inteligente

más sabio

tan grande

4   El peor

El mejor

El más grande

El más gordo

Celebérrimo

Lesson 10.

1   Con, Desde, Contra, Hasta, Para, Por, Según, Sin, Tras.

2   Voy a la iglesia.

3   Vamos a dormir bien

4   Vamos a pie a la escuela

5   Te presento a Carlos

6   El desayuno es la 7

7   Nosotros estamos en la iglesia

8   El dinero está en mi cartera

9   Voy al cine en autobús

10   *El espectáculo es en vivo*

11   Salgo para la iglesia

12   Este regalo es para ella

13   El trabajo es para mañana

14   Estudio para aprender

15   Es un cepillo para cepillarse

16   Para la edad de nosotros, trabajamos demasiado

17   Para mi es demasiado amargo

18   ¿Para qué quieres el dinero?

     Para comprar un carro.

     No estoy para hablar

19   Caminamos por las calles de Paris

     Te envío la invitación por email

Por ti lo hare

Me siento en la computadora por 12 horas

Trabajo por las noches

Me bebo la cerveza por ti

20 Por ahora estudiamos

Por cierto, tengo hambre.

Por fin, terminamos

21 Llego alrededor de las 5

Llego antes de las 4

22 A fines de febrero terminamos

A mediados de marzo iniciamos

23 Voy a comer pescado hoy

Voy a la iglesia el domingo

24 ¿A dónde vas?

Voy al cine.

¿Cuándo vas a trabajar?

Mañana en la mañana

25 hablaré, hablarás, hablará, hablaremos, hablarán diré, dirás, dirá, diremos, dirán

26 ¿Cuándo hablarás conmigo? Hablaré contigo esta noche.

27 ¿Cuándo terminarás el trabajo? Terminaré el trabajo en una hora.

28 Oiré, oirás, oirá, oiremos, oirán

Podré, podrás, podrá, podremos, podrán

29 Está nevando, Está lloviendo, Está nublado, Hay neblina, Hay una brisa, Hay viento, Hay mucho viento, Está húmedo, Hay sol, Tormenta.

Lesson 11

1 hablé, comimos, dio, fueron, fue

2 Yo anduve por Paris y estuve la ciudad.

Tú tuviste la oportunidad y no pudiste lograrlo.

El vaso no cupo en la caja y ella lo puso en la mesa.

Supimos la verdad e hicimos lo correcto.

Ellas quisieron comer mango y vinieron a casa.

3   Yo

Usted / él / ella

Nosotros

Ustedes / ellos / ellas

Usted / él / ella

Tú

4   Si, le agregamos azúcar a la torta.

No, ellos no almorzaron juntos.

Si, apagué la luz antes de salir.

No, no atacó al agresor cuando salía.

Si, cargué con la culpa de todos.

5   ¿de dónde te caíste?

¿Qué corroyó tu nevera?

¿Oíste el timbre la segunda vez que sonó?

¿Qué concluimos?

¿Qué pasó con Elisa?

¿Qué hizo Marcos en el laboratorio?

Lesson 12.

2   Inventario, ahorros, capital, fabricante, préstamo.

3   Yo he estudiado inglés.

Él ha conocido a mi madre.

Ellos han comido arroz con carne.

Ellas han ensuciado la casa.

El perro ha cogido la comida.

El niño ha Jugado ajedrez.

Mamá ha freído el pescado.

Nosotros hemos provisto los recursos.

Lesson 13.

1   Me gustaba beber Café en la mañana.

Bebía Limonada cuando desayunaba.

No me gustaba el Jugo de tomate.

Me gustaba beber Cerveza

Quería Leche fría con el desayuno

2   Como todos los días.

Voy al cine una vez al mes.

Voy a la iglesia todos los domingos.

Pago mis cuentas siempre.

Vacaciono todo el tiempo.

Me cepillo los dientes todas las mañanas.

3   Ella quería hablar contigo

Nosotros sufrimos tu perdida.

Yo sentía mucho amor por ti.

4   Tiffany tenía pelo largo, una hermosa piel bronceada, era de rasgos armónicos, era delgada y baja de estatura.

Lesson 14.

1   estoy nadando.

está preparando.

Están corriendo.

Ustedes están comprando.

2   Yo estuve cocinando la cena.

Ella estuvo caminando mientras llovía.

Usted estuvo viajando por Europa.

Nosotros estuvimos comenzando la lección.

Ellas estuvieron terminando el trabajo.

3   Mañana estaré iniciando mi día muy temprano, porque estaré trabajando en un nuevo proyecto y estaré almorzando con mis colegas. Nosotros estaremos terminando el proyecto para final del día.

4   Yo estaría muy feliz si me gano la lotería y estaría comprando muchas cosas, estaría viajando a muchos países y estaría ayudando a mi familia. Estaría construyendo una universidad y estaría llevando los

hermanos de la iglesia.
5   Estaba imaginado... estaba comprando... estaba sacando...
6   has estado creyendo
Camila ha estado bebiendo.
Ellos han estado bañándose.
7   Me cepillar el cabello bastante.
Solo bailo salsa en las fiestas.
Casi no comer cangrejo.
8   Esta mañana desayuné huevos fritos, pan con mantequilla y café con leche.

Lesson 15.
1   Japonés, conversación, menú
Débil, útil, lápiz
Cámara, estómago, pronóstico
Difícilmente, ábremelo, cuéntamelo
2   grave
grave
esdrújula
grave
paraxytone
paraxytone
3   Yo habré cocinado
Él habrá viajado
Nosotros habremos vaciado
Ellos habrán practicado
Usted habrán reconocido
4   Enfermera
Plomero
Profesor
albañil
piloto
policía

bombero

peluquero

5   Mis tres frutas favoritas son el mango, el guineo y lechosa.

Las tres menos favoritas son el zapote, el melón, la manzana.

Lesson 16.

1   Habría vendido todos mis bienes.

Habría hablado con mis abogados

Me habría mudado con mi familia

Habría enviado mis hijas a una escuela pública.

Habríamos dejado la buena vida.

2   habría saltado

habría estudiado

habríamos bebido

habrían comprado

habrían conducido

3   te

le

nos

le

te

4   Me habría gustado la astronomía

Nos habría gustado la arquitectura

Habríamos estudiado pintura

Habrías aprendido zoología

Lesson 17.

1   Yo había hablado contigo.

Nosotros habíamos estudiado para el examen.

Ellas habían ido al curso de belleza.

2   ¿con quién habías hablado?

¿Dónde había estado Ana?

¿Qué había hecho los chicos de la vecina?

¿a qué hora habíamos llegado nosotros?

¿Cuándo habías comenzado a trabajar?

3   Ella no está segura de sí misma.

Puedes valerte por ti mismo.

Estoy orgulloso, Cada uno piensa en sí mismo

4   Contigo mismo

Nosotras mismas

Ellos mismos

Lesson 18.

1   Habla rápido que no tengo paciencia.

2   Nade rápido que no tenemos todo el día

3   Abramos la puerta ahora mismo

4   Coman bien, que no hay más comida

5   Vete de aquí

No vaya a hablar

Vamos a trabajar

Vayan a caminar

No vayan a beber

6   Péinate bien el cabello

Péinese antes de salir

Peinémonos bien.

Péinense con el peine rojo

7   No se lo digas a mamá

No me hables así

8   Come un poco más

Vete más despacio

9   Ponte el cinturón

Agítese antes de usar

10   ¿Puedes traerme agua, por favor?

Si, puedo.

No, no puedo.

Lesson 19.
1 Ella quieres que yo hable contigo.

Mi papá quiere que estudiemos juntos.

Mis hermanas quieren que nos casemos.

2 hablen

coma

empiecen

sepamos

3 Es imperativo

Es importante que.

Es necesario.

4 coma hoy

ella no haya venido

ellos no hablen español

ustedes sepan la verdad

no sepan lo que pasó

5 En mi habitación tengo un Gavetero color blanco, una cama muy cómoda, el cubrecama es negro, las lámparas están en ambos lados, el closet y el baño están juntos y mis almohadas son muy suaves.

Lesson 20.
1- ¿Por qué quería ella que yo comiera carne?

   Porque ella quería que probaras tu sazón.

¿Por qué querías que yo cocinase arroz?

Porque quería que mi hermana probase tu sazón.

2- ¿Por qué querías que ella haya paseado al perro?

   Porque quería que el perro hay defecado.

¿A qué hora querías que ella se haya despertado?

Quería que ella se haya despertado a la 7 am.

3- ¿Por qué no querías que hubiera caminado tanto?

Porque no quería que te hubieras cansado mucho.

¿Qué te hizo pensar que ella hubiese viajado mucho?

Porque ella siempre habla lo que hubiese hecho, si

hubiera tenido más tiempo.

4- Dudo que ellas hubieran ido al cine.

5   me sorprende que la hubieras amado tanto

6   esperaba que hubiéramos oído la conversación

En el hospital podemos encontrar al dentista que usa, alcohol, aspirinas y en la farmacia podemos encontrar tampones para las mujeres, un laxante para el estreñido, un desinfectante para lavarse las manos y un repelente para matar los mosquitos.

Lesson 21.

1   **Sí corres** *rápido, te* **caes**

Sí no comes, te **enfermas**

Puedes sanarte *sí* **tomas** *tus medicamentos*

Sí comes, debes beber

Sí corres *rápido, te* **cansas**

2   *Sí vienes mañana,* **iremos** *a pescar*

No iré a la escuela mañana, sí llueve

3   *Sí pudiera trabajar, te* **compraría** *un carro*

Sí fuera tú, **aprendería** *español*

4   Si hubiera Ganado la lotería yo hubiera comprado el carro del año, hubiera viajado a todos los países y hubiera comida pasta italiana.

5   **Salvajes:** Zorro, Rinoceronte, Tigre, Puercoespín.

Marinos: Ballena, Delfín, Foca

Granja: Venado, Vaca, Toro, Oveja, Conejo, Cerdo, Cabra, Buey

Domésticos: Caballo, Camello, Elefante, Gato, Perro.

Lesson 22.

1   *Cuando* **hubieron salido,** *empezamos a llorar*

Despúes de que **hubimos comido,** *fuimos a la tienda.*

Apenas **hube terminado** cuando ella llegó

*2 No creo **que hablare** el presidente*
*No creo **que comieren** los muchachos*
*No creo **que comieren** las muchachas*
*3 Es posible que ellos **hubieren dormido** por 5 días.*
*Tú hubieras dormido si **hubieres tenido** la oportunidad.*
*No creemos que **nosotros hubiéremos comprado** un carro.*

Es usado cuando nos referimos a una acción en el pasado que ocurrió justo antes de otra acción en el pasado.

Describe acciones hipotéticas y futuras
Es usado para indicar acciones que habrán pasado en el futuro en cierto momento.

Después de que, tan pronto como, en cuanto, luego que, no bien.

Que yo hablare   Que nosotros hablaremos
Que tú hablares   Que ustedes hablaren
Que usted hablare   Que ellos (as) hablaren
Que él o ella hablare

Que yo hubiere cantado   Que nosotros hubiéremos
cantado
Que tú hubieres cantado   Que   ustedes   hubieren
cantado
Que usted hubiere cantado   Que ellos (as) hubieren
cantado
Que él o ella hubiera cantado

Águila, Avestruz, Buitre, Canario, Cisne, Flamenco, Ganso, Gaviota, Halcón, Paloma-
Abeja, Araña, Avispa, Chinche, Ciempiés, Cucaracha, Escarabajo, Escorpión, Grillo, Hormiga.

Other books written by Yeral E. Ogando

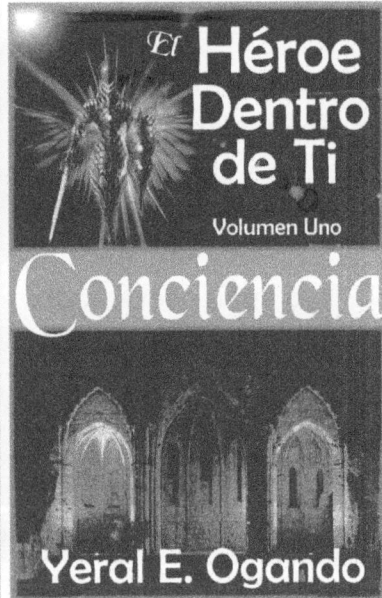

Teach Yourself
HAITIAN
Creole
Yeral E. Ogando

Teach Yourself
HAITIAN
Creole
Conversation
Yeral E. Ogando

Teach Yourself
ITALIAN
Yeral E. Ogando

The Hero Within
Volume One
Awareness
Yeral E. Ogando

El Héroe Dentro de Ti
Volumen Uno
Conciencia
Yeral E. Ogando

Yeral E. Ogando comes from a very humble origin and continues to be a humble servant of our Lord Almighty; understanding that we are nothing but vessels and the Lord who called us, also sends us to do His work, not our work. Luke 17:10 "So likewise ye, when ye shall have done all those things which are commanded you, say, We are unprofitable servants: we have done that which was our duty to do."

Mr. Ogando was born in the Caribbean, Dominican Republic. He is the beloved father of two beautiful girls "Yeiris & Tiffany"

Jesus brought him to His feet at the age of 16-17. Since

then, he has served as Co-pastor, pastor, Bible School teacher, youth counselor, and church planter. He is currently serving as the Secretary for the Dominican Reformed Church as well as the liaison for Haiti and USA.

Fluent in several languages Mr. Ogando is the Creator and owner of an Online Translation Ministry operating since 2007; with Native Christian translators in more than 25 countries.

(www.christian-translation.com),

The most exciting thing about his Translation Ministry is that thousands of people are receiving the Word of God in their native language on a daily basis and hundreds of ministries are able to reach the world through the work of Christian-Translation.com along with his translation network of 17 websites in different languages related to Christian Translation.

www.ingramcontent.com/pod-product-compliance
Lightning Source LLC
Chambersburg PA
CBHW030909090426
42737CB00007B/137